현대오일뱅크
현대케미칼

필기전형

PREFACE

우리나라 기업들은 1960년대 이후 현재까지 비약적인 발전을 이루었다. 이렇게 급속한 성장을 이룰 수 있었던 배경에는 우리나라 국민들의 근면성 및 도전정신이 있었다. 그러나 빠르게 변화하는 세계 경제의 환경에 적응하기 위해서는 근면성과 도전정신 이외에 또 다른 성장 요인이 필요하다.

한국기업들이 지속가능한 성장을 하기 위해서는 혁신적인 제품 및 서비스 개발, 선도 기술을 위한 R&D, 새로운 비즈니스 모델 개발, 효율적인 기업의 합병·인수, 신사업 진출 및 새로운 시장 개발 등 다양한 대안을 구축해 볼 수 있다. 하지만, 이러한 대안들 역시 훌륭한 인적자원을 바탕으로 할 때에 가능하다. 최근으로 올수록 기업체들은 자신의 기업에 적합한 인재를 선발하기 위해 기존의 학벌 위주의 채용을 탈피하고 기업 고유의 인·적성검사 제도를 도입하고 있는 추세이다.

현대오일뱅크에서도 업무에 필요한 역량 및 책임감과 적응력 등을 구비한 인재를 선발하기 위하여 고유의 필기전형을 치르고 있다. 본서는 현대오일뱅크 채용대비를 위한 필독서로 현대오일뱅크 필기전형의 출제경향을 철저히 분석하여 응시자들이 보다 쉽게 시험유형을 파악하고 효율적으로 대비할 수 있도록 구성하였다.

신념을 가지고 도전하는 사람은 반드시 그 꿈을 이룰 수 있습니다. 처음에 품은 신념과 열정이 취업 성공의 그 날까지 빛바래지 않도록 서원각이 수험생 여러분을 응원합니다.

STRUCTURE

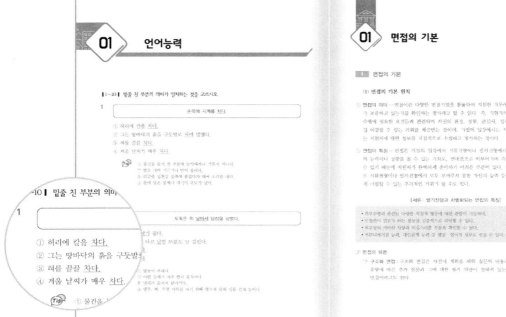

직무 1 · 직무 2

적중률 높은 영역별 출제예
상문제를 상세하고 꼼꼼한
해설과 함께 수록하여 학습
효율을 확실하게 높였습니다.

상세한 해설

문제의 핵심을 꿰뚫는 명쾌
하고 자세한 해설로 수험생
들의 이해를 돕습니다.

인성검사 및 면접

인성검사 대비를 위한 실전
인성검사 및 면접기출을 수록
하여 취업의 마무리까지 책임
집니다.

CONTENTS

PART

I

현대오일뱅크 소개

01 기업소개 및 채용안내

1 현대오일뱅크

(1) 기업개요

현대오일뱅크는 1964년 국내 최초 민간 정유회사로 첫 발을 내디뎠다.

① 원유정제 : 충남 서산시 대산읍 330만 제곱미터 부지에 자리 잡은 대산공장은 하루 650,000배럴 규모의 원유정제 설비를 갖추고 있다. 원유를 정제하고 남는 중질유를 다시 한 번 분해할 수 있도록 설비를 고도화해 고부가가치 석유 제품의 생산 비중을 높이며 지상유전의 꿈을 실현하고 있다.

② 석유화학 아로마틱사업 : 연산 120만 톤 규모의 MX(혼합자일렌) 생산 공장, 연산 142만 톤 규모의 방향족 제품 생산 공장은 원유에서 방향족에 이르는 석유화학 아로마틱 사업의 수직계열화를 완성했다.

③ 사업 다각화 : 연산 100만 톤 규모의 윤활기유 공장, 타이어와 프린터 잉크 등을 생산하는 제철화학 공장은 사업 다각화를 주도하고 있다.

④ 상업용 유류 저장 사업 : 국내 정유사 중 유일하게 상업용 유류 저장 사업에 진출하였다.

⑤ OILBANK : 1994년 주유소에 'OILBANK' 브랜드를 도입한 현대오일뱅크는 전국 약 2400개 주유소에서 차별화 된 서비스와 믿을 수 있는 제품으로 고객과 만나고 있다.

(2) 경영이념

현대오일뱅크는 기업 본래의 목적과 사회적 책임을 충실히 이행해 국가 경제와 사회 발전에 이바지하고자 한다. 이를 위해 모든 이해관계자를 아우를 수 있는 경영이념을 실천하고 있다.

① 이해관계자 가치 증진
  ㉠ 고객과 주주, 회사와 임직원, 지역사회를 존중하는 마음으로 각 이해관계자의 가치를 증진하기 위해 노력한다.

ⓛ 삶의 터전인 회사의 명예와 가치를 높이고, 임직원 스스로가 회사의 소중한 자산임을 인식하고 창의성을 발휘할 수 있도록 기업의 역량을 높여 나가고 있다.

ⓒ 고객 만족이 사업의 근간임을 명심하고 정직하고 성실한 자세로 고객 가치를 창조하며 주주가치를 극대화하기 위해 효율적인 경영을 실천한다.

② 신뢰 받는 기업이 되기 위한 경영

ⓖ 신뢰와 존경을 받는 기업이 되기 위해 투명한 경영, 열린 경영을 지향한다.

ⓛ 높은 윤리 기준으로 사회 규범과 질서를 준수하고 모든 경영활동은 투명성과 공정성을 바탕으로 한다.

ⓒ 회사 경영과 관련된 정보를 적극적으로 공개하고 임직원이 자유롭게 참여할 수 있는 기회를 제공한다.

ⓔ 핵심 역량을 강화해 최상의 제품과 서비스를 제공하는 믿을 수 있는 기업이 된다.

(3) 비전2022

세계적인 경쟁력을 갖춘 글로벌 에너지 기업		
최고의 생산성을 갖춘 '에너지 기업'	해외 사업 확장을 통한 '글로벌 기업'	사회적 책임을 다하는 '존경 받는 기업'
매출액 26조원, 영업이익 2조원 달성		

(4) 사업소개

① 비즈니스

ⓖ 정유사업 : 하루 650,000배럴의 원유 정제능력을 갖춘 현대오일뱅크는 세계 각지에 석유 제품을 수출하고 전국 2400여개 주유소와 충전소를 운영하고 있다. 고도화된 기술 경쟁력(고도화비율 업계 최고 40.6%)을 갖추고 글로벌 종합에너지기업으로 도약하고 있다.

• 원유공급선 다변화
• 주유소 서비스 강화
• 수출시장 확대와 해외 네트워크 강화

ⓛ 석유화학사업

• 롯데케미칼과 MX 사업 합작 : 현대케미칼은 국내 정유사와 석유화학사 간 최초의 합작 법인이다. 방향족 제품 생산공정의 주 원료인 MX(혼합자일렌) 대부분을 수입에 의존했던 두 회사는 2016년 현대케미칼 상업가동에 따라 원료 수급의 안정성을 제고할 수 있게 되었다. 현대케미칼은 하루 13만 배럴의 콘덴세이트 원유를 정제해 연간 120만 톤의 MX를 생산하는 능력을 보유하고 있다.

- 코스모 석유와 방향족 사업 합작 : 현대코스모는 현대오일뱅크와 일본 코스모석유의 합작 회사이다. 현대코스모는 방향족 석유화학제품을 생산하고 있으며 이는 합성섬유, 각종 플라스틱, 휘발유 첨가제 등의 기초 원료가 된다. 2013년 제2 방향족 공정이 상업가동을 시작하면서 현대코스모는 연간 142만 톤 규모의 생산 설비를 갖추게 되었다.

ⓒ 윤활기유사업 : 현대쉘베이스오일은 현대오일뱅크와 쉘의 합작 회사로 연간 생산 능력 70만 톤 규모의 윤활기유 공장을 가동하고 있다. 윤활기유는 현대오일뱅크의 고도화공정에서 나오는 잔사유를 원료로 생산되어 자동차, 선박, 산업용 윤활유 완제품의 원료가 된다. 현대쉘베이스오일은 Group Ⅱ 70 Neutral, Group Ⅱ 150 Neutral, Group Ⅱ 500 Neutral 등 친환경 윤활기유를 생산하고 있다.

ⓔ 오일터미널사업(국내 정유사 최초 상업용 탱크터미널 사업) : 현대오일터미널은 울산신항에 5만 톤급(DWT 기준) 선박이 접안할 수 있는 부두시설과 총 28만 kl의 석유/석유화학제품을 저장할 수 있는 대규모 유류저장시설을 갖추고 있다. 2014년부터 현대오일뱅크의 전국 7개 저유소를 위탁운영하며 전국적인 네트워크를 갖추게 되었다. 국내는 물론 아시아를 오가는 석유/석유화학제품으로 저장사업의 범위를 확대하고 있다.

ⓜ 제철화학사업 : 현대오씨아이는 제철화학사업을 추진하기 위해 OCI와 함께 설립한 법인이다. 석탄에서 나오는 콜타르와 원유 정제과정에서 나오는 부산물로 연간 10만 톤의 카본블랙을 만든다. 카본블랙은 주로 타이어, 고무 등 강조를 높이는 배합제, 프린터 잉크 등 우리 실생활에 꼭 필요한 제품을 만드는 데 쓰인다.

ⓗ 주유소/충전소 : 현대오일뱅크 주유소는 'Good Service Bank!'라는 슬로건을 중심으로 차별화 된 고객 서비스 품질 향상 활동을 전개하고 있다. 서비스 전문가인 MD(Market Designer)를 전국 지역 별로 배치해 주유소의 청결 및 친절 서비스를 체계적으로 관리하고 공연, 축제, 제휴 등 각 지역에 맞는 프로모션을 진행하고 있다. 고객이 우수주유소를 선정하는 '서비스 캠페인', 서비스 시범과 주유사원 교육을 담당하는 '드림팀', 표준화 된 서비스 제공을 위한 '고객응대 매뉴얼', 주유소 운영인 대상 '서비스 리더 아카데미'와 초청행사 등 다양한 프로그램으로 주유소의 품격을 높이고 있다. 또한 백화점, 온라인 쇼핑, 자동차, 식음료 등 다양한 업종과 제휴를 통해 보너스 포인트 적립 및 사용 기회를 확대하고 있다.

② 제품

ⓐ 석유제품

- 고급휘발유(Premium Gasoline) : 옥탄가 98 이상의 고옥탄 휘발유이다. 연비를 향상시키는 배합기재를 사용해 장시간 운전에도 고출력·고연비를 자랑하며 유해 배기가스를 현저히 줄여주는 친환경 고성능 제품이다.

- 휘발유(Gasoline) : 휘발성과 인화성이 높은 휘발유는 내연기관의 연료로 널리 쓰인다. 현대오일뱅크는 엔진 청정제를 첨가해 제품의 분사성과 연소성을 향상시켰다. 또한 대기환경보전법에서 정한 오염물질배출 기준보다 훨씬 낮은 수준의 품질 높은 휘발유를 생산하고 있다.
- 초저황경유(Ultra Low Sulfur Diesel) : 기존 경유의 매연과 소음 문제를 크게 개선한 친환경 초저황경유를 공급하고 있다. 고급 첨가제가 포함되어 엔진을 깨끗하게 해준다. 2006년부터 바이오 디젤을 혼합한 더욱 친환경적인 제품을 생산하고 있다. 동절기에는 지역 특성에 따라 저온성상이 강화된 제품을 공급한다.
- 등유(Kerosene) : 친환경 마크를 획득한 현대오일뱅크의 실내 등유는 자극적인 냄새가 없고 연소할 때 연기나 그을음이 거의 없어 실내 난방연료로 매우 적합하다. 발열량과 연소성도 우수해 경제성을 높여 준다.
- 중유(Fuel Oil) : 황 함량, 용도, 점도에 따라 저유황 중유, 선박용 중유, A중유, B중유, C중유로 구분해 중유 제품을 공급한다. 이들 제품은 주로 내연기관 및 보일러 연료로 쓰인다. 선박용 중유는 엔진의 크기와 종류를 고려해 점도에 차등을 두어 만든다.
- LPG(Liquefied Petroleum Gas) : 취사와 난방에 사용하는 프로판(Propane)과 자동차, 이동식 버너, 난방용 연료 등으로 사용하는 부탄(Butane)을 생산한다. 자동차 연료는 계절에 따라 부탄 내 프로판 혼합 비율을 달리하여 시동성을 강화시킨 제품을 공급한다. 출하 전 모든 LPG 제품에 부취제를 주입해 사용 시 안전성을 높이고 있다.
- 항공유(Jet Oil) : 저온·저압의 고공에서도 잘 증발해 증기폐쇄 현상을 일으키지 않고, 쉽게 얼지 않으며, 연소성과 발열량이 뛰어난 항공유를 생산한다. 군용인 JP-8과 민간용인 Jet A-1을 공급하고 있다.
- 납사(Naphtha) : 석유화학 산업에서 광범위하게 쓰는 납사는 휘발유의 생산 원료이자 용제, 석유화학/비료 공업의 원료이다. 현대오일뱅크는 올레핀이 적은 양질의 납사를 생산해 석유화학회사에 판매하거나 현대코스모의 방향족 제품 생산공정에 투입하고 있다.

ⓛ 석유화학제품
- 방향족 제품(BTX) : 방향족 제품은 주로 화학물질 합성에 사용한다. 나일론, 스티로폼, 보온재, 시너, 폴리에스터, 필름, PET 등 우리 일상에 필요한 다양한 제품들의 기초 원료가 된다.
- 프로필렌(Propylene) : 프로필렌은 아세톤, 이소프로필알코올, 아크릴로니트릴, 나일론 6, 폴리프로필렌, 산화프로필렌, 에피클로로히드린, 폴리이소프렌 등 석유화학의 핵심 원료를 통칭한다. 아크릴 제품과 합성고무, 플라스틱, 세제 등 다양한 제품 생산의 근간이 된다.
- 알킬레이트(Alkylate) : 옥탄가가 높고 올레핀 화합물과 방향족 화합물을 함유하고 있지 않아 오염물질이 거의 배출되지 않는 친환경 휘발유 배합기재이다.

ⓒ 윤활유/기타

- 윤활유 / 현대엑스티어(HYUNDAI XTeer) : 현대오일뱅크의 축적된 기술력을 바탕으로 고품질 윤활기유에 각종 첨가제를 혼합해 프리미엄 윤활유 완제품 현대엑스티어를 생산하고 있다.
- 자동차용 연료첨가제 / 현대엑스티어알파(HYUNDAI XTeer α) : 엑스티어 알파는 독일 바스프의 원료에 현대오일뱅크의 기술을 접목해 만든 차량용 연료 첨가제이다. 원활한 연료 분사를 방해해 엔진 수명을 단축하는 엔진 내부 슬러지를 제거해 줌으로써 엔진을 보호하고 출력과 연비를 개선해 준다.
- 요소수 / 프로녹스(ProNox) : 요소수는 연료와 별도로 차량에 장착해 질소산화물을 줄여 주는 촉매 역할을 한다. 두 번의 정밀 정제를 거친 프리미엄 요소수 프로녹스는 분사 노즐과 머플러 막힘을 대폭 개선하는 고순도 제품으로 독일자동차공업협회와 한국석유관리원의 품질 인증을 획득했다.
- 윤활기유(Lube Base Oil) : 수첨분해공정에서 나오는 하이드로왁스(Hydrowax)를 원료로 촉매공정을 거쳐 윤활기유가 생산된다. 윤활유 완제품의 80% 이상을 차지하는 기초 원료이며 윤활기유에 각종 첨가제를 넣으면 자동차, 선박, 산업용 윤활유 완제품이 된다.
- 아스팔트(Asphalt) : 아스팔트는 감압증류공정에서 생산되는 최종 제품이다. 도로포장의 주재료로 사용된다. 현대오일뱅크가 생산하는 아스팔트는 도로 포장용 아스팔트 규격을 충족한다. 또한 국내 제품으로는 유일하게 일본의 규격 인증을 획득한 우수 제품이다.

2 채용안내

(1) 인재상

현대오일뱅크가 추구하는 인재상은 조직이 추구하는 가치를 창출할 수 있는 역량을 소유하고 실천하는 창조적 실천인이다.

① 최고에 도전하는 열정적인 인재

- ㉠ 일에 대한 열정과 최고를 향한 도전으로 자신과 회사의 발전을 이끄는 사람이다.
- ㉡ 담대한 개척자 정신, 고객만족에 대한 열정, 철저한 프로의식과 책임감, 강인한 추진력으로 자신과 회사의 가치를 만들어간다.

② 세상을 바꿔가는 혁신적인 인재

- ㉠ 즐거운 상상과 창의적인 실천으로 긍정적 변화와 더 좋은 내일을 만드는 사람이다.
- ㉡ 폭넓은 경험과 학습, 남보다 앞선 통찰력과 열린 사고, 함께하는 사람들을 북돋우는 용기로 혁신을 이끌고 더 나은 미래를 준비한다.

③ 정직을 실천하는 신뢰받는 인재

　㉠ 상대에 대한 존중과 배려, 열린 소통, 바르고 정직한 행동으로 든든한 믿음을 주는 사람이다.

　㉡ 편견 없는 마음으로 다양성을 수용하고 공정하게 행동하며 정직함과 청렴성을 바탕으로 동료, 이웃, 사회의 탄탄한 신뢰를 쌓아간다.

(2) 채용개요(2020년 상반기 대졸 신입사원 채용기준)

① 모집분야 및 모집인원

분야	직무	해당전공	근무지	모집인원
사무일반	경영지원 (인사, 총무, 구매 등)	무관 (기획, 재무·회계 : 상경계열 우대)	서울	00명
	트레이딩 (해외영업, 해상운송)			
	기획, 재무·회계			
	노무, 총무, 재무·회계		대산	
국내영업	영업관리 (영업기획, 영업지원, 법인영업)	무관	서울	
	지사영업 (현장 소매영업)		수도권/강원, 충청/호남, 영남	
엔지니어	공정기술, 생산기획, 공장자동화	화공	대산	
	설비기술	기계, 전기/전자		
	대기, 수질, 화학물질 관리	환경		
연구개발	정유, 석유화학 제품 개발 촉매 및 공정 개발 석유화학 신사업 검토	화공/화학 (석사 이상)	용인	

② 지원자격요건

　㉠ 학력 : 4년제 대학 2020년 8월 졸업예정자 및 기졸업자

　㉡ 어학 : 영어 공인 어학성적(최근 2년 이내 성적에 한함) 보유자

　㉢ 병역 : 병역필 또는 군 면제자로 해외여행에 결격사유가 없는 자

　㉣ 보훈 등 취업지원 대상자는 관련법률에 의거 우대

③ 전형절차 및 합격자발표

　㉠ 전형절차 : 서류전형 → 필기전형 → 면접전형 → 채용검진 → 입사

　㉡ 발표방법 : Email, SNS 통보 및 채용 홈페이지 내에서 조회

02 관련기사

'어? 고급휘발유 잘 나가네' 현대오일, 브랜드 리뉴얼로 고급유시장 출사표

고급휘발유 수요 급증
KAZEN으로 시장점유율 끌어올릴 계획

현대오일뱅크가 고급휘발유 브랜드 'KAZEN(카젠)'을 리뉴얼 출시하며 시장 공략을 위한 마케팅 경쟁에 불을 지핀다. KAZEN은 '황제'를 뜻하는 'Kaiser'와 '최고'를 뜻하는 'Zenith'를 합친 말로 고급휘발유 분야에서 '최고의 품질'을 지향한다는 의미다.

고급휘발유는 자동차 연료유 중 유일하게 수요가 급증하고 있는 제품이다. 한국석유공사에 따르면 국내 고급휘발유 소비량은 2016년 88만 배럴에서 지난해 135만 배럴로 연 평균 15.5%증가한 반면 같은 기간 보통휘발유는 7,805만 배럴에서 8,148만 배럴로 연 평균 1.4%증가하는 데 그쳤다. 최근 저유가가 지속된데다 젊은 층을 중심으로 수입차 선호현상이 강해 고급휘발유 수요는 당분간 빠르게 증가할 것으로 기대된다

고출력 수입차는 고급휘발유 주유가 필수다. 고급휘발유를 써야 노킹(Knocking)현상이 발생하지 않기 때문이다. 휘발유가 정상 연소되지 않으면 엔진룸을 망치로 두드리는 것과 같은 소리가 발생한다. 이런 노킹현상이 계속되면 엔진 출력이 떨어지고 심한 경우 부품까지 손상된다. 옥탄가란 노킹현상을 방지해주는 정도인데 KAZEN의 옥탄가는 100이상으로 업계 최고수준이다. 국내에서는 옥탄가가 94만 넘으면 고급 휘발유로 분류된다.

현대오일뱅크 KAZEN은 지난해 국내 최대 레이싱 대회인 슈퍼레이스 챔피언십의 공식 연료로 선정되며 우수한 기술력을 입증한 바 있다. 현대오일뱅크는 오는 3월 개막되는 프로축구K리그에 입체광고물을 설치하고 연말까지 취급점을 현재의 두 배인 300개로 확대해 10%대인 시장점유율을 25%까지 끌어올릴 계획이다.

– 2020. 2. 18

면접질문 • 고급휘발유의 수요가 앞으로 어떻게 될지 말해 보시오.

현대오일뱅크1%나눔재단, 미얀마 오지마을에 고효율 조리기구 6천대 선물

미얀마 오지 주민에게 맑은 공기 제공 취지

현대오일뱅크1%나눔재단(이사장 남익현)이 기후변화센터와 함께 미얀마 만달레이 주 오지마을에 고효율 조리기구인 쿡스토브 6,000대를 보급했다고 23일 밝혔다.

재단은 미얀마 오지 주민들에게 맑은 공기를 제공하기 위해 이번 사업을 시작했다. 주민들은 그 동안 움푹 판 맨땅에 땔감으로 불을 지펴 음식을 만들어 왔다. 공기순환이 되지 않는 열악한 조리방식은 실내공기 오염의 주범이었다. 쿡스토브는 열효율이 높은 일종의 이동식 아궁이인데 조리시간과 땔감 사용량을 40% 가량 개선해 유해 연기 발생을 줄여 준다.

재단은 22일, 쿡스토브를 보급한 흐테인 코네(Htein Kone) 마을을 방문, 주민들과 함께 크리스마스 파티도 열었다. 현지를 찾은 직원들은 쿡스토브로 직접 갈비탕을 조리해 주민들을 대접하고 손거울, 책갈피 등 한국 전통 문양의 기념품도 선물했다.

현대오일뱅크1%나눔재단은 이번 사업으로 미얀마 정부로부터 온실가스 절감 효과를 인정 받아 향후 일정량의 탄소배출권을 획득하게 될 전망이다. 탄소배출권 판매수익은 쿡스토브 추가 보급 등 현지 주민들의 편의 증대를 위한 사업에 재투입할 계획이다.

−2020. 1. 2

면접질문 • 자사가 추구하는 경영이념에 대해 말해 보시오.

PART

II

인성검사

01 인성검사의 이해

1 인성(성격)검사의 개념과 목적

인성(성격)이란 개인을 특징짓는 평범하고 일상적인 사회적 이미지, 즉 지속적이고 일관된 공적 성격(Public-personality)이며, 환경에 대응함으로써 선천적·후천적 요소의 상호작용으로 결정화된 심리적·사회적 특성 및 경향을 의미한다.

인성검사는 직무적성검사를 실시하는 대부분의 기업체에서 병행하여 실시하고 있으며, 인성검사만 독자적으로 실시하는 기업도 있다.

기업체에서는 인성검사를 통하여 각 개인이 어떠한 성격 특성이 발달되어 있고, 어떤 특성이 얼마나 부족한지, 그것이 해당 직무의 특성 및 조직문화와 얼마나 맞는지를 알아보고 이에 적합한 인재를 선발하고자 한다. 또한 개인에게 적합한 직무 배분과 부족한 부분을 교육을 통해 보완하도록 할 수 있다.

인성검사의 측정요소는 검사방법에 따라 차이가 있다. 또한 각 기업체들이 사용하고 있는 인성검사는 기존에 개발된 인성검사방법에 각 기업체의 인재상을 적용하여 자신들에게 적합하게 재개발하여 사용하는 경우가 많다. 그러므로 기업체에서 요구하는 인재상을 파악하여 그에 따른 대비책을 준비하는 것이 바람직하다. 본서에서 제시된 인성검사는 크게 '특성'과 '유형'의 측면에서 측정하게 된다.

2 성격의 특성

(1) 정서적 측면

정서적 측면은 평소 마음의 당연시하는 자세나 정신상태가 얼마나 안정하고 있는지 또는 불안정한지를 측정한다.

정서의 상태는 직무수행이나 대인관계와 관련하여 태도나 행동으로 드러난다. 그러므로, 정서적 측면을 측정하는 것에 의해, 장래 조직 내의 인간관계에 어느 정도 잘 적응할 수 있을까(또는 적응하지 못할까)를 예측하는 것이 가능하다. 그렇기 때문에, 정서적 측면의 결과는 채용 시에 상당히 중시된다. 아무리 능력이 좋아도 장기적으로 조직 내의 인간관계에 잘 적응할 수 없다고 판단되는 인재는 기본적으로는 채용되지 않는다.

일반적으로 인성(성격)검사는 채용과는 관계없다고 생각하나 정서적으로 조직에 적응하지 못하는 인재는 채용단계에서 가려내지는 것을 유의하여야 한다.

① **민감성(신경도)** : 꼼꼼함, 섬세함, 성실함 등의 요소를 통해 일반적으로 신경질적인지 또는 자신의 존재를 위협받는다는 불안을 갖기 쉬운지를 측정한다.

EXAMPLE

질문	그렇다	약간 그렇다	그저 그렇다	별로 그렇지 않다	그렇지 않다
• 배려적이라고 생각한다. • 어질러진 방에 있으면 불안하다. • 실패 후에는 불안하다. • 세세한 것까지 신경 쓴다. • 이유 없이 불안할 때가 있다.					

▶**측정결과**

㉠ '그렇다'가 많은 경우(상처받기 쉬운 유형) : 사소한 일에 신경 쓰고 다른 사람의 사소한 한마디 말에 상처를 받기 쉽다.
- 면접관의 심리 : '동료들과 잘 지낼 수 있을까?', '실패할 때마다 위축되지 않을까?'
- 면접대책 : 다소 신경질적이라도 능력을 발휘할 수 있다는 평가를 얻도록 한다. 주변과 충분한 의사소통이 가능하고, 결정한 것을 실행할 수 있다는 것을 보여주어야 한다.

㉡ '그렇지 않다'가 많은 경우(정신적으로 안정적인 유형) : 사소한 일에 신경 쓰지 않고 금방 해결하며, 주위 사람의 말에 과민하게 반응하지 않는다.
- 면접관의 심리 : '계약할 때 필요한 유형이고, 사고 발생에도 유연하게 대처할 수 있다.'
- 면접대책 : 일반적으로 '민감성'의 측정치가 낮으면 플러스 평가를 받으므로 더욱 자신감 있는 모습을 보여준다.

② **자책성**(과민도) : 자신을 비난하거나 책망하는 정도를 측정한다.

EXAMPLE

질문	그렇다	약간 그렇다	그저 그렇다	별로 그렇지 않다	그렇지 않다
• 후회하는 일이 많다. • 자신을 하찮은 존재로 생각하는 경우가 있다. • 문제가 발생하면 자기의 탓이라고 생각한다. • 무슨 일이든지 끙끙대며 진행하는 경향이 있다. • 온순한 편이다.					

▶ **측정결과**
㉠ '그렇다'가 많은 경우(자책하는 유형) : 비관적이고 후회하는 유형이다.
 • 면접관의 심리 : '끙끙대며 괴로워하고, 일을 진행하지 못할 것 같다.'
 • 면접대책 : 기분이 저조해도 항상 의욕을 가지고 생활하는 것과 책임감이 강하다는 것을 보여준다.
㉡ '그렇지 않다'가 많은 경우(낙천적인 유형) : 기분이 항상 밝은 편이다.
 • 면접관의 심리 : '안정된 대인관계를 맺을 수 있고, 외부의 압력에도 흔들리지 않는다.'
 • 면접대책 : 일반적으로 '자책성'의 측정치가 낮으면 플러스 평가를 받으므로 자신감을 가지고 임한다.

③ **기분성**(불안도) : 기분의 굴곡이나 감정적인 면의 미숙함이 어느 정도인지를 측정하는 것이다.

EXAMPLE

질문	그렇다	약간 그렇다	그저 그렇다	별로 그렇지 않다	그렇지 않다
• 다른 사람의 의견에 자신의 결정이 흔들리는 경우가 많다. • 기분이 쉽게 변한다. • 종종 후회한다. • 다른 사람보다 의지가 약한 편이라고 생각한다. • 금방 싫증을 내는 성격이라는 말을 자주 듣는다.					

▶ **측정결과**
㉠ '그렇다'가 많은 경우(감정의 기복이 많은 유형) : 의지력보다 기분에 따라 행동하기 쉽다.
 • 면접관의 심리 : '감정적인 것에 약하며, 상황에 따라 생산성이 떨어지지 않을까?'
 • 면접대책 : 주변 사람들과 항상 협조한다는 것을 강조하고 한결같은 상태로 일할 수 있다는 평가를 받도록 한다.
㉡ '그렇지 않다'가 많은 경우(감정의 기복이 적은 유형) : 감정의 기복이 없고, 안정적이다.
 • 면접관의 심리 : '안정적으로 업무에 임할 수 있다.'
 • 면접대책 : 기분성의 측정치가 낮으면 플러스 평가를 받으므로 자신감을 가지고 면접에 임한다.

④ **독자성(개인도)** : 주변에 대한 견해나 관심, 자신의 견해나 생각에 어느 정도의 속박감을 가지고 있는지를 측정한다.

EXAMPLE

질문	그렇다	약간 그렇다	그저 그렇다	별로 그렇지 않다	그렇지 않다

• 창의적 사고방식을 가지고 있다.
• 융통성이 있는 편이다.
• 혼자 있는 편이 많은 사람과 있는 것
  보다 편하다.
• 개성적이라는 말을 듣는다.
• 교제는 번거로운 것이라고 생각하는
  경우가 많다.
• 다른 사람의 의견을 따르는 것이 속편
  하다.
• 자신의 주장을 내세우지 않는 편이다.					

▶ **측정결과**

㉠ **'그렇다'가 많은 경우** : 자기의 관점을 중요하게 생각하는 유형으로, 주위의 상황보다 자신의 느낌과 생각을 중시한다.
  • 면접관의 심리 : '제멋대로 행동하지 않을까?'
  • 면접대책 : 주위 사람과 협조하여 일을 진행할 수 있다는 것과 상식에 얽매이지 않는다는 인상을 심어준다.
㉡ **'그렇지 않다'가 많은 경우** : 상식적으로 행동하고 주변 사람의 시선에 신경을 쓴다.
  • 면접관의 심리 : '다른 직원들과 협조하여 업무를 진행할 수 있겠다.'
  • 면접대책 : 협조성이 요구되는 기업체에서는 플러스 평가를 받을 수 있다.

⑤ **자신감(자존심도)** : 자기 자신에 대해 얼마나 긍정적으로 평가하는지를 측정한다.

EXAMPLE

질문	그렇다	약간 그렇다	그저 그렇다	별로 그렇지 않다	그렇지 않다

• 다른 사람보다 능력이 뛰어나다고
  생각한다.
• 다소 반대의견이 있어도 나만의 생
  각으로 행동할 수 있다.
• 나는 다른 사람보다 기가 센 편이다.
• 동료가 나를 모욕해도 무시할 수 있다.
• 대개의 일을 목적한 대로 헤쳐나
  갈 수 있다고 생각한다.					

㉠ '그렇다'가 많은 경우 : 자기 능력이나 외모 등에 자신감이 있고, 비판당하는 것을 좋아하지 않는다.
• 면접관의 심리 : '자만하여 지시에 잘 따를 수 있을까?'
• 면접대책 : 다른 사람의 조언을 잘 받아들이고, 겸허하게 반성하는 면이 있다는 것을 보여주고, 동료들과 잘 지내며 리더의 자질이 있다는 것을 강조한다.
㉡ '그렇지 않다'가 많은 경우 : 자신감이 없고 다른 사람의 비판에 약하다.
• 면접관의 심리 : '패기가 부족하지 않을까?', '쉽게 좌절하지 않을까?'
• 면접대책 : 극도의 자신감 부족으로 평가되지는 않는다. 그러나 마음이 약한 면은 있지만 의욕적으로 일을 하겠다는 마음가짐을 보여준다.

⑥ 고양성(분위기에 들뜨는 정도) : 자유분방함, 명랑함과 같이 감정(기분)의 높고 낮음의 정도를 측정한다.

EXAMPLE

질문	그렇다	약간 그렇다	그저 그렇다	별로 그렇지 않다	그렇지 않다
• 침착하지 못한 편이다. • 다른 사람보다 쉽게 우쭐해진다. • 모든 사람이 아는 유명인사가 되고 싶다. • 모임이나 집단에서 분위기를 이끄는 편이다. • 취미 등이 오랫동안 지속되지 않는 편이다.					

㉠ '그렇다'가 많은 경우 : 자극이나 변화가 있는 일상을 원하고 기분을 들뜨게 하는 사람과 친밀하게 지내는 경향이 강하다.
• 면접관의 심리 : '일을 진행하는 데 변덕스럽지 않을까?'
• 면접대책 : 밝은 태도는 플러스 평가를 받을 수 있지만, 착실한 업무능력이 요구되는 직종에서는 마이너스 평가가 될 수 있다. 따라서 자기조절이 가능하다는 것을 보여준다.
㉡ '그렇지 않다'가 많은 경우 : 감정이 항상 일정하고, 속을 드러내 보이지 않는다.
• 면접관의 심리 : '안정적인 업무 태도를 기대할 수 있겠다.'
• 면접대책 : '고양성'의 낮음은 대체로 플러스 평가를 받을 수 있다. 그러나 '무엇을 생각하고 있는지 모르겠다' 등의 평을 듣지 않도록 주의한다.

⑦ 허위성(진위성) : 필요 이상으로 자기를 좋게 보이려 하거나 기업체가 원하는 '이상형'에 맞춘 대답을 하고 있는지, 없는지를 측정한다.

EXAMPLE

질문	그렇다	약간 그렇다	그저 그렇다	별로 그렇지 않다	그렇지 않다
• 약속을 깨뜨린 적이 한 번도 없다. • 다른 사람을 부럽다고 생각해 본 적이 없다. • 꾸지람을 들은 적이 없다. • 사람을 미워한 적이 없다. • 화를 낸 적이 한 번도 없다.					

▶ 측정결과
㉠ '그렇다'가 많은 경우 : 실제의 자기와는 다른, 말하자면 원칙으로 해답할 가능성이 있다.
• 면접관의 심리 : '거짓을 말하고 있다.'
• 면접대책 : 조금이라도 좋게 보이려고 하는 '거짓말쟁이'로 평가될 수 있다. '거짓을 말하고 있다.'는 마음 따위가 전혀 없다 해도 결과적으로는 정직하게 답하지 않는다는 것이 되어 버린다. '허위성'의 측정 질문은 구분되지 않고 다른 질문 중에 섞여 있다. 그러므로 모든 질문에 솔직하게 답하여야 한다. 또한 자기 자신과 너무 동떨어진 이미지로 답하면 좋은 결과를 얻지 못한다. 그리고 면접에서 '허위성'을 기본으로 한 질문을 받게 되므로 당황하거나 또 다른 모순된 답변을 하게 된다. 겉치레를 하거나 무리한 욕심을 부리지 말고 '이런 사회인이 되고 싶다.'는 현재의 자신보다, 조금 성장한 자신을 표현하는 정도가 적당하다.
㉡ '그렇지 않다'가 많은 경우 : 냉정하고 정직하며, 외부의 압력과 스트레스에 강한 유형이다. '대쪽같음'의 이미지가 굳어지지 않도록 주의한다.

(2) 행동적인 측면

행동적 측면은 인격 중에 특히 행동으로 드러나기 쉬운 측면을 측정한다. 사람의 행동 특징 자체에는 선도 악도 없으나, 일반적으로는 일의 내용에 의해 원하는 행동이 있다. 때문에 행동적 측면은 주로 직종과 깊은 관계가 있는데 자신의 행동 특성을 살려 적합한 직종을 선택한다면 플러스가 될 수 있다.

행동 특성에서 보여지는 특징은 면접장면에서도 드러나기 쉬운데 본서의 모의 TEST의 결과를 참고하여 자신의 태도, 행동이 면접관의 시선에 어떻게 비치는지를 점검하도록 한다.

① **사회적 내향성** : 대인관계에서 나타나는 행동경향으로 '낯가림'을 측정한다.

EXAMPLE

질문	선택
A : 파티에서는 사람을 소개받은 편이다. B : 파티에서는 사람을 소개하는 편이다.	
A : 처음보는 사람과는 즐거운 시간을 보내는 편이다. B : 처음보는 사람과는 어색하게 시간을 보내는 편이다.	
A : 친구가 적은 편이다. B : 친구가 많은 편이다.	
A : 자신의 의견을 말하는 경우가 적다. B : 자신의 의견을 말하는 경우가 많다.	
A : 사교적인 모임에 참석하는 것을 좋아하지 않는다. B : 사교적인 모임에 항상 참석한다.	

▸ **측정결과**

㉠ 'A'가 많은 경우 : 내성적이고 사람들과 접하는 것에 소극적이다. 자신의 의견을 말하지 않고 조심스러운 편이다.
 • 면접관의 심리 : '소극적인데 동료와 잘 지낼 수 있을까?'
 • 면접대책 : 대인관계를 맺는 것을 싫어하지 않고 의욕적으로 일을 할 수 있다는 것을 보여준다.

㉡ 'B'가 많은 경우 : 사교적이고 자기의 생각을 명확하게 전달할 수 있다.
 • 면접관의 심리 : '사교적이고 활동적인 것은 좋지만, 자기 주장이 너무 강하지 않을까?'
 • 면접대책 : 협조성을 보여주고, 자기 주장이 너무 강하다는 인상을 주지 않도록 주의한다.

② **내성성(침착도)** : 자신의 행동과 일에 대해 침착하게 생각하는 정도를 측정한다.

EXAMPLE

질문	선택
A : 시간이 걸려도 침착하게 생각하는 경우가 많다. B : 짧은 시간에 결정을 하는 경우가 많다.	
A : 실패의 원인을 찾고 반성하는 편이다. B : 실패를 해도 그다지(별로) 개의치 않는다.	
A : 결론이 도출되어도 몇 번 정도 생각을 바꾼다. B : 결론이 도출되면 신속하게 행동으로 옮긴다.	
A : 여러 가지 생각하는 것이 능숙하다. B : 여러 가지 일을 재빨리 능숙하게 처리하는 데 익숙하다.	
A : 여러 가지 측면에서 사물을 검토한다. B : 행동한 후 생각을 한다.	

▶ 측정결과

㉠ 'A'가 많은 경우 : 행동하기 보다는 생각하는 것을 좋아하고 신중하게 계획을 세워 실행한다.
  • 면접관의 심리 : '행동으로 실천하지 못하고, 대응이 늦은 경향이 있지 않을까?'
  • 면접대책 : 발로 뛰는 것을 좋아하고, 일을 더디게 한다는 인상을 주지 않도록 한다.
㉡ 'B'가 많은 경우 : 차분하게 생각하는 것보다 우선 행동하는 유형이다.
  • 면접관의 심리 : '생각하는 것을 싫어하고 경솔한 행동을 하지 않을까?'
  • 면접대책 : 계획을 세우고 행동할 수 있는 것을 보여주고 '사려깊다'라는 인상을 남기도록 한다.

③ 신체활동성 : 몸을 움직이는 것을 좋아하는가를 측정한다.

EXAMPLE

질문	선택
A : 민첩하게 활동하는 편이다. B : 준비행동이 없는 편이다.	
A : 일을 척척 해치우는 편이다. B : 일을 더디게 처리하는 편이다.	
A : 활발하다는 말을 듣는다. B : 얌전하다는 말을 듣는다.	
A : 몸을 움직이는 것을 좋아한다. B : 가만히 있는 것을 좋아한다.	
A : 스포츠를 하는 것을 즐긴다. B : 스포츠를 보는 것을 좋아한다.	

▶ 측정결과

㉠ 'A'가 많은 경우 : 활동적이고, 몸을 움직이게 하는 것이 컨디션이 좋다.
  • 면접관의 심리 : '활동적으로 활동력이 좋아 보인다.'
  • 면접대책 : 활동하고 얻은 성과 등과 주어진 상황의 대응능력을 보여준다.
㉡ 'B'가 많은 경우 : 침착한 인상으로, 차분하게 있는 타입이다.
  • 면접관의 심리 : '좀처럼 행동하려 하지 않아 보이고, 일을 빠르게 처리할 수 있을까?'

④ **지속성(노력성)** : 무슨 일이든 포기하지 않고 끈기 있게 하려는 정도를 측정한다.

EXAMPLE

질문	선택
A : 일단 시작한 일은 시간이 걸려도 끝까지 마무리한다. B : 일을 하다 어려움에 부딪히면 단념한다.	
A : 끈질긴 편이다. B : 바로 단념하는 편이다.	
A : 인내가 강하다는 말을 듣는다. B : 금방 싫증을 낸다는 말을 듣는다.	
A : 집념이 깊은 편이다. B : 담백한 편이다.	
A : 한 가지 일에 구애되는 것이 좋다고 생각한다. B : 간단하게 체념하는 것이 좋다고 생각한다.	

▸ **측정결과**

㉠ 'A'가 많은 경우 : 시작한 것은 어려움이 있어도 포기하지 않고 인내심이 높다.
 • 면접관의 심리 : '한 가지의 일에 너무 구애되고, 업무의 진행이 원활할까?'
 • 면접대책 : 인내력이 있는 것은 플러스 평가를 받을 수 있지만 집착이 강해 보이기도 한다.
㉡ 'B'가 많은 경우 : 뒤끝이 없고 조그만 실패로 일을 포기하기 쉽다.
 • 면접관의 심리 : '질리는 경향이 있고, 일을 정확히 끝낼 수 있을까?'
 • 면접대책 : 지속적인 노력으로 성공했던 사례를 준비하도록 한다.

⑤ **신중성(주의성)** : 자신이 처한 주변상황을 즉시 파악하고 자신의 행동이 어떤 영향을 미치는지를 측정한다.

EXAMPLE

질문	선택
A : 여러 가지로 생각하면서 완벽하게 준비하는 편이다. B : 행동할 때부터 임기응변적인 대응을 하는 편이다.	
A : 신중해서 타이밍을 놓치는 편이다. B : 준비 부족으로 실패하는 편이다.	
A : 자신은 어떤 일에도 신중히 대응하는 편이다. B : 순간적인 충동으로 활동하는 편이다.	
A : 시험을 볼 때 끝날 때까지 재검토하는 편이다. B : 시험을 볼 때 한 번에 모든 것을 마치는 편이다.	
A : 일에 대해 계획표를 만들어 실행한다. B : 일에 대한 계획표 없이 진행한다.	

▶ **측정결과**

㉠ 'A'가 많은 경우 : 주변 상황에 민감하고, 예측하여 계획있게 일을 진행한다.
• 면접관의 심리 : '너무 신중해서 적절한 판단을 할 수 있을까?', '앞으로의 상황에 불안을 느끼지 않을까?'
• 면접대책 : 예측을 하고 실행을 하는 것은 플러스 평가가 되지만, 너무 신중하면 일의 진행이 정체될 가능성을 보이므로 추진력이 있다는 강한 의욕을 보여준다.

㉡ 'B'가 많은 경우 : 주변 상황을 살펴 보지 않고 착실한 계획없이 일을 진행시킨다.
• 면접관의 심리 : '사려깊지 않고 않고, 실패하는 일이 많지 않을까?', '판단이 빠르고 유연한 사고를 할 수 있을까?'
• 면접대책 : 사전준비를 중요하게 생각하고 있다는 것 등을 보여주고, 경솔한 인상을 주지 않도록 한다. 또한 판단력이 빠르거나 유연한 사고 덕분에 일 처리를 잘 할 수 있다는 것을 강조한다.

(3) 의욕적인 측면

의욕적인 측면은 의욕의 정도, 활동력의 유무 등을 측정한다. 여기서의 의욕이란 우리들이 보통 말하고 사용하는 '하려는 의지'와는 조금 뉘앙스가 다르다. '하려는 의지'란 그 때의 환경이나 기분에 따라 변화하는 것이지만, 여기에서는 조금 더 변화하기 어려운 특징, 말하자면 정신적 에너지의 양으로 측정하는 것이다.

의욕적 측면은 행동적 측면과는 다르고, 전반적으로 어느 정도 점수가 높은 쪽을 선호한다. 모의검사의 의욕적 측면의 결과가 낮다면, 평소 일에 몰두할 때 조금 의욕 있는 자세를 가지고 서서히 개선하도록 노력해야 한다.

① 달성의욕 : 목적의식을 가지고 높은 이상을 가지고 있는지를 측정한다.

EXAMPLE

질문	선택
A : 경쟁심이 강한 편이다. B : 경쟁심이 약한 편이다.	
A : 어떤 한 분야에서 제1인자가 되고 싶다고 생각한다. B : 어느 분야에서든 성실하게 임무를 진행하고 싶다고 생각한다.	
A : 규모가 큰 일을 해보고 싶다. B : 맡은 일에 충실히 임하고 싶다.	
A : 아무리 노력해도 실패한 것은 아무런 도움이 되지 않는다. B : 가령 실패했을 지라도 나름대로의 노력이 있었으므로 괜찮다.	
A : 높은 목표를 설정하여 수행하는 것이 의욕적이다. B : 실현 가능한 정도의 목표를 설정하는 것이 의욕적이다.	

▶ 측정결과
㉠ 'A'가 많은 경우 : 큰 목표와 높은 이상을 가지고 승부욕이 강한 편이다.
• 면접관의 심리 : '열심히 일을 해줄 것 같은 유형이다.'
• 면접대책 : 달성의욕이 높다는 것은 어떤 직종이라도 플러스 평가가 된다.
㉡ 'B'가 많은 경우 : 현재의 생활을 소중하게 여기고 비약적인 발전을 위해 기를 쓰지 않는다.
• 면접관의 심리 : '외부의 압력에 약하고, 기획입안 등을 하기 어려울 것이다.'
• 면접대책 : 일을 통하여 하고 싶은 것들을 구체적으로 어필한다.

② **활동의욕** : 자신에게 잠재된 에너지의 크기로, 정신적인 측면의 활동력이라 할 수 있다.

EXAMPLE

질문	선택
A : 하고 싶은 일을 실행으로 옮기는 편이다. B : 하고 싶은 일을 좀처럼 실행할 수 없는 편이다. A : 어려운 문제를 해결해 가는 것이 좋다. B : 어려운 문제를 해결하는 것을 잘하지 못한다. A : 일반적으로 결단이 빠른 편이다. B : 일반적으로 결단이 느린 편이다. A : 곤란한 상황에도 도전하는 편이다. B : 사물의 본질을 깊게 관찰하는 편이다. A : 시원시원하다는 말을 잘 듣는다. B : 꼼꼼하다는 말을 잘 듣는다.	

▶ **측정결과**

㉠ 'A'가 많은 경우 : 꾸물거리는 것을 싫어하고 재빠르게 결단해서 행동하는 타입이다.
　• 면접관의 심리 : '일을 처리하는 솜씨가 좋고, 일을 척척 진행할 수 있을 것 같다.'
　• 면접대책 : 활동의욕이 높은 것은 플러스 평가가 된다. 사교성이나 활동성이 강하다는 인상을 준다.
㉡ 'B'가 많은 경우 : 안전하고 확실한 방법을 모색하고 차분하게 시간을 아껴서 일에 임하는 타입이다.
　• 면접관의 심리 : '재빨리 행동을 못하고, 일의 처리속도가 느린 것이 아닐까?'
　• 면접대책 : 활동성이 있는 것을 좋아하고 움직임이 더디다는 인상을 주지 않도록 한다.

3 성격의 유형

(1) 인성검사유형의 4가지 척도

　정서적인 측면, 행동적인 측면, 의욕적인 측면의 요소들은 성격 특성이라는 관점에서 제시된 것들로 각 개인의 장·단점을 파악하는 데 유용하다. 그러나 전체적인 개인의 인성을 이해하는 데는 한계가 있다.

　성격의 유형은 개인의 '성격적인 특색'을 가리키는 것으로, 사회인으로서 적합한지, 아닌지를 말하는 관점과는 관계가 없다. 따라서 채용의 합격 여부에는 사용되지 않는 경우가 많으며, 입사 후의 적정 부서 배치의 자료가 되는 편이라 생각하면 된다. 그러나 채용과 관계가 없다고 해서 아무런 준비도 필요없는 것은 아니다. 자신을 아는 것은 면접 대책의 밑거름이 되므로 모의검사 결과를 충분히 활용하도록 하여야 한다.

본서에서는 4개의 척도를 사용하여 기본적으로 16개의 패턴으로 성격의 유형을 분류하고
있다. 각 개인의 성격이 어떤 유형인지 재빨리 파악하기 위해 사용되며, '적성'에 맞는지, 맞
지 않는지의 관점에 활용된다.

- 흥미·관심의 방향 : 내향형 ←——————→ 외향형
- 사물에 대한 견해 : 직관형 ←——————→ 감각형
- 판단하는 방법 : 감정형 ←——————→ 사고형
- 환경에 대한 접근방법 : 지각형 ←——————→ 판단형

(2) 성격유형

① 흥미·관심의 방향(내향⇆외향) : 흥미·관심의 방향이 자신의 내면에 있는지, 주위환경
등 외면에 향하는 지를 가리키는 척도이다.

EXAMPLE

질문	선택
A : 내성적인 성격인 편이다. B : 개방적인 성격인 편이다.	
A : 항상 신중하게 생각을 하는 편이다. B : 바로 행동에 착수하는 편이다.	
A : 수수하고 조심스러운 편이다. B : 자기표현력이 강한 편이다.	
A : 다른 사람과 함께 있으면 침착하지 않다. B : 혼자서 있으면 침착하지 않다.	

▸ **측정결과**

㉠ 'A'가 많은 경우(내향) : 관심의 방향이 자기 내면에 있으며, 조용하고 낯을 가리는 유형이다. 행동력은 부족하
나 집중력이 뛰어나고 신중하고 꼼꼼하다.

㉡ 'B'가 많은 경우(외향) : 관심의 방향이 외부환경에 있으며, 사교적이고 활동적인 유형이다. 꼼꼼함이 부족하여
대충하는 경향이 있으나 행동력이 있다.

② 일(사물)을 보는 방법(직감⇆감각) : 일(사물)을 보는 법이 직감적으로 형식에 얽매이는지, 감각적으로 상식적인지를 가리키는 척도이다.

EXAMPLE

질문	선택
A : 현실주의적인 편이다. B : 상상력이 풍부한 편이다.	
A : 정형적인 방법으로 일을 처리하는 것을 좋아한다. B : 만들어진 방법에 변화가 있는 것을 좋아한다.	
A : 경험에서 가장 적합한 방법으로 선택한다. B : 지금까지 없었던 새로운 방법을 개척하는 것을 좋아한다.	
A : 성실하다는 말을 듣는다. B : 호기심이 강하다는 말을 듣는다.	

▸ 측정결과
㉠ 'A'가 많은 경우(감각) : 현실적이고 경험주의적이며 보수적인 유형이다.
㉡ 'B'가 많은 경우(직관) : 새로운 주제를 좋아하며, 독자적인 시각을 가진 유형이다.

③ 판단하는 방법(감정⇆사고) : 일을 감정적으로 판단하는지, 논리적으로 판단하는지를 가리키는 척도이다.

EXAMPLE

질문	선택
A : 인간관계를 중시하는 편이다. B : 일의 내용을 중시하는 편이다.	
A : 결론을 자기의 신념과 감정에서 이끌어내는 편이다. B : 결론을 논리적 사고에 의거하여 내리는 편이다.	
A : 다른 사람보다 동정적이고 눈물이 많은 편이다. B : 다른 사람보다 이성적이고 냉정하게 대응하는 편이다.	
A : 머리로는 이해해도 심정상 받아들일 수 없을 때가 있다. B : 마음은 알지만 받아들일 수 없을 때가 있다.	

▸ 측정결과
㉠ 'A'가 많은 경우(감정) : 일을 판단할 때 마음·감정을 중요하게 여기는 유형이다. 감정이 풍부하고 친절하나 엄격함이 부족하고 우유부단하며, 합리성이 부족하다.
㉡ 'B'가 많은 경우(사고) : 일을 판단할 때 논리성을 중요하게 여기는 유형이다. 이성적이고 합리적이나 타인에 대한 배려가 부족하다.

④ 환경에 대한 접근방법 : 주변상황에 어떻게 접근하는지, 그 판단기준을 어디에 두는지를 측정한다.

EXAMPLE

질문	선택
A : 사전에 계획을 세우지 않고 행동한다. B : 반드시 계획을 세우고 그것에 의거해서 행동한다.	
A : 자유롭게 행동하는 것을 좋아한다. B : 조직적으로 행동하는 것을 좋아한다.	
A : 조직성이나 관습에 속박당하지 않는다. B : 조직성이나 관습을 중요하게 여긴다.	
A : 계획 없이 낭비가 심한 편이다. B : 예산을 세워 물건을 구입하는 편이다.	

▶ **측정결과**
㉠ 'A'가 많은 경우(지각) : 일의 변화에 융통성을 가지고 유연하게 대응하는 유형이다. 낙관적이며 질서보다는 자유를 좋아하나 임기응변식의 대응으로 무계획적인 인상을 줄 수 있다.
㉡ 'B'가 많은 경우(판단) : 일의 진행시 계획을 세워서 실행하는 유형이다. 순차적으로 진행하는 일을 좋아하고 끈기가 있으나 변화에 대해 적절하게 대응하지 못하는 경향이 있다.

(3) 성격유형의 판정

성격유형은 합격 여부의 판정보다는 배치를 위한 자료로써 이용된다. 즉, 기업은 입사시험단계에서 입사 후에도 사용할 수 있는 정보를 입수하고 있다는 것이다. 성격검사에서는 어느 척도가 얼마나 고득점이었는지에 주시하고 각각의 측면에서 반드시 하나씩 고르고 편성한다. 편성은 모두 16가지가 되나 각각의 측면을 더 세분하면 200가지 이상의 유형이 나온다.

여기에서는 16가지 편성을 제시한다. 성격검사에 어떤 정보가 게재되어 있는지를 이해하면서 자기의 성격유형을 파악하기 위한 실마리로 활용하도록 한다.

① 내향 - 직관 - 감정 - 지각(TYPE A) : 관심이 내면에 향하고 조용하고 소극적이다. 사물에 대한 견해는 새로운 것에 대해 호기심이 강하고, 독창적이다. 감정은 좋아하는 것과 싫어하는 것의 판단이 확실하고, 감정이 풍부하고 따뜻한 느낌이 있는 반면, 합리성이 부족한 경향이 있다. 환경에 접근하는 방법은 순응적이고 상황의 변화에 대해 유연하게 대응하는 것을 잘한다.

② 내향 - 직관 - 감정 - 사고(TYPE B) : 관심이 내면으로 향하고 조용하고 쑥쓰러움을 잘 타는 편이다. 사물을 보는 관점은 독창적이며, 자기나름대로 궁리하며 생각하는 일이 많다. 좋고 싫음으로 판단하는 경향이 강하고 타인에게는 친절한 반면, 우유부단하기 쉬운 편이다. 환경 변화에 대해 유연하게 대응하는 것을 잘한다.

③ 내향 - 직관 - 사고 - 지각(TYPE C) : 관심이 내면으로 향하고 얌전하고 교제범위가 좁다. 사물을 보는 관점은 독창적이며, 현실에서 먼 추상적인 것을 생각하기를 좋아한다. 논리적으로 생각하고 판단하는 경향이 강하고 이성적이지만, 남의 감정에 대해서는 무반응인 경향이 있다. 환경의 변화에 순응적이고 융통성 있게 임기응변으로 대응할 수가 있다.

④ 내향 - 직관 - 사고 - 판단(TYPE D) : 관심이 내면으로 향하고 주의깊고 신중하게 행동을 한다. 사물을 보는 관점은 독창적이며 논리를 좋아해서 이치를 따지는 경향이 있다. 논리적으로 생각하고 판단하는 경향이 강하고, 객관적이지만 상대방의 마음에 대한 배려가 부족한 경향이 있다. 환경에 대해서는 순응하는 것보다 대응하며, 한 번 정한 것은 끈질기게 행동하려 한다.

⑤ 내향 - 감각 - 감정 - 지각(TYPE E) : 관심이 내면으로 향하고 조용하며 소극적이다. 사물을 보는 관점은 상식적이고 그대로의 것을 좋아하는 경향이 있다. 좋음과 싫음으로 판단하는 경향이 강하고 타인에 대해서 동정심이 많은 반면, 엄격한 면이 부족한 경향이 있다. 환경에 대해서는 순응적이고, 예측할 수 없다해도 태연하게 행동하는 경향이 있다.

⑥ 내향 - 감각 - 감정 - 판단(TYPE F) : 관심이 내면으로 향하고 얌전하며 쑥쓰러움을 많이 탄다. 사물을 보는 관점은 상식적이고 논리적으로 생각하는 것보다도 경험을 중요시하는 경향이 있다. 좋고 싫음으로 판단하는 경향이 강하고 사람이 좋은 반면, 개인적 취향이나 소원에 영향을 받는 일이 많은 경향이 있다. 환경에 대해서는 영향을 받지 않고, 자기 페이스 대로 꾸준히 성취하는 일을 잘한다.

⑦ 내향 - 감각 - 사고 - 지각(TYPE G) : 관심이 내면으로 향하고 얌전하고 교제범위가 좁다. 사물을 보는 관점은 상식적인 동시에 실천적이며, 틀에 박힌 형식을 좋아한다. 논리적으로 판단하는 경향이 강하고 침착하지만 사람에 대해서는 엄격하여 차가운 인상을 주는 일이 많다. 환경에 대해서 순응적이고, 계획적으로 행동하지 않으며 자유로운 행동을 좋아하는 경향이 있다.

⑧ 내향 – 감각 – 사고 – 판단(TYPE H) : 관심이 내면으로 향하고 주의 깊고 신중하게 행동을 한다. 사물을 보는 관점이 상식적이고 새롭고 경험하지 못한 일에 대응을 잘 하지 못한다. 논리적으로 생각하고 판단하는 경향이 강하고, 공평하지만 상대방의 감정에 대해 배려가 부족할 때가 있다. 환경에 대해서는 작용하는 편이고, 질서 있게 행동하는 것을 좋아한다.

⑨ 외향 – 직관 – 감정 – 지각(TYPE I) : 관심이 외향으로 향하고 밝고 활동적이며 교제범위가 넓다. 사물을 보는 관점은 독창적이고 호기심이 강하며 새로운 것을 생각하는 것을 좋아한다. 좋음 싫음으로 판단하는 경향이 강하다. 사람은 좋은 반면 개인적 취향이나 소원에 영향을 받는 일이 많은 편이다.

⑩ 외향 – 직관 – 감정 – 판단(TYPE J) : 관심이 외향으로 향하고 개방적이며 누구와도 쉽게 친해질 수 있다. 사물을 보는 관점은 독창적이고 자기 나름대로 궁리하고 생각하는 면이 많다. 좋음과 싫음으로 판단하는 경향이 강하고, 타인에 대해 동정적이기 쉽고 엄격함이 부족한 경향이 있다. 환경에 대해서는 작용하는 편이고 질서 있는 행동을 하는 것을 좋아한다.

⑪ 외향 – 직관 – 사고 – 지각(TYPE K) : 관심이 외향으로 향하고 태도가 분명하며 활동적이다. 사물을 보는 관점은 독창적이고 현실과 거리가 있는 추상적인 것을 생각하는 것을 좋아한다. 논리적으로 생각하고 판단하는 경향이 강하고, 공평하지만 상대에 대한 배려가 부족할 때가 있다.

⑫ 외향 – 직관 – 사고 – 판단(TYPE L) : 관심이 외향으로 향하고 밝고 명랑한 성격이며 사교적인 것을 좋아한다. 사물을 보는 관점은 독창적이고 논리적인 것을 좋아하기 때문에 이치를 따지는 경향이 있다. 논리적으로 생각하고 판단하는 경향이 강하고 침착성이 뛰어나지만 사람에 대해서 엄격하고 차가운 인상을 주는 경우가 많다. 환경에 대해 작용하는 편이고 계획을 세우고 착실하게 실행하는 것을 좋아한다.

⑬ 외향 – 감각 – 감정 – 지각(TYPE M) : 관심이 외향으로 향하고 밝고 활동적이고 교제범위가 넓다. 사물을 보는 관점은 상식적이고 종래대로 있는 것을 좋아한다. 보수적인 경향이 있고 좋아함과 싫어함으로 판단하는 경향이 강하며 타인에게는 친절한 반면, 우유부단한 경우가 많다. 환경에 대해 순응적이고, 융통성이 있고 임기응변으로 대응할 가능성이 높다.

⑭ 외향 – 감각 – 감정 – 판단(TYPE N) : 관심이 외향으로 향하고 개방적이며 누구와도 쉽게 대면할 수 있다. 사물을 보는 관점은 상식적이고 논리적으로 생각하기보다는 경험을 중시하는 편이다. 좋아함과 싫어함으로 판단하는 경향이 강하고 감정이 풍부하며 따뜻한 느낌이 있는 반면에 합리성이 부족한 경우가 많다. 환경에 대해서 작용하는 편이고, 한 번 결정한 것은 끈질기게 실행하려고 한다.

⑮ **외향 – 감각 – 사고 – 지각**(TYPE O) : 관심이 외향으로 향하고 시원한 태도이며 활동적이다. 사물을 보는 관점이 상식적이며 동시에 실천적이고 명백한 형식을 좋아하는 경향이 있다. 논리적으로 생각하고 판단하는 경향이 강하고, 객관적이지만 상대 마음에 대해 배려가 부족한 경향이 있다.

⑯ **외향 – 감각 – 사고 – 판단**(TYPE P) : 관심이 외향으로 향하고 밝고 명랑하며 사교적인 것을 좋아한다. 사물을 보는 관점은 상식적이고 경험하지 못한 새로운 것에 대응을 잘 하지 못한다. 논리적으로 생각하고 판단하는 경향이 강하고 이성적이지만 사람의 감정에 무심한 경향이 있다. 환경에 대해서는 작용하는 편이고, 자기 페이스대로 꾸준히 성취하는 것을 잘한다.

02 실전 인성검사

▌1~450▌ 다음의 문장을 읽고 당신에게 해당된다면 YES, 그렇지 않다면 NO를 선택하시오.

                                                                          YES   NO

1. 조금이라도 나쁜 소식은 절망의 시작이라고 생각해버린다. ·····························(   )(   )

2. 언제나 실패가 걱정이 되어 어쩔 줄 모른다. ·····································(   )(   )

3. 다수결의 의견에 따르는 편이다. ···(   )(   )

4. 혼자서 커피숍에 들어가는 것은 전혀 두려운 일이 아니다. ···················(   )(   )

5. 승부근성이 강하다. ···(   )(   )

6. 자주 흥분해서 침착하지 못하다. ··(   )(   )

7. 지금까지 살면서 타인에게 폐를 끼친 적이 없다. ···························(   )(   )

8. 소곤소곤 이야기하는 것을 보면 자기에 대해 험담하고 있는 것으로 생각된다. (   )(   )

9. 무엇이든지 자기가 나쁘다고 생각하는 편이다. ···························(   )(   )

10. 자신을 변덕스러운 사람이라고 생각한다. ·································(   )(   )

11. 고독을 즐기는 편이다. ··(   )(   )

12. 자존심이 강하다고 생각한다. ··(   )(   )

13. 금방 흥분하는 성격이다. ···(   )(   )

14. 거짓말을 한 적이 없다. ···(   )(   )

15. 신경질적인 편이다. ···(   )(   )

16. 끙끙대며 고민하는 타입이다. ··(   )(   )

17. 감정적인 사람이라고 생각한다. ··(   )(   )

18. 자신만의 신념을 가지고 있다. ···(   )(   )

19. 다른 사람을 바보 같다고 생각한 적이 있다. ·····························(   )(   )

20. 금방 말해버리는 편이다. ···(   )(   )

21. 싫어하는 사람이 없다. ···(   )(   )

22. 대재앙이 오지 않을까 항상 걱정을 한다. ·····································( )( )

23. 쓸데없는 고생을 하는 일이 많다. ···( )( )

24. 자주 생각이 바뀌는 편이다. ··( )( )

25. 문제점을 해결하기 위해 여러 사람과 상의한다. ····················( )( )

26. 내 방식대로 일을 한다. ··( )( )

27. 영화를 보고 운 적이 많다. ··( )( )

28. 어떤 것에 대해서도 화낸 적이 없다. ····································( )( )

29. 사소한 충고에도 걱정을 한다. ···( )( )

30. 자신은 도움이 안 되는 사람이라고 생각한다. ·······················( )( )

31. 금방 싫증을 내는 편이다. ···( )( )

32. 개성적인 사람이라고 생각한다. ··( )( )

33. 자기주장이 강한 편이다. ··( )( )

34. 뒤숭숭하다는 말을 들은 적이 있다. ·····································( )( )

35. 학교를 쉬고 싶다고 생각한 적이 한 번도 없다. ···················( )( )

36. 사람들과 관계 맺는 것을 보면 잘하지 못한다. ·····················( )( )

37. 사려 깊은 편이다. ···( )( )

38. 몸을 움직이는 것을 좋아한다. ···( )( )

39. 끈기가 있는 편이다. ··( )( )

40. 신중한 편이라고 생각한다. ···( )( )

41. 인생의 목표는 큰 것이 좋다. ··( )( )

42. 어떤 일이라도 바로 시작하는 타입이다. ·······························( )( )

43. 낯가림을 하는 편이다. ··( )( )

44. 생각하고 나서 행동하는 편이다. ··( )( )

45. 쉬는 날은 밖으로 나가는 경우가 많다. ·································( )( )

46. 시작한 일은 반드시 완성시킨다. ··( )( )

47. 면밀한 계획을 세운 여행을 좋아한다. ···································( )( )

48. 야망이 있는 편이라고 생각한다. ··( )( )

49. 활동력이 있는 편이다. ···( )( )

50. 많은 사람들과 와자지껄하게 식사하는 것을 좋아하지 않는다. ············( )( )

51. 돈을 허비한 적이 없다. ···( )( )

52. 운동회를 아주 좋아하고 기대했다. ··( )( )

53. 하나의 취미에 열중하는 타입이다. ··( )( )

54. 모임에서 회장에 어울린다고 생각한다. ··( )( )

55. 입신출세의 성공이야기를 좋아한다. ···( )( )

85. 정이 두터운 사람으로 남고 싶다. ··( )( )

86. 조직의 일원으로 별로 안 어울린다. ···( )( )

87. 세상의 일에 별로 관심이 없다. ···( )( )

88. 변화를 추구하는 편이다. ···( )( )

89. 업무는 인간관계로 선택한다. ··( )( )

90. 환경이 변하는 것에 구애되지 않는다. ··( )( )

91. 불안감이 강한 편이다. ···( )( )

92. 인생은 살 가치가 없다고 생각한다. ···( )( )

93. 의지가 약한 편이다. ··( )( )

94. 다른 사람이 하는 일에 별로 관심이 없다. ··( )( )

95. 사람을 설득시키는 것은 어렵지 않다. ··( )( )

96. 심심한 것을 못 참는다. ··( )( )

97. 다른 사람을 욕한 적이 한 번도 없다. ··( )( )

98. 다른 사람에게 어떻게 보일지 신경을 쓴다. ··( )( )

99. 금방 낙심하는 편이다. ··( )( )

100. 다른 사람에게 의존하는 경향이 있다. ··( )( )

101. 그다지 융통성이 있는 편이 아니다. ··( )( )

102. 다른 사람이 내 의견에 간섭하는 것이 싫다. ··( )( )

103. 낙천적인 편이다. ···( )( )

104. 숙제를 잊어버린 적이 한 번도 없다. ··( )( )

105. 밤길에는 발소리가 들리기만 해도 불안하다. ·····························( )( )

106. 상냥하다는 말을 들은 적이 있다. ·····································( )( )

107. 자신은 유치한 사람이다. ···( )( )

108. 잡담을 하는 것보다 책을 읽는 게 낫다. ····························( )( )

109. 나는 영업에 적합한 타입이라고 생각한다. ·························( )( )

110. 술자리에서 술을 마시지 않아도 흥을 돋울 수 있다. ···············( )( )

111. 한 번도 병원에 간 적이 없다. ·····································( )( )

112. 나쁜 일은 걱정이 되어서 어쩔 줄을 모른다. ·······················( )( )

113. 금세 무기력해지는 편이다. ···( )( )

114. 비교적 고분고분한 편이라고 생각한다. ····························( )( )

115. 독자적으로 행동하는 편이다. ······································( )( )

116. 적극적으로 행동하는 편이다. ······································( )( )

117. 금방 감격하는 편이다. ··( )( )

118. 어떤 것에 대해서도 불만을 가진 적이 없다. ·······················( )( )

119. 밤에 못 잘 때가 많다. ··( )( )

120. 자주 후회하는 편이다. ··( )( )

121. 뜨거워지기 쉽고 식기 쉽다. ··( )( )

122. 자신만의 세계를 가지고 있다. ······································( )( )

123. 많은 사람 앞에서도 긴장하는 일은 없다. ··························( )( )

124. 말하는 것을 아주 좋아한다. ··( )( )

125. 인생을 포기하는 마음을 가진 적이 한 번도 없다. ·················( )( )

126. 어두운 성격이다. ···( )( )

127. 금방 반성한다. ···( )( )

128. 활동범위가 넓은 편이다. ··( )( )

129. 자신을 끈기 있는 사람이라고 생각한다. ····························( )( )

130. 좋다고 생각하더라도 좀 더 검토하고 나서 실행한다. ···············( )( )

131. 위대한 인물이 되고 싶다. ··( )( )

132. 한 번에 많은 일을 떠맡아도 힘들지 않다. ·····································( )( )

133. 사람과 만날 약속은 부담스럽다. ···( )( )

134. 질문을 받으면 충분히 생각하고 나서 대답하는 편이다. ···················( )( )

135. 머리를 쓰는 것보다 땀을 흘리는 일이 좋다. ·······························( )( )

136. 결정한 것에는 철저히 구속받는다. ··( )( )

137. 외출 시 문을 잠갔는지 몇 번을 확인한다. ·································( )( )

138. 이왕 할 거라면 일등이 되고 싶다. ··( )( )

139. 과감하게 도전하는 타입이다. ··( )( )

140. 자신은 사교적이 아니라고 생각한다. ···( )( )

141. 무심코 도리에 대해서 말하고 싶어진다. ·····································( )( )

142. '항상 건강하네요.'라는 말을 듣는다. ···( )( )

143. 단념하면 끝이라고 생각한다. ··( )( )

144. 예상하지 못한 일은 하고 싶지 않다. ···( )( )

145. 파란만장하더라도 성공하는 인생을 걷고 싶다. ···························( )( )

146. 활기찬 편이라고 생각한다. ···( )( )

147. 소극적인 편이라고 생각한다. ··( )( )

148. 무심코 평론가가 되어 버린다. ···( )( )

149. 자신을 성급하다고 생각한다. ··( )( )

150. 꾸준히 노력하는 타입이라고 생각한다. ·······································( )( )

151. 내일의 계획이라도 메모한다. ··( )( )

152. 리더십이 있는 사람이 되고 싶다. ··( )( )

153. 열정적인 사람이라고 생각한다. ···( )( )

154. 다른 사람 앞에서 이야기를 잘 하지 못한다. ·····························( )( )

155. 통찰력이 있는 편이다. ···( )( )

156. 엉덩이가 가벼운 편이다. ··( )( )

157. 여러 가지로 구애됨이 있다. ···( )( )

158. 돌다리도 두들겨 보고 건너는 쪽이 좋다. ·································( )( )

159. 자신에게는 권력욕이 있다. ···(　)(　)

160. 업무를 할당받으면 기쁘다. ···(　)(　)

161. 사색적인 사람이라고 생각한다. ···(　)(　)

162. 비교적 개혁적이다. ···(　)(　)

163. 좋고 싫음으로 정할 때가 많다. ···(　)(　)

164. 전통에 구애되는 것은 버리는 것이 적절하다. ·················(　)(　)

165. 교제 범위가 좁은 편이다. ···(　)(　)

166. 발상의 전환을 할 수 있는 타입이라고 생각한다. ············(　)(　)

167. 너무 주관적이어서 실패한다. ···(　)(　)

168. 현실적이고 실용적인 면을 추구한다. ·································(　)(　)

169. 내가 어떤 배우의 팬인지 아무도 모른다. ·······················(　)(　)

170. 현실보다 가능성이다. ···(　)(　)

171. 마음이 담겨 있으면 선물은 아무 것이나 좋다. ···············(　)(　)

172. 여행은 마음대로 하는 것이 좋다. ·····································(　)(　)

173. 추상적인 일에 관심이 있는 편이다. ·································(　)(　)

174. 일은 대담히 하는 편이다. ···(　)(　)

175. 괴로워하는 사람을 보면 우선 동정한다. ·························(　)(　)

176. 가치기준은 자신의 안에 있다고 생각한다. ·····················(　)(　)

177. 조용하고 조심스러운 편이다. ···(　)(　)

178. 상상력이 풍부한 편이라고 생각한다. ·······························(　)(　)

179. 의리, 인정이 두터운 상사를 만나고 싶다. ·······················(　)(　)

180. 인생의 앞날을 알 수 없어 재미있다. ·······························(　)(　)

181. 밝은 성격이다. ··(　)(　)

182. 별로 반성하지 않는다. ···(　)(　)

183. 활동범위가 좁은 편이다. ···(　)(　)

184. 자신을 시원시원한 사람이라고 생각한다. ·······················(　)(　)

185. 좋다고 생각하면 바로 행동한다. ·······································(　)(　)

186. 좋은 사람이 되고 싶다. ···(   )(   )

187. 한 번에 많은 일을 떠맡는 것은 골칫거리라고 생각한다. ·········(   )(   )

188. 사람과 만날 약속은 즐겁다. ···(   )(   )

189. 질문을 받으면 그때의 느낌으로 대답하는 편이다. ···············(   )(   )

190. 땀을 흘리는 것보다 머리를 쓰는 일이 좋다. ·····················(   )(   )

191. 결정한 것이라도 그다지 구속받지 않는다. ························(   )(   )

192. 외출 시 문을 잠갔는지 별로 확인하지 않는다. ··················(   )(   )

193. 지위에 어울리면 된다. ··(   )(   )

194. 안전책을 고르는 타입이다. ··(   )(   )

195. 자신은 사교적이라고 생각한다. ·······································(   )(   )

196. 도리는 상관없다. ···(   )(   )

197. '침착하네요.'라는 말을 듣는다. ······································(   )(   )

198. 단념이 중요하다고 생각한다. ···(   )(   )

199. 예상하지 못한 일도 해보고 싶다. ····································(   )(   )

200. 평범하고 평온하게 행복한 인생을 살고 싶다. ···················(   )(   )

201. 몹시 귀찮아하는 편이라고 생각한다. ································(   )(   )

202. 특별히 소극적이라고 생각하지 않는다. ····························(   )(   )

203. 이것저것 평하는 것이 싫다. ···(   )(   )

204. 자신은 성급하지 않다고 생각한다. ··································(   )(   )

205. 꾸준히 노력하는 것을 잘 하지 못한다. ····························(   )(   )

206. 내일의 계획은 머릿속에 기억한다. ··································(   )(   )

207. 협동성이 있는 사람이 되고 싶다. ····································(   )(   )

208. 열정적인 사람이라고 생각하지 않는다. ····························(   )(   )

209. 다른 사람 앞에서 이야기를 잘한다. ································(   )(   )

210. 행동력이 있는 편이다. ···(   )(   )

211. 엉덩이가 무거운 편이다. ···(   )(   )

212. 특별히 구애받는 것이 없다. ···(   )(   )

213. 돌다리는 두들겨 보지 않고 건너도 된다. ·····································(   )(   )

214. 자신에게는 권력욕이 없다. ···(   )(   )

215. 업무를 할당받으면 부담스럽다. ··(   )(   )

216. 활동적인 사람이라고 생각한다. ··(   )(   )

217. 비교적 보수적이다. ···(   )(   )

218. 손해인지 이익인지로 정할 때가 많다. ····································(   )(   )

219. 전통을 견실히 지키는 것이 적절하다. ····································(   )(   )

220. 교제 범위가 넓은 편이다. ···(   )(   )

221. 상식적인 판단을 할 수 있는 타입이라고 생각한다. ···················(   )(   )

222. 너무 객관적이어서 실패한다. ···(   )(   )

223. 보수적인 면을 추구한다. ···(   )(   )

224. 내가 누구의 팬인지 주변의 사람들이 안다. ····························(   )(   )

225. 가능성보다 현실이다. ···(   )(   )

226. 그 사람이 필요한 것을 선물하고 싶다. ··································(   )(   )

227. 여행은 계획적으로 하는 것이 좋다. ·······································(   )(   )

228. 구체적인 일에 관심이 있는 편이다. ·······································(   )(   )

229. 일은 착실히 하는 편이다. ···(   )(   )

230. 괴로워하는 사람을 보면 우선 이유를 생각한다. ······················(   )(   )

231. 가치기준은 자신의 밖에 있다고 생각한다. ····························(   )(   )

232. 밝고 개방적인 편이다. ···(   )(   )

233. 현실 인식을 잘하는 편이라고 생각한다. ································(   )(   )

234. 공평하고 공적인 상사를 만나고 싶다. ···································(   )(   )

235. 시시해도 계획적인 인생이 좋다. ···(   )(   )

236. 적극적으로 사람들과 관계를 맺는 편이다. ····························(   )(   )

237. 활동적인 편이다. ···(   )(   )

238. 몸을 움직이는 것을 좋아하지 않는다. ···································(   )(   )

239. 쉽게 질리는 편이다. ···(   )(   )

240. 경솔한 편이라고 생각한다. ···( )( )

241. 인생의 목표는 손이 닿을 정도면 된다. ···( )( )

242. 무슨 일도 좀처럼 시작하지 못한다. ···( )( )

243. 초면인 사람과도 바로 친해질 수 있다. ···( )( )

244. 행동하고 나서 생각하는 편이다. ···( )( )

245. 쉬는 날은 집에 있는 경우가 많다. ···( )( )

246. 완성되기 전에 포기하는 경우가 많다. ···( )( )

247. 계획 없는 여행을 좋아한다. ···( )( )

248. 욕심이 없는 편이라고 생각한다. ···( )( )

249. 활동력이 별로 없다. ···( )( )

250. 타인의 의견에서 중요한 힌트를 자주 얻는다. ···( )( )

251. 이유 없이 불안할 때가 있다. ···( )( )

252. 주위 사람의 의견을 생각해서 발언을 자제할 때가 있다. ·······································( )( )

253. 자존심이 강한 편이다. ···( )( )

254. 생각 없이 함부로 말하는 경우가 많다. ···( )( )

255. 정리가 되지 않은 방에 있으면 불안하다. ···( )( )

256. 큰 실수나 아픔도 쉽게 잊는 편이다. ···( )( )

257. 슬픈 영화나 TV를 보면 자주 운다. ··( )( )

258. 자신을 충분히 신뢰할 수 있다고 생각한다. ···( )( )

259. 노래방을 아주 좋아한다. ···( )( )

260. 자신만이 할 수 있는 일을 하고 싶다. ···( )( )

261. 자신을 과소평가하는 경향이 있다. ···( )( )

262. 책상 위나 서랍 안은 항상 깔끔히 정리한다. ···( )( )

263. 건성으로 일을 할 때가 자주 있다. ···( )( )

264. 남의 험담을 한 적이 없다. ···( )( )

265. 쉽게 화를 낸다는 말을 듣는다. ···( )( )

266. 초조하면 손을 떨고, 심장박동이 빨라진다. ···( )( )

267. 토론하여 진 적이 한 번도 없다. ··( )( )

268. 덩달아 떠든다고 생각할 때가 자주 있다. ·······························( )( )

269. 아첨에 넘어가기 쉬운 편이다. ··( )( )

270. 주변 사람이 자기 험담을 하고 있다고 생각할 때가 있다. ········( )( )

271. 이론만 내세우는 사람과 대화하면 짜증이 난다. ······················( )( )

272. 상처를 주는 것도, 받는 것도 싫다. ·······································( )( )

273. 매일 그날을 반성한다. ···( )( )

274. 주변 사람이 피곤해 하여도 자신은 원기왕성하다. ···················( )( )

275. 친구를 재미있게 하는 것을 좋아한다. ·····································( )( )

276. 아침부터 아무것도 하고 싶지 않을 때가 있다. ·······················( )( )

277. 지각을 하면 학교를 결석하고 싶어졌다. ·································( )( )

278. 이 세상에 없는 세계가 존재한다고 생각한다. ·························( )( )

279. 하기 싫은 것을 하고 있으면 무심코 불만을 말한다. ···············( )( )

280. 투지를 드러내는 경향이 있다. ··( )( )

281. 과거보다는 미래에 대한 걱정이 앞서는 편이다. ······················( )( )

282. 어떤 일이라도 헤쳐 나가는 데 자신이 있다. ·························( )( )

283. 착한 사람이라는 말을 들을 때가 많다. ··································( )( )

284. 자신을 다른 사람보다 뛰어나다고 생각한다. ·························( )( )

285. 개성적인 사람이라는 말을 자주 듣는다. ·································( )( )

286. 누구와도 편하게 대화할 수 있다. ···( )( )

287. 특정 인물이나 집단에서라면 가볍게 대화할 수 있다. ···············( )( )

288. 사물에 대해 깊이 생각하는 경향이 있다. ·······························( )( )

289. 스트레스를 해소하기 위해 집에서 조용히 지낸다. ···················( )( )

290. 계획을 세워서 행동하는 것을 좋아한다. ·································( )( )

291. 현실적인 편이다. ··( )( )

292. 주변의 일을 성급하게 해결한다. ···( )( )

293. 이성적인 사람이 되고 싶다고 생각한다. ·································( )( )

294. 생각한 일을 행동으로 옮기지 않으면 기분이 찜찜하다. ·······························( )( )

295. 생각했다고 해서 꼭 행동으로 옮기는 것은 아니다. ·······························( )( )

296. 목표 달성을 위해서는 온갖 노력을 다한다. ·······································( )( )

297. 적은 친구랑 깊게 사귀는 편이다. ··( )( )

298. 경쟁에서 절대로 지고 싶지 않다. ··( )( )

299. 내일해도 되는 일을 오늘 안에 끝내는 편이다. ·······························( )( )

300. 새로운 친구를 곧 사귈 수 있다. ··( )( )

301. 목표를 정하고 끈기 있게 노력하는 편이다. ·······································( )( )

302. 다른 사람이 자신을 비난해도 기분 나쁘지 않다. ·······························( )( )

303. 책임감 없는 행동은 하지 않는다. ··( )( )

304. 음악을 들으면 쉽게 리듬에 취하는 편이다. ·······································( )( )

305. 재능보다 노력이 중요하다. ···( )( )

306. 당당한 사람을 부러워한다. ···( )( )

307. 시간 개념이 너무 철두철미한 사람에게 답답함을 느낀다. ···················( )( )

308. 아침형인간이라는 평을 듣는다. ··( )( )

309. 피곤할 때 가끔 주변 사람들에게 신경질을 낸다. ·······························( )( )

310. 살아오면서 언성을 크게 높인 적이 거의 없다. ·······························( )( )

311. 실패를 즐길 수 있다. ···( )( )

312. 낯선 사람과의 대화에 능한 편이다. ···( )( )

313. 평소에 생명의 소중함을 잘 느끼지 못한다. ·······································( )( )

314. 업무를 진행할 시 팀워크가 가장 중요하다. ·······································( )( )

315. 샤워를 자주 하는 편이다. ···( )( )

316. 어둡고 외진 곳은 항상 주의한다. ··( )( )

317. 성공을 위해 끊임없이 도전한다. ··( )( )

318. 현실과 타협한다고 느낄 때가 많다. ···( )( )

319. 가까운 거리는 도보를 이용하는 편이다. ···( )( )

320. 다양한 화제를 두고 대화하는 것을 즐긴다. ·······································( )( )

321. 힘든 문제가 와도 불안을 거의 느끼지 않는다. ………………………………(　)(　)

322. 인간관계에 크게 신경 쓰지 않는 편이다. ……………………………………(　)(　)

323. 합격하지 못해도 좋은 경험이라고 생각한다. …………………………………(　)(　)

324. 무례한 사람을 보면 화가 날 때가 많다. ………………………………………(　)(　)

325. 동료와 함께 업무를 진행하는 것이 즐겁다. …………………………………(　)(　)

326. 잘 씻지 않는 사람을 보면 불쾌하다. …………………………………………(　)(　)

327. 타인의 평가에 그다지 민감하지 않다. …………………………………………(　)(　)

328. 자신이 감정이 메마른 사람이라고 생각한다. …………………………………(　)(　)

329. 남에게 아쉬운 말을 잘 못한다. …………………………………………………(　)(　)

330. 자신을 책망할 때가 종종 있다. …………………………………………………(　)(　)

331. 한낮에 졸음을 잘 참지 못한다. …………………………………………………(　)(　)

332. 토막살인 등 잔인한 뉴스를 접해도 무감각하다. ……………………………(　)(　)

333. 친하게 지내는 사람에게만 신경 쓰는 편이다. …………………………………(　)(　)

334. 특별하지는 않지만 평범한 일상이 소중하다. …………………………………(　)(　)

335. 같은 사물, 사건을 다르게 보는 것을 즐긴다. …………………………………(　)(　)

336. 매사에 이성적인 사고를 지향한다. ……………………………………………(　)(　)

337. 배낭여행을 좋아한다. ……………………………………………………………(　)(　)

338. 스트레스를 해소하기 위해 집에서 쉬는 편이다. ……………………………(　)(　)

339. 범사에 양보하기를 좋아한다. ……………………………………………………(　)(　)

340. 집착이 강한 편이다. ………………………………………………………………(　)(　)

341. 무리한 도전을 할 필요는 없다고 생각한다. …………………………………(　)(　)

342. 지나친 도움에는 자존심이 상한다. ……………………………………………(　)(　)

343. 무슨 일이 있어도 오늘 할 일은 오늘 끝낸다. …………………………………(　)(　)

344. 시간단위로 계획을 세워 일을 진행하는 편이다. ……………………………(　)(　)

345. 청소년들을 보며 세대 차이를 많이 느낀다. …………………………………(　)(　)

346. 새로운 것에 대한 지나친 연구는 시간 낭비다. ………………………………(　)(　)

347. 한 분야의 전문가가 되고 싶다. …………………………………………………(　)(　)

YES   NO

348. 자신에 대한 동료들의 생각이 궁금하다. ································( )( )

349. 혼자 있어도 외로움을 느낀 적이 거의 없다. ····················( )( )

350. 동료의 허술한 보고서를 보면 화가 난다. ························( )( )

351. 농담을 자주하는 사람이 가벼워 보인다. ························( )( )

352. 문제를 해결하기 위해 여러 사람과 상의한다. ··················( )( )

353. 다른 사람에게 열등감을 느낄 때가 많다. ······················( )( )

354. 스포츠 활동에 참여하는 것을 좋아하지 않는다. ··············( )( )

355. 대화에서는 경청하는 것이 가장 중요하다. ····················( )( )

356. 대인관계에서 공격적인 타입이라고 생각한다. ················( )( )

357. 특별한 꿈이나 목표가 없다. ····································( )( )

358. 자신을 감성이 풍부한 사람이라고 생각한다. ··················( )( )

359. 다른 사람의 말에 쉽게 상처받는 편이다. ······················( )( )

360. 예전의 실수들이 떠올라 괴로울 때도 있다. ··················( )( )

361. 혼자 있고 싶을 때가 자주 있다. ·······························( )( )

362. 성과보다 최선을 다하는 태도가 더 중요하다. ················( )( )

363. 경쟁자들에 비해 많이 부족하다고 생각한다. ··················( )( )

364. 혼자서 이루어 낸 성과에 더 큰 만족감을 느낀다. ············( )( )

365. 타인의 평가를 참고하여 발전할 것을 다짐한다. ··············( )( )

366. 자신을 험담하는 것을 들으면 참을 수 없다. ··················( )( )

367. 약속을 어기는 일은 절대로 있을 수가 없다. ··················( )( )

368. 한두 시간 공부로는 실력이 크게 늘지 않는다. ················( )( )

369. 자기능력계발보다 휴식을 더 중요시하게 생각한다. ··········( )( )

370. 자신을 향한 비난도 참고한다. ································( )( )

371. 과거에 공부를 열심히 하지 못한 것이 아쉽다. ················( )( )

372. 계획한 일에 대해 작심삼일이 되는 경우가 많다. ··············( )( )

373. 타인의 의견에 의해 결정이 바뀌는 경우가 많다. ··············( )( )

374. 훌륭한 문학작품에 감동한 적이 많다. ························( )( )

375. 생각이 복잡할 때가 많다. ···(   )(   )

376. 서로의 감정을 나누는 것을 소중하게 여긴다. ···························(   )(   )

377. 행동하기 전에 생각을 많이 하는 편이다. ······························(   )(   )

378. 요즘 신세대를 보면 부러움을 느끼는 편이다. ·························(   )(   )

379. 대인관계에서 가장 중요한 것은 배려다. ·······························(   )(   )

380. 틀에 박힌 사고를 싫어한다. ···(   )(   )

381. 상식이하의 행동을 하는 동료를 보면 화가 난다. ·····················(   )(   )

382. 업무가 많을 때는 철야를 해서라도 끝낸다. ···························(   )(   )

383. 틈틈이 독서를 즐기는 편이다. ···(   )(   )

384. 자주 기회를 놓쳐 아쉬워할 때가 많다. ·······························(   )(   )

385. 생각날 때 방문하므로 부재중일 때가 있다. ···························(   )(   )

386. 봉사활동에 관심이 많은 편이다. ·······································(   )(   )

387. 업무는 매뉴얼대로 철저히 진행한다. ··································(   )(   )

388. 발이 넓다는 말을 많이 듣는다. ···(   )(   )

389. 가끔 자신이 속이 좁은 행동을 한다고 느낀다. ·······················(   )(   )

390. 반복되는 일상보다 새로운 경험을 좋아한다. ·························(   )(   )

391. 자신에게 유익이 되는 사람을 주로 만난다. ···························(   )(   )

392. 다양한 부류의 사람들과의 만남을 즐긴다. ···························(   )(   )

393. 남의 앞에 나서는 것을 잘 하지 못하는 편이다. ·····················(   )(   )

394. '누군가 도와주지 않을까'라고 생각하는 편이다. ·····················(   )(   )

395. 지하철의 걸인에게 적선한 경우가 많다. ·······························(   )(   )

396. 업무진행시 신속성을 매우 중요하게 생각한다. ·······················(   )(   )

397. 사고가 유연한 편이다. ··(   )(   )

398. 동료가 날 자주 곤경에 빠뜨리려 한다. ·······························(   )(   )

399. 자신이 괜찮은 사람이라고 느낄 때가 많다. ···························(   )(   )

400. 동료들이 실수를 해도 이해하고 넘어가는 편이다. ···················(   )(   )

401. 고지식하다는 말을 자주 듣는다. ·······································(   )(   )

402. 자신을 존중하는 편이다. ┄┄┄┄┄┄┄┄┄┄┄┄┄┄┄┄┄┄┄┄┄┄┄┄( )( )

403. 대화할 때 상대방의 입장에서 생각하는 편이다. ┄┄┄┄┄┄┄┄┄┄┄( )( )

404. 일상의 여유로운 삶을 만끽하고 싶다. ┄┄┄┄┄┄┄┄┄┄┄┄┄┄┄( )( )

405. 자기 방어에 능한 편이다. ┄┄┄┄┄┄┄┄┄┄┄┄┄┄┄┄┄┄┄┄┄( )( )

406. 인간관계를 잘 하려면 손해를 볼 필요가 있다. ┄┄┄┄┄┄┄┄┄┄( )( )

407. 상식이 풍부한 편이다. ┄┄┄┄┄┄┄┄┄┄┄┄┄┄┄┄┄┄┄┄┄┄┄( )( )

408. 보다 새롭고 능률적인 업무방식을 추구한다. ┄┄┄┄┄┄┄┄┄┄┄( )( )

409. 영화를 보면 등장인물의 감정에 쉽게 이입된다. ┄┄┄┄┄┄┄┄┄( )( )

410. 감성적 판단을 자제하는 편이다. ┄┄┄┄┄┄┄┄┄┄┄┄┄┄┄┄┄( )( )

411. 큰 업적, 목표보다 매일의 행복을 중요시한다. ┄┄┄┄┄┄┄┄┄( )( )

412. 무기력해질 때가 많다. ┄┄┄┄┄┄┄┄┄┄┄┄┄┄┄┄┄┄┄┄┄┄┄( )( )

413. 시끄럽게 짓는 개에게는 폭력을 쓰고 싶다. ┄┄┄┄┄┄┄┄┄┄┄( )( )

414. 대인관계에 부담을 느낄 때도 있다. ┄┄┄┄┄┄┄┄┄┄┄┄┄┄┄( )( )

415. 학창시절 늦잠을 자서 지각한 적이 많다. ┄┄┄┄┄┄┄┄┄┄┄┄( )( )

416. 혼자 일하는 것이 같이하는 것보다 능률적이다. ┄┄┄┄┄┄┄┄┄( )( )

417. 방 청소를 잘 하지 않는 편이다. ┄┄┄┄┄┄┄┄┄┄┄┄┄┄┄┄┄( )( )

418. 자신의 성격이나 태도를 바꾸는 것이 어렵다. ┄┄┄┄┄┄┄┄┄┄( )( )

419. 단 5분의 빈 시간이라도 발전적인 일을 한다. ┄┄┄┄┄┄┄┄┄( )( )

420. 자신의 잘못을 반성하고 발전하기 위해 애쓴다. ┄┄┄┄┄┄┄┄( )( )

421. 실수를 해서 잠을 제대로 자지 못한 적이 많다. ┄┄┄┄┄┄┄┄( )( )

422. 작은 일이라도 쉽게 결정하는 것은 어리석다. ┄┄┄┄┄┄┄┄┄( )( )

423. 약속을 소홀히 하는 사람을 보면 화가 난다. ┄┄┄┄┄┄┄┄┄┄( )( )

424. 한 번 화를 내면 기분이 쉽게 풀리지 않는다. ┄┄┄┄┄┄┄┄┄( )( )

425. 불의에 맞서 대응하기가 어렵다. ┄┄┄┄┄┄┄┄┄┄┄┄┄┄┄┄┄( )( )

426. 자신의 스트레스를 해소하는 능력이 뛰어나다고 생각한다. ┄┄┄( )( )

427. 부지런하다는 이야기를 자주 듣는다. ┄┄┄┄┄┄┄┄┄┄┄┄┄┄( )( )

428. 사이코패스 영화를 찾아보곤 한다. ┄┄┄┄┄┄┄┄┄┄┄┄┄┄┄( )( )

429. 사소한 일로 지인들과 다투기도 한다. ································( )( )

430. 자신이 활기차고 활동적이라고 느낄 때가 많다. ···············( )( )

431. 사소한 것도 사람들에게 확인하고 넘어간다. ··················( )( )

432. 여유가 없어도 운동은 반드시 한다. ··························( )( )

433. 감정을 능숙하게 다스리는 편이다. ··························( )( )

434. 주로 다른 사람의 의견을 따르는 편이다. ····················( )( )

435. 죄송하다는 말을 자주 한다. ·······························( )( )

436. 다양한 사람들과 사귀는 것을 즐긴다. ·······················( )( )

437. 무슨 일이든 철저하게 하는 것이 좋다. ·····················( )( )

438. 시간 약속을 어기게 될까봐 불안한 적이 많다. ···············( )( )

439. 슬픔이나 감동으로 인해 눈물을 흘리기도 한다. ··············( )( )

440. 동료들에게 좋은 인상을 주기 위해 애쓴다. ··················( )( )

441. 다양한 경험과 지식을 쌓는 것이 중요하다. ··················( )( )

442. 동호회 등의 활동을 즐기는 편이다. ·······················( )( )

443. 새로운 사람을 만날 때는 용기가 필요하다. ··················( )( )

444. 경쟁하는 것을 좋아한다. ·································( )( )

445. 갑작스런 업무를 싫어하는 편이다. ·························( )( )

446. 일이 늦어지더라도 신중하게 진행하는 편이다. ···············( )( )

447. 대인관계에도 이해관계가 중요하다. ·······················( )( )

448. 멋진 조연 역할을 하는 배우를 좋아한다. ····················( )( )

449. 사적인 이유로 업무를 미룰 수도 있다. ·····················( )( )

450. 꾸준히 노력하는 삶을 지향한다. ··························( )( )

PART

III

직무 1

01 언어능력

┃1~10┃ 밑줄 친 부분의 의미가 일치하는 것을 고르시오.

1

> 손목에 시계를 <u>차다</u>.

① 허리에 칼을 <u>차다</u>.
② 그는 땅바닥의 흙을 구둣발로 <u>차며</u> 말했다.
③ 혀를 끌끌 <u>차다</u>.
④ 겨울 날씨가 매우 <u>차다</u>.

> (Tip)
> ① 물건을 몸의 한 부분에 달아매거나 끼워서 지니다.
> ② 발로 내어 지르거나 받아 올리다.
> ③ 혀끝을 입천장 앞쪽에 붙였다가 떼어 소리를 내다.
> ④ 몸에 닿은 물체나 대기의 온도가 낮다.

2

> 도둑은 휙 <u>날아서</u> 담장을 넘었다.

① 붉은색은 <u>날기</u> 쉽다.
② 총알택시를 타고 <u>날면</u> 30분도 안 걸린다.
③ 향수가 <u>날다</u>.
④ 무명을 <u>날다</u>.

> (Tip)
> ① 빛깔이 바래다.
> ② 어떤 물체가 매우 빨리 움직이다.
> ③ 냄새가 흩어져 없어지다.
> ④ 명주, 베, 무명 따위를 짜기 위해 샛수에 맞춰 실을 길게 늘이다.

3

> 은수저는 조금만 힘을 주어도 쉽게 <u>굽는다</u>.

① 김은 약한 불에 <u>구워야</u> 맛있다.
② 그는 염전에서 소금을 <u>구워</u> 생계를 유지한다.
③ 피는 물보다 짙은 법이며 팔은 안으로 <u>굽는다</u>.
④ 대장장이는 쇠를 빨갛게 <u>구웠다가</u> 찬물에 담가 식히는 일을 반복했다.

① 불에 익히다.
② 바닷물에 햇볕을 쬐어 소금만 남게 하다.
③ 한쪽으로 휘다.
④ 쇠붙이 따위가 녹을 정도로 열을 가하다.

4

> 농사철에는 손이 많이 필요하다.

① <u>손</u>으로 가리키다.
② 그 일은 <u>손</u>이 많이 간다.
③ 범인은 경찰의 <u>손</u>이 미치지 않는 곳으로 도망갔다.
④ 요즘 같은 시기에는 <u>손</u>이 부족하다.

① 사람의 팔목 끝에 달린 부분.
② 어떤 일을 하는 데 드는 사람의 힘이나 노력, 기술.
③ 어떤 사람의 영향력이나 권한이 미치는 범위.
④ 일손(일을 하는 사람)

5

> 귀가 <u>먹다</u>.

① 코 <u>먹은</u> 소리를 내다
② 음식을 배불리 <u>먹다</u>.
③ 나는 마음을 독하게 <u>먹고</u> 그녀를 외면하였다.
④ 내년이면 삼십을 <u>먹는구나</u>.

① 귀나 코가 막혀서 제 기능을 하지 못하게 되다.
② 음식 따위를 입을 통하여 배 속에 들여보내다.
③ 어떤 마음이나 감정을 품다.
④ 일정한 나이에 이르거나 나이를 더하다.

Answer ↪ 1.① 2.② 3.③ 4.④ 5.①

6

> 며칠째 <u>아침</u>을 굶었다.

① 그는 <u>아침</u> 일찍 일어나는 편이다.
② 그는 <u>아침</u>을 거른 채 출근하였다.
③ 젊은이들은 이른 <u>아침</u>부터 극장 앞에 줄을 서 있었다.
④ 오늘은 <u>아침</u> 신문이 늦게 배달되었다.

② 오전에 끼니를 먹는 일.
①③④ 날이 새면서 오전 반나절쯤까지의 동안.

7

> 누군가가 뒤에서 내 어깨를 <u>잡아</u> 흔들었다.

① 국왕의 존재는 유명무실해지고, 귀족들이 실권을 <u>잡게</u> 되었다.
② 그는 이 시장의 상권을 꽉 <u>잡고</u> 있다.
③ 재영이의 힘 있는 손이 그의 손을 <u>잡았다</u>.
④ 인조 등극 후에 정권을 <u>잡은</u> 것은 서인이었다.

③ 손으로 움키고 놓지 않다.
①②④ 권한 따위를 차지하다.

8

> 복권에 당첨되어 신세를 <u>고치다</u>.

① 목수가 삐걱거리는 마루를 <u>고쳤다</u>.
② 늦잠 자는 습관을 <u>고치기가</u> 쉽지 않다.
③ 그녀는 머리 모양을 <u>고치려고</u> 미장원에 들렀다.
④ 팔자를 <u>고치려던</u> 그 계획이 완전히 어그러졌다.

① 못 쓰게 된 물건을 손질하여 제대로 되게 하다.
② 잘못되거나 틀린 것을 바로잡다.
③ 모양이나 내용 따위를 바꾸다.
④ 처지를 바꾸다.

9

> 힘이 세 <u>배</u>나 들다.

① 실제 요금의 두 <u>배</u>가 인상되었다.
② 할아버지는 물이 많고 단 <u>배</u>를 좋아하신다.
③ 임신 후 오 개월부터는 <u>배</u>가 눈에 띄게 불러 왔다.
④ 그는 <u>배</u>를 깔고 엎드려 자는 습관이 있다.

 ① 일정한 수나 양이 그 수만큼 거듭됨을 이르는 말.
② 배나무의 열매.
③ 여성의 몸에서 아이가 드는 부분.
④ 사람이나 동물의 몸에서 위장, 창자, 콩팥 따위의 내장이 들어 있는 곳.

10

> 어머니는 <u>매운</u> 시집살이를 하셨다

① 국이 <u>매워서</u> 많이 먹지 못했다.
② 그 양반이 어쩌자고 이렇게 <u>매운</u> 짓을 하나 모르겠어.
③ 눈이 <u>매워도</u> 비비지 마라.
④ 저 녀석은 하는 일마다 <u>맵게</u> 잘 처리해서 마음에 든다.

 ① 고추나 겨자와 같이 맛이 알알하다.
② 성미가 사납고 독하다.
③ 연기 따위가 눈이나 코를 아리게 하다.
④ 결기가 있고 야무지다.

11 다음 지문에서 말하고자 하는 주된 진술은?

> 우리가 흔히 경험하는 바에 따르면, 예술이 추구하는 미적 쾌감이 곱고 예쁜 것에서 느끼는 쾌적함과 반드시 일치하지는 않는다. 예쁜 소녀의 그림보다는 주름살이 깊이 팬 늙은 어부가 낡은 그물을 깁고 있는 그림이 더 감동적일 수 있다. 선과 악을 간단히 구별할 수 없는 여러 인물들이 뒤얽혀서 격심한 갈등이 전개되는 영화가 동화처럼 고운 이야기를 그린 영화보다 더 큰 감명을 주는 것도 흔히 있는 일이다. 이와 같이 예술의 감동이라는 것은 '단순히 보고 듣기 쾌적한 것'이 아닌, '우리의 삶과 이 세계에 대한 깊은 인식, 체험'을 생생하고도 탁월한 방법으로 전달하는 데에 있다.

① 예술은 쾌적함을 주는 데 그 목적이 있다.
② 예술의 미적 쾌감은 곱고 아름다운 것에서만 느낄 수 있다.
③ 우리 삶 속의 문제와 갈등은 예술과는 거리가 멀다.
④ 예술의 미는 소재가 아닌 삶에 대한 통찰과 표현의 탁월성에서 나온다.

 ④ '늙은 어부'의 그림과 '격심한 갈등을 보여주는 영화'를 예로 들어 예술의 미란 단순한 '미', '추'의 개념으로 판단할 수 없음을 말하고 있다.

12 다음 글의 내용을 읽고 유추할 수 있는 것은?

> 어떤 식물이나 동물, 미생물이 한 종류씩만 있다고 할 경우, 즉 종이 다양하지 않을 때는 곧 바로 문제가 발생한다. 생산하는 생물, 소비하는 생물, 판매하는 생물이 한 가지씩만 있다고 생각해보자. 혹시 사고라도 생겨 생산하는 생물이 멸종한다면 그것을 소비하는 생물이 먹을 것이 없어지게 된다. 즉, 생태계 내에서 일어나는 역할 분담에 문제가 생기는 것이다. 박테리아는 여러 종류가 있기 때문에 어느 한 종류가 없어져도 다른 종류가 곧 그 역할을 대체한다. 그래서 분해 작용은 계속되는 것이다. 즉, 여러 종류가 있으면 어느 한 종이 없어지더라도 전체 계에서는 이 종이 맡았던 역할이 없어지지 않도록 균형을 이루게 된다.

① 생물 종의 다양성이 유지되어야 생태계가 안정된다.
② 생태계는 생물과 환경으로 이루어진 인위적 단위이다.
③ 생태계의 규모가 커질수록 희귀종의 중요성도 커진다.
④ 생산하는 생물과 분해하는 생물은 서로를 대체할 수 있다.

 마지막 문장의 '어느 한 종이 없어지더라도 전체 계에서는 균형을 이루게 된다.'로부터 ①을 유추할 수 있다.

13 다음 글의 빈칸에 들어갈 문장으로 가장 적절한 것은?

> _____는 연구결과가 나왔다. 미국 A대학 연구팀이 35명의 여성을 대상으로 이틀간 아침 운동에 따른 식욕의 변화를 측정한 결과다.
>
> 연구팀은 첫 번째 날은 45분간 운동을 시키고, 다음날은 운동을 하지 않게 하고는 음식 사진을 보여줬다. 이때 두뇌 부위에 전극장치를 부착해 신경활동을 측정했다. 그 결과 운동을 한 날은 운동을 하지 않은 날에 비해 음식에 대한 주목도가 떨어졌다. 음식을 먹고 싶다는 생각이 그 만큼 덜 든다는 얘기다. 뿐만 아니라 운동을 한 날은 하루 총 신체활동량이 증가했다. 운동으로 소비한 열량을 보충하기 위해 음식을 더 먹지도 않았다. 운동을 하지 않은 날 소모한 열량과 비슷한 열량을 섭취했을 뿐이다. 실험 참가자의 절반가량은 체질량지수(BMI)를 기준으로 할 때 비만이었는데, 이 같은 현상은 비만 여부와 상관없이 나타났다.

① 체질량지수를 높이기 위해서 운동을 해야 한다.
② 운동을 한 날은 신체활동량이 감소한다.
③ 운동은 음식에 대한 주목도를 높여준다.
④ 아침에 땀을 빼는 운동을 하면 식욕을 줄여준다.

 연구팀이 두 그룹으로 나누어 아침운동의 효과에 따른 식욕의 변화와 체질량지수, 음식에 대한 주목도를 측정함으로써 결과를 도출하였으므로 ④가 가장 적절하다.

Answer ↱ 11.④ 12.① 13.④

14 다음 글에서 주장하는 내용으로 가장 알맞은 것은?

> 조력발전이란 조석간만의 차이가 큰 해안지역에 물막이 댐을 건설하고, 그곳에 수차 발전기를 설치해 밀물이나 썰물의 흐름을 이용해 전기를 생산하는 발전 방식이다. 따라서 조력발전에는 댐 건설이 필수 요소다. 반면 댐을 건설하지 않고 자연적인 조류의 흐름을 이용해 발전하는 방식은 '조류발전'이라 불러 따로 구분한다.
>
> 조력발전이 환경에 미치는 부담 가운데 가장 큰 것이 물막이 댐의 건설이다. 물론 그동안 산업을 지탱해 온 화석연료의 고갈과 공해 문제를 생각할 때 이를 대체할 에너지원의 개발은 매우 절실하고 시급한 문제다. 그렇다 하더라도 자연환경에 엄청난 부담을 초래하는 조력발전을 친환경적이라 포장하고, 심지어 댐 건설을 부추기는 현재의 정책은 결코 용인될 수 없다.

① 댐을 건설하는 데 많은 비용이 들어가는 조력발전은 폐기되어야 한다.
② 친환경적인 조류발전을 적극 도입하여 재생에너지 비율을 높여야 한다.
③ 친환경적인 에너지 정책을 수립하기 위해 조류발전에 대해 더 잘 알아야 한다.
④ 조력발전이 친환경적이라는 시각에 바탕을 둔 현재의 에너지 정책은 재고되어야 한다.

(Tip) 마지막 문장을 통하여 조력발전에 대한 잘못된 인식과 올바르지 못한 정책이 재고되어야 함을 피력하고 있다는 것을 알 수 있다.

15 다음 글에서 추론할 수 있는 진술로 가장 옳지 않은 것은?

> 태풍의 반경은 수백 킬로미터에 달하고, 중심 주위에 나선 모양의 구름띠가 줄지어 있다. 태풍의 등압서은 거의 원을 그리며, 중심으로 갈수록 기압은 하강한다. 바람은 태풍 중심으로부터 일반적으로 반경 40~100 킬로미터 부근에서 가장 강하게 분다. 그러나 중심부는 맑게 개어 있는데, 여기가 바로 태풍의 눈이다.
>
> 같은 높이에서 기온은 중심 부분이 높고 주위로 갈수록 낮아진다. 기온이 가장 높은 곳은 태풍의 눈이다. 태풍이 강할수록 태풍의 눈과 주변의 온도차가 크게 나타난다.

① 태풍의 눈에서는 주변부보다 바람이 약하다.
② 태풍의 중심부로 갈수록 풍속이 빨라진다.
③ 태풍의 눈 속은 주변부보다 온도가 높다.
④ 태풍의 중심부는 기압이 가장 낮다.

(Tip) 태풍의 중심부인 태풍의 눈에서는 바람이 약하고 하늘을 볼 수가 있다.

16~20 다음 제시된 의미를 나타내는 사자성어로 옳은 것을 고르시오.

16

> 두 사람의 싸움에 제삼자가 이익을 봄

① 곤수유투(困獸猶鬪) ② 견토지쟁(犬兎之爭)
③ 괄목상대(刮目相對) ④ 고장난명(孤掌難鳴)

 ① 곤수유투(困獸猶鬪) : 위급할 때는 아무리 약한 짐승이라도 싸우려고 덤빔
③ 괄목상대(刮目相對) : 남의 학식이나 재주가 놀랄 만큼 부쩍 늚을 이르는 말
④ 고장난명(孤掌難鳴) : 혼자의 힘만으로 어떤 일을 이루기 어려움을 이르는 말

17

> 매우 위태로운 형세

① 갑남을녀(甲男乙女) ② 감탄고토(甘呑苦吐)
③ 간담상조(肝膽相照) ④ 간두지세(竿頭之勢)

 ① 갑남을녀(甲男乙女) : 평범한 사람들을 이르는 말
② 감탄고토(甘呑苦吐) : 자신의 비위에 따라서 사리의 옳고 그름을 판단함을 이르는 말
③ 간담상조(肝膽相照) : 서로 속마음을 털어놓고 친하게 사귐을 이르는 말

18

> 모든 일에 두루 능함

① 능소능대(能小能大) ② 노승발검(怒蠅拔劍)
③ 난공불락(難攻不落) ④ 내우외환(內憂外患)

 ② 노승발검(怒蠅拔劍) : 사소한 일에 화를 내거나 또는 작은 일에 어울리지 않게 커다란
대책을 세움을 이르는 말
③ 난공불락(難攻不落) : 공격하기가 어려워 쉽사리 함락되지 아니함을 이르는 말
④ 내우외환(內憂外患) : 나라 안팎의 여러 가지 어려움

Answer ➭ 14.④ 15.② 16.② 17.④ 18.①

19

> 아무것도 없는 사람에게 무리하게 무엇을 내라고 요구함

① 격화소양(隔靴搔癢)　　　　　② 검려지기(黔驢之技)
③ 농가성진(弄假成眞)　　　　　④ 건목수생(乾木水生)

① 격화소양(隔靴搔癢) : 성에 차지 않거나 철저하지 못한 안타까움을 이르는 말
② 검려지기(黔驢之技) : 자신의 솜씨와 힘이 없음을 모르고 뽐내다가 화를 스스로 부름을 이르는 말
③ 농가성진(弄假成眞) : 장난삼아 한 것이 진심으로 한 것같이 됨을 이르는 말

20

> 어떠한 실물을 보게 되면 그것을 가지고 싶은 욕심이 생김

① 근묵자흑(近墨者黑)　　　　　② 견물생심(見物生心)
③ 간뇌도지(肝腦塗地)　　　　　④ 군계일학(群鷄一鶴)

① 근묵자흑(近墨者黑) : 나쁜 사람과 가까이 지내면 나쁜 버릇에 물들기 쉬움을 이르는 말
③ 간뇌도지(肝腦塗地) : 나라를 위하여 목숨을 돌보지 않고 애를 씀을 이르는 말
④ 군계일학(群鷄一鶴) : 많은 사람 가운데서 뛰어난 인물을 이르는 말

┃21~25 ┃ 다음 글을 순서대로 바르게 배열한 것을 고르시오.

21

> ㉠ 초창기에 이 책은 세 가지 원칙을 세웠다.
>
> ㉡ 이런 원칙에 따라 차례가 겨우 정해졌을 때, 1597년(정유년) 1월 일본군이 다시 쳐들어오는 정유재란이 일어났고, 이로 인해서 참여한 인물들이 뿔뿔이 흩어져버려 「동의보감」을 편찬하는 일은 중단되었다.
>
> ㉢ 허준은 왕명을 받아 당시의 뛰어난 의원을 망라해 의서(醫書) 편찬 작업을 시작했다.
>
> ㉣ 셋째, '국산 약을 널리, 쉽게 쓸 수 있도록 약초 이름에 조선 사람이 부르는 이름을 한글로 쓴다.' 시골에는 약이 부족하기 때문에 주변에서 나는 약을 써야하는데, 그게 어떤 약인지 잘 모르기 때문에 시골사람이 부르는 약초 이름을 쓴 것이다.
>
> ㉤ 첫째, '병을 고치기에 앞서 수명을 늘이고 병이 안 걸리도록 하는 방법을 중요하게 여긴다.' 왜냐하면 당연히 몸을 잘 지키고 병을 예방하는 것이 병 걸린 후 치료하는 것보다 더 낫다고 보았기 때문이다.
>
> ㉥ 둘째, '무수히 많은 처방들의 요점만을 간추린다.' 중국에서 수입된 의학책이 매우 많았는데, 이 책은 이렇게 말하고 저 책은 저렇게 말하는 등 앞뒤가 서로 맞지 않는 경우가 많았기 때문이다.

① ㉡㉠㉤㉣㉥㉢   ② ㉢㉥㉠㉣㉤㉡

③ ㉡㉣㉠㉥㉤㉢   ④ ㉢㉠㉤㉥㉣㉡

 ㉢ 허준의 의서 편찬 작업 시작 – ㉠ 의서 편찬의 세 가지 원칙 – ㉤ 첫째 원칙과 그 이유 – ㉥ 둘째 원칙과 그 이유 – ㉣ 셋째 원칙과 그 이유 – ㉡「동의보감」편찬 중단의 원인

22

☐ 하지만 맥아더 장군의 7월 하순 인천상륙작전 단행은 북한군의 남진을 저지할 유엔
군의 병력부족으로 7월 10일 경에 무산되었다.

☐ 마침내 인천상륙작전에 대한 맥아더의 계획은 9월 9일 미 합동참모본부로부터 최종
승인되었고 이후 첩보대를 파견하여 인천연안에 대한 각 섬들과 해안을 정찰하여 관
련 정보를 확보하였다.

☐ 1950년 가을, 인천 해안에서 상륙작전이 가능한 만조일은 9월 15일, 10월 11일, 11월
3일과 이 날짜를 포함한 전후 2~3일 뿐이었고 이 중 10월은 기후관계상 상륙하기에
늦은 시기로서 가장 적절한 시기는 9월 15일로 결정되었다.

☐ 이에 따라 그는 미 지상군의 참전이 결정된 나흘 뒤에 이미 일본에 주둔한 미 제1기병
사단으로 7월 하순에 인천상륙작전을 단행할 수 있도록 상륙훈련을 지시하였다.

☐ 인천상륙작전은 맥아더 장군이 한강전선을 시찰하고 복귀한 직후인 1950년 7월 첫
주에 그의 참모장 알몬드(Edward M. Almond) 소장에게 하달한 지시와 더불어 조기
에 계획이 진척되었다.

☐ 이후 상륙작전 구상은 비밀리에 계속 추진되고 있었다.

① ㄴㄱㄹㄷㅂㅁ   ② ㅁㅂㄹㄷㄱㄴ

③ ㅁㄹㄱㅂㄷㄴ   ④ ㄴㄷㄱㄹㅂㅁ

 ㅁ 한강전선 시찰 후 인천상륙작전을 계획한 맥아더 장군 – ㄹ 상륙훈련을 지시하는 맥아
더 – ㄱ 병력부족으로 계획이 무산된 인천상륙작전 – ㅂ 비밀리에 계속 추진된 인천상륙작
전 – ㄷ 9월 15일로 결정된 인천상륙작전 – ㄴ 미 합동참모본부로부터 최종 승인된 인천상
륙작전과 첩보대를 파견한 맥아더

23

☐ 커피는 클로로겐산 때문에 위장을 자극하기 때문에 공복 때는 피하고 지나치게 마시지 말
아야 한다.

☐ 커피콩의 성분은 카페인·탄닌·단백질·지질·당질 등으로 이 중 커피의 g당 카페
인 함유량은 녹차나 홍차보다 낮다.

☐ 또, 카페인이나 탄닌 때문에 설탕을 섞으니 설탕의 과잉섭취가 염려되고, 설탕을 넣
지 않은 커피는 위를 다치기 쉬우니 우유를 넣는 것이 좋다.

☐ 이후 커피가 유럽에 전해진 것은 1651년이고, 인도에는 17세기 초에 들어 왔다.

☐ 그러나 이 카페인 때문에 습관성이 생긴다.

☐ 커피의 원산지는 에티오피아로 이것이 아라비아에 전해졌고 아라비아인은 오랫동안
커피산업을 독점하고 있었다.

① ㅂㅁㄴㄱㄹㄷ   ② ㅂㄹㄴㅁㄱㄷ

③ ㄷㄱㅁㄹㄴㅂ   ④ ㄷㄴㄱㅁㄹㅂ

24

> ㉠ 한국의 자동차 산업은 1950년대 중반에 시작되었다.
>
> ⓛ 1955년 시발자동차회사(始發自動車會社)가 설립되었고, 이 회사는 300대의 미국산 윌리스지프를 조립해 관용으로 납품한 것을 발판으로 이듬해부터 지프형의 '시발차'를 생산, 전국에 택시로 공급하기에 이르렀다.
>
> ⓒ 현대적인 시설을 갖춘 최초의 자동차 공장은 재일동포인 박노정이 1962년 경기도 부천에 세운 새나라 자동차 공장이다.
>
> ⓔ 한편, 1963년에는 신진공업사가 미국산 불하품으로 승용차 '신성호(新星號)'를 생산하다가 1965년 새나라 자동차 공장을 인수해 이듬해 신진자동차주식회사로 이름을 바꾸면서 일본 도요타자동차를 조립한 코로나승용차를 선보였다.
>
> ⓜ 1967년 설립된 현대자동차회사는 이듬해부터 미국의 포드회사와 손잡고 코티나를 만들었으며, 아세아자동차회사는 1970년부터 피아트 124를 생산하였다.
>
> ⓗ 이와 같은 자동차공업은 경제성장과 더불어 국내수요가 늘어 호황을 누렸으나, 1979년 제2차 석유파동이 일어나면서 큰 타격을 받았다.

① ㉠ⓛⓒⓔⓜⓗ
② ⓗⓜⓔⓒⓛ㉠
③ ㉠ⓔⓛⓜⓒⓗ
④ ⓗⓛⓒⓔⓜ㉠

Answer ↱→ 22.③ 23.② 24.①

25

> ㉠ 그리고 이후 허블 우주 망원경은 수차례 수리와 업그레이드를 거쳐 2015년 현재까지 우주 공간에서 수많은 사진들을 촬영하여 지구로 송신하고 있다.
>
> ㉡ 스피처는, 지구 대기권 밖에 존재함으로써 지구 대기 요동에 의한 화상 질 저하를 피할 수 있고, 지구 대기로 인한 관측 파장의 제한을 받지 않는 망원경을 만들 것을 제안했었다.
>
> ㉢ 하지만, 예산 문제로 최초 제안됐던 3m 크기는 2.4m로 조정되었으며, 유럽 우주국(ESA)도 유럽 천문학자들이 관측 시간의 일정 지분을 얻는 조건으로 참여하여, 예산 일부를 부담하고 허블 우주 망원경에 실릴 관측 기기 제작에도 참여하게 되었다.
>
> ㉣ 허블 우주 망원경의 역사는, 천문학자 라이만 스피처(Lyman Spitzer)가 최초로 우주 망원경의 개념을 제안했던 1946년까지 거슬러 올라간다.
>
> ㉤ 마침내 1990년 4월 24일 우주왕복선 디스커버리 호에 실려서 발사되어 예정된 궤도에 진입했다.
>
> ㉥ 스피처의 제안은 그 후 계속 논의되어 오다가, 1969년에 미국에서 3m의 우주 망원경을 구체적으로 제안하여, 미국 항공우주국(NASA)에서 추진이 되기 시작했다.

① ㉣㉡㉥㉢㉤㉠
② ㉠㉥㉤㉢㉣
③ ㉠㉢㉥㉡㉤㉣
④ ㉣㉤㉡㉢㉥㉠

㉣ 허블 우주 망원경 역사의 시작 – ㉡ 지구 대기권 밖에 망원경을 설치할 것을 제안한 스피처 – ㉥ 미국 항공우주국에서 추진되기 시작한 허블 우주 망원경 – ㉢ 예산문제로 망원경의 크기를 조정한 허블망원경과 유럽 우주국의 참여 – ㉤ 우주왕복선 디스커버리 호에 실려 발사된 허블 우주 망원경 – ㉠ 현재까지 수많은 사진들을 지구로 송신하고 있는 허블 우주 망원경

흔히 미래학자란 미래에 대해 연구하는 사람을 말한다. 이는 앞으로 일어날 일에 대한 예견을 위해 오늘날의 자료를 수집하고 분석하여 이론을 수립하고 앞으로 나아가야 할 방향에 대해 주장을 하는 사람들로써 앨빈 토플러는 가장 대표적인 학자 중 한 사람이다. ㉠그는 디지털 혁명, 통신 혁명, 사회 혁명, 기업 혁명과 기술적 특이성 등에 대한 저작으로 유명하다. 그의 저서 중 특히 「제3의 물결」은 발표 당시 많은 이슈를 불러 일으켰고 많은 사람들에게 영향을 미쳤다. ㉡또한 로저 펜로즈와 함께 일반 상대론적 특이점에 대한 여러 정리를 증명하였고 블랙홀이 열복사를 방출한다는 사실을 밝혀낸 것으로도 유명하다. 「제3의 물결」에서 그는 사회를 크게 세 가지 유형으로 설명하고 이를 '물결'에 비유하였다. 그리고 각각의 물결은 구시대의 사회와 문화를 제치고 새로운 사회와 문화를 그 위에 만들게 된다. 그럼 앨빈 토플러가 말하는 세 가지 물결은 무엇일까? 첫 번째 물결은 농업 혁명에 의한 수렵 채집의 문명이 농경사회로 대체되는 혁명적 사회 변화를 말한다. 그리고 두 번째 물결은 핵가족, 공장과 같은 교육시스템과 기업의 주요 요소를 가진다. 앨빈 토플러는 "제2의 물결로 대표되는 사회는 고도로 산업화되어 있으며 대량생산, 대량분배, 대량소비, 대량교육, 대량휴양, 대중문화와 대량살상무기들에 기반하고 있다. ㉢이러한 것들은 표준화, 중앙화, 집중화 그리고 동기화를 통해 엮이게 되며 우리들이 관료주의라 부르는 조직에 의해 운영된다"고 설명하고 있다. 마지막 세 번째 물결로 불리는 '제3의 물결'은 후기 산업화 사회로 그는 "1950년대 후반부터 이미 제2의 물결의 사회에서 제3의 물결의 사회로 ⓐ변혁이 일어나기 시작했으며 제3의 물결은 흔히 말하는 정보화 사회로 설명되고 있다. ㉣이 사회에서는 탈 대량화, 다양화, 지식기반 생산과 변화의 가속이 있을 것이다."라고 예측했으며 "변화는 탈선형화 되어있어 거꾸로도, 앞으로도 그리고 옆으로도 발전이 가능하다."라고 주장하고 있다.

26 위 글의 내용으로 옳지 않은 것은?

① 「제3의 물결」에서 말하는 정보화 사회의 대표적인 것으로 인터넷의 발달과 최첨단 IT기기들의 발전을 들 수 있다.

② 앨빈 토플러가 저술한 「제3의 물결」은 발표 당시 너무 획기적이고 시대를 앞선 내용들로 구성되어 많은 사람들에게 외면을 받았다.

③ 앨빈 토플러가 말한 제3의 물결의 변화는 크게 농경시대-산업화시대-정보화시대로의 변화로 대표된다.

④ 구시대의 물결에서 새로운 시대의 물결로 바뀔 때마다 사회는 엄청난 변혁을 경험하게 된다.

> (Tip) 앨빈 토플러의 「제3의 물결」은 발표 당시 20세기 후반과 21세기의 다가오는 정보혁명과 정보사회를 예견하여 많은 관심을 받았다.

Answer ⟶ 25.① 26.②

27 위의 밑줄 친 ⓐ와 바꿔 쓸 수 없는 말은?

① 혁신(革新)　　　　　　　　　　② 혁명(革命)

③ 개혁(改革)　　　　　　　　　　④ 퇴행(退行)

 변혁 : 급격하게 바꾸어 아주 달라지게 함.

④ 퇴행(退行) : 공간적으로 현재의 위치에서 뒤로 물러가거나 시간적으로 현재보다 앞선 시기의 과거로 감.

① 혁신(革新) : 묵은 풍속, 관습, 조직, 방법 따위를 완전히 바꾸어서 새롭게 함.

② 혁명(革命) : 이전의 관습이나 제도, 방식 따위를 단번에 깨트리고 질적으로 새로운 것을 급격하게 세우는 일.

③ 개혁(改革) : 제도나 기구 따위를 새롭게 뜯어고침.

28 위의 밑줄 친 ㉠~㉣ 중 앨빈 토플러와 관련이 없는 것은?

① ㉠　　　　　　　　　　　　　　② ㉡

③ ㉢　　　　　　　　　　　　　　④ ㉣

 ② 스티븐 호킹에 대한 설명이다.

┃29~31┃ 다음 글을 읽고 물음에 답하시오.

　　정보화 사회란 정보를 가공, 처리, 유통하는 활동이 활발하여 사회 및 경제의 중심이 되는 사회를 말한다. '정보화 사회'라는 용어는 현대사회의 특징을 나타내는 중요한 개념으로 그 용어가 포함하는 내용이 굉장히 광범위하기 때문에 그 정의 또한 다양하다. ㉠농경사회로의 변혁은 그 전까지의 수렵사회와는 달리 식량에 대한 문제가 사라지면서 사람들이 한 곳에 정착생활을 하게 되었고 사유재산을 가지게 되었으며 계급이 생겨난 까닭에 '농업혁명'으로도 불린다. 그 중에서도 크게 세 가지로 정리하자면 정보화 사회란 질과 양의 2가지 면에서 풍부한 정보가 생산되어 전달(유통)되는 사회, 이들 풍부한 정보의 생산·처리·전달·축적에 일정한 경제적 가치를 인정하고, 직접 또는 간접적으로 그 비용을 부담하는 구조를 이룬 사회, 정보의 생산·처리·전달·축적을 원활하고도 효율적으로 행하기 위한 정보기기나 정보 네트워크가 급격히 발달하여 보급되는 사회로 정의할 수 있다. ㉡그렇다면 이러한 정보화 사회가 요구하는 인재상은 무엇일까? 과거에는 어느 한 분야에서 특출한 재능을 보이면 그것으로 평생을 먹고 살기도 했다. 그것은 사회가 지금보다 느리게 변화한 것도 한 몫을 했다. 사회가 느리게 변화하다 보니 사람들이 새로운 지식을 얻을 필요가 없었던 것이다. 하지만 정보화 사회는 다르다. ⓐ이 사회는 말 그대로 자고 일어나면 세상이 바뀌는 사회이다. ㉢이런 사회는 과거와 같이 어느 한 분야에만 특출한 재능을 보인다고 평생 먹고 살 수 있는 사회가 아니다. 오히려 현재 자신이 가지고 있는 지식만이 옳다는 생각에 새로운 지식을 습득하지 않는다면 사회의 낙오자가 될 수 있다. ㉣또한 자신의 전공 분야뿐만이 아니라 여러 다양한 분야의 지식을 습득해야 한다. 정보화 사회는 어느 한 분야의 정보만으로 이루어지는 것이 아니라 다양한 분야의 정보가 하나로 합쳐져 새로운 하나의 지식이 완성되기 때문에 융합적인 사고가 필요하다.

29 다음 중 위 글의 내용으로 옳지 않은 것은?

① 정보화 사회는 정보를 활발하게 가공, 처리, 유통하여 정보가 사회 및 경제의 중심이 되는 사회를 말한다.
② 정보화 사회에서는 어느 한 분야에 특출한 재능만 보인다면 평생 먹고 살 수 있다.
③ 정보화 사회라는 용어는 현대사회의 특징을 포괄적으로 나타내는 용어인 만큼 그 정의 또한 다양하다.
④ 정보화 사회는 다양한 분야의 정보가 하나로 합쳐져 새로운 하나의 지식이 완성되므로 융합적 사고를 가진 인재가 필요하다.

> **Tip** ② 정보화 사회에서는 새로운 지식이 끊임없이 쏟아지기 때문에 어느 한 분야에 특출한 재능을 보인다고 평생 먹고 살 수 있는 것은 아니다.

30 위 글의 밑줄 친 ㉠~㉣ 중 어색한 문장은?

① ㉠   ② ㉡
③ ㉢   ④ ㉣

> **Tip** 위 글은 정보화 사회에 대해 설명하고 있다. 따라서 농업혁명에 대해 설명한 ㉠이 어색한 문장이다.

Answer ☞ 27.④ 28.② 29.② 30.①

01. 언어능력 » 69

31 위 글의 밑줄 친 ⓐ는 어떤 사회를 말하는가?

① 산업사회   ② 정보화 사회

③ 농경사회   ④ 수렵사회

 ⓐ에서 말하는 '이 사회'란 바로 앞 문장에 있는 정보화 사회를 말한다.

▎32~34 ▎ 다음 글을 읽고 물음에 답하시오.

태풍은 북태평양 서부 열대해상에서 발생하는 중심 부근 최대풍속이 17m/sec 이상의 강한 폭풍우를 동반하는 열대성 저기압을 말한다. ㉠등압선은 거의 원형을 이루며 중심 기압은 900hpa급에 해당하는 태풍은 그 용어의 유래를 그리스 신화의 티폰(Typhon)에서 찾을 수 있다. 대지의 신 가이아와 거인족 타르타루스 사이에서 태어난 티폰은 백 마리의 뱀 머리와 강력한 손과 발을 가진 용으로 성격이 매우 포악하고 파괴적이어서 제우스신에게 불을 뿜어내는 능력을 빼앗기고 폭풍우 정도만을 일으킬 수 있게 되었다고 전해지는 신화 속 괴물이다. 이러한 티폰을 파괴적인 폭풍우와 연관시킴으로써 'typhoon'이라는 영어 표현을 만들어 냈다. ㉡이것은 주로 적란운, 적운 등에서 나타난다. 태풍과 같은 열대성 저기압은 전 세계적으로 연평균 약 80여개 정도가 발생하고 있으며 발생하는 장소에 따라 북태평양 서부에서 발생하는 것은 태풍, 북대서양과 카리브 해, 멕시코 만, 북태평양 동부 등에서 발생하는 것은 허리케인, 인도양과 아라비아 해, 벵골 만 등에서 발생하는 것은 사이클론, 오스트레일리아 북동부 해상에서 발생하는 것은 윌리윌리, 필리핀에서는 바기오라고 부른다. ㉢일반적으로 태풍은 해수면 온도가 27℃ 이상인 해역에서 발생하며 남·북위 20˚ 이상의 고위도 해역에서는 발생하지 않는다. 태풍이 처음 발생하면 서행하다가 고위도 쪽으로 방향을 바꾸게 된다. 그리고 태풍은 연중 발생하지만 우리나라에 영향을 미치는 태풍은 7월 이후에 집중되어 있다. 태풍은 그 진행방향에서 중심의 오른쪽이 왼쪽보다 바람이 강하여 오른쪽을 위험반원, 왼쪽을 가항반원이라 한다. ㉣우리나라 남동해안 지방에서 태풍의 피해가 큰 것은 다른 지역에 비해 태풍의 빈도가 많을 뿐만 아니라 주로 태풍의 위험반원 구역에 해당하기 때문이다. 태풍의 이름은 총 140개로 이것은 14개 회원국에서 각 10개씩 제출한 것으로 1개조에 28개씩 총 5개조로 구성되어 있다.

32 다음 중 위 글의 내용으로 옳지 않은 것은?

① 태풍이란 용어의 유래는 그리스 신화의 괴물 이름에서 따왔다.

② 현재 우리가 태풍에 붙이는 이름은 14개 회원국들이 각 10개씩 제출한 것을 5개 조로 나눠 순서대로 사용하는 것이다.

③ 태풍은 해수면의 온도가 27℃ 이상인 곳에서 발생하며 남 · 북위 20° 이상의 고위도 해역에서는 발생하지 않는다.

④ 태풍은 최대풍속이 17m/sec 이상이고 등압선이 거의 타원형을 이루며 중심기압은 900hpa급에 해당하는 열대 저기압이다.

 ④ 태풍은 최대풍속이 17m/sec 이상이고 등압선이 거의 원형을 이루며 중심기압은 900hpa급에 해당하는 열대 저기압이다.

33 다음은 호주의 한 뉴스에서 방송하는 기상예보의 내용이다. 밑줄 친 단어와 바꿔 쓸 수 있는 용어는 무엇인가?

> "금일 새벽 1시 27분을 기해 북동부 해상에서 중심 최대풍속이 30m/sec의 강한 폭풍우를 동반하는 열대성 저기압이 발생하였습니다. 현재 <u>이 열대 저기압</u>은 세력을 유지한 채 계속해서 이동 중에 있으며 향후 그 진로에 따라 우리나라에 영향을 줄 것으로 예상됩니다. 따라서 밖으로 외출하시는 분들은 강한 폭우와 바람에 대비하시기 바랍니다."

① 태풍   ② 사이클론

③ 윌리윌리   ④ 바기오

 각 지역별로 태풍과 같은 열대성 저기압을 부르는 용어는 다양하다. 오스트레일리아(호주) 북동부 해상에서 발생하는 것은 윌리윌리라고 부른다.

Answer ⟶ 31.②   32.④   33.③

34 위의 밑줄 친 부분 중에서 어색한 문장은?

① ㉠

② ㉡

③ ㉢

④ ㉣

(Tip) ② 뇌우에 관한 설명이다.

|35~37| 다음 글을 읽고 물음에 답하시오.

> ㉠또한 이 떡은 고사를 지내거나 이사를 할 때 반드시 붉은 팥고물을 쓰는데 이는 잡귀가 붉은 색을 무서워하여 액을 피할 수 있다는 주술적인 뜻이 담겨 있다. 백설기는 우리나라 사람들이 즐겨 먹는 떡 중에 하나로 전국 각지에서 출토된 유물과 벽화의 내용으로 미루어 이미 1~2세기경부터 존재한 것으로 추측하고 있다. ㉡백설기는 멥쌀가루를 고물이 없이 시루에 안쳐 쪄낸 떡으로 흰무리 · 설병 · 설고라고도 한다. 이 떡은 티없이 깨끗하고 신성한 음식이라는 뜻에서 예부터 아이들의 삼칠일 · 백일 · 첫 돌 등의 행사에 대표적으로 쓰였고, 사찰에서 재를 올릴 때 또는 산신제 및 용왕제 등 토속적인 의례에 많이 사용된다. ㉢이색은 그의 저서인 「목은집」에서 설기떡이라 불리던 백설기를 절찬하였고 또한 조선시대 이수광이 지은 「지봉유설」에 의하면 고려에서는 쑥설기떡을 음식물의 으뜸으로 삼는다고 기록되어 있다. 그리고 17세기경에는 음식의 재료뿐만 아니라 만드는 방법까지 적은 여러 조리서가 등장하게 되면서 백설기는 남녀노소 지역을 불문하고 모든 사람들이 즐겨먹는 떡으로 자리 잡았다. ㉣백설기는 그 재료와 만드는 방법에 따라 백설기, 쑥설기, 색편(무지개떡), 잡과병 등으로 나뉜다.

35 위 글의 내용으로 옳지 않은 것은?

① 우리나라에서 백설기는 대략 1~2세기경부터 존재한 것으로 추측하고 있다.

② 백설기는 예부터 깨끗하고 신성한 음식이라는 뜻에서 여러 행사나 의례에 종종 사용되었다.

③ 옛 문헌을 통해서 우리는 고려시대 때 이미 백설기가 남녀노소 누구나 즐겨먹는 떡이었다는 것을 알 수 있다.

④ 백설기는 그 재료와 만드는 방법은 여러 가지이지만 용어는 하나로 통일되어 있다.

(Tip) ④ 백설기는 재료와 만드는 방법에 따라 백설기, 쑥설기, 색편(무지개떡), 잡과병 등으로 용어가 나뉜다.

36 위의 밑줄 친 ㉠~㉣ 중 그 내용이 어색한 것은?

① ㉠

② ㉡

③ ㉢

④ ㉣

 ① 팥 시루떡에 대한 설명이다.

37 백설기는 전국 각지에서 출토된 유물과 벽화의 내용으로 미루어 이미 1~2세기경부터 존재한 것으로 추측하고 있다. 다음 중 백설기의 존재를 추측할 수 없는 벽화나 유물은?

① 김해나 웅천 등지에서 출토된 시루

② 안악고분벽화의 시루에다 무엇인가를 찌고 있는 아낙네

③ 서울에서 출토된 빗살무늬 토기

④ 무문토기시대의 유물인 제분용 연석

 떡을 만드는데 필요한 시루나 제분용 연석을 통해 당시 백설기의 존재를 추측할 수 있을 것이다. 하지만 빗살무늬 토기는 주로 곡식을 저장하는 용도로 쓰였으며 사용 시기도 이미 기원 전 1세기를 전후하여 청동기 시대 무문토기에 흡수·동화되어 버렸기 때문에 백설기의 존재를 추측할 수 있는 벽화나 유물로는 맞지 않다.

Answer → 34.② 35.④ 36.① 37.③

고고학은 인류가 생활의 증거로 남긴 일체의 유적이나 유물의 발굴, 수집·분석을 통해서 인류의 역사와 문화·생활방법 등을 연구, 복원, 해석하는 학문을 말한다. 따라서 간혹 고고학이 역사학과 같은 학문이 아닌가하는 의문점을 들게 한다. 하지만 고고학과 역사학은 엄밀히 따지면 같은 학문이 아니다. 역사학의 연구대상이 되는 시기는 주로 문자기록이 있는 역사시대인 반면 고고학의 연구대상이 되는 시기는 주로 문자기록이 없는 선사시대이기 때문이다. 또한 원사시대와 역사시대에 있어서도 일반 역사학자들이 다룰 수 없는 물질문화분야를 연구대상으로 한다. 이러한 고고학의 연구 자료는 유적과 유물이 주를 이루는데 여기서 유적이란 사람의 생활 활동 흔적이 남아있는 자리로서 건축물·집 자리·무덤·제사자리·야영자리 등 움직이거나 들고 다닐 수 없는 것을 말하며 유물이란 사람이 만들었거나 쓴 흔적이 남아 있는 돌·그릇·나무토막·뼈, 또는 사람이 길렀거나 채집한 곡물과 식물의 열배 등 사람과 관계를 가졌던 일체의 인공·자연물을 말한다. 고고학은 이러한 유물·유적을 통해 이미 없어진 당시 사람들의 생활 방식이나 행동의 증거나 연대 및 시간적 선후관계 등 그들이 살아 있었던 문화조직체를 복원하는 것이다. 또한 고고학에서는 상대연대와 절대연대라는 개념을 사용한다. 상대연대는 두 개 이상의 유적·유물 사이의 연대 선후를 말하는 것으로 층위상의 상하관계로 신고(新古)를 비교하는 층서법이 가장 기본이 된다. 그리고 절대연대는 연대를 가졌거나 그것을 알 수 있는 유물과의 공존관계 또는 형식학적 고찰을 통해 얻어낼 있다. 더군다나 1950년대 이래로 방사성탄소연대결정법을 비롯한 여러 가지 방사능이나 자기(磁氣)를 이용한 과학적인 연대결정법이 발견되어 고고학의 발전에 큰 도움이 되고 있다.

38 위 글의 내용으로 옳지 않은 것은?

① 고고학은 유물이나 유적들을 발굴하여 당시 사람들의 생활방법이나 문화·역사를 복원, 연구하는 학문이다.

② 고고학은 그 연구 대상이나 연구 시기, 연구 방법 등이 역사학과 일치하는 부분이 많아 엄밀히 말하면 역사학의 한 분야라 할 수 있다.

③ 고고학에서 말하는 유적이란 무덤이나 건축물 등 당시 사람들의 생활 활동 흔적이 남아있는 움직이거나 들고 다닐 수 없는 것을 말한다.

④ 1950년대 이래로 방사성탄소연대결정법을 비롯한 여러 가지 과학적인 연대결정법이 발견되면서 고고학 발전에 큰 도움이 되고 있다.

 ② 고고학은 그 연구대상이 되는 시기가 주로 문자기록이 없는 선사시대이며 또한 원사시대와 역사시대에 있어서도 일반 역사학자들이 다룰 수 없는 물질문화분야를 연구대상으로 하는 반면 역사학의 연구대상이 되는 시기는 주로 문자기록이 있는 역사시대인 만큼 엄밀히 말하면 고고학과 역사학은 다른 학문이라 할 수 있다.

39 다음 중 고고학에서 말하는 유적에 해당하지 않는 것은?

① 경기도 연천군 전곡리
② 평양시 상원 검은 모루 동굴
③ 공주 석장리 고분군
④ 서울 암사동의 빗살무늬토기

 고고학에서 유적이란 사람의 생활 활동 흔적이 남아있는 자리로서 건축물·집 자리·무덤·제사자리·야영자리 등 움직이거나 들고 다닐 수 없는 것을 말한다.④는 유적이 아닌 유물이다.

40 다음 중 고고학의 연구대상에 해당하지 않는 것은?

① 고구려 사람들의 생활상을 적어놓은 역사책
② 강화도의 고인돌 무덤군(群)
③ 서울 암사동에서 발굴된 빗살무늬 토기
④ 덕천 승리산에서 발굴된 구석기 시대 사람의 턱뼈

 고인돌이나 빗살무늬 토기, 구석기 시대 사람의 턱뼈를 통해 이 유적들이 모두 선사시대 유적이라는 것을 알 수 있다. 반면 고구려 사람들의 생활상을 적어놓은 역사책은 역사시대 유물로써 고고학의 연구대상이라 할 수 없다.

Answer ⟶ 38.② 39.④ 40.①

41 어느 미팅 자리에서 아래 그림과 같이 1~5번 자리에는 남학생이, 6~10번 자리에는 여학생이 앉았다. 동현이와 가은이의 자리는 어디일까?

〈좌석 배치도〉

남자	1	2	3	4	5
여자	6	7	8	9	10

〈조건〉

• 1번 책상 맞은편 여학생 옆에 앉은 여학생은 지희이다.
• 지희의 자리는 수희와 책상 세 개가 떨어져 있다.
• 예은이는 진수 맞은편에 앉는다.
• 동현이는 예은이 옆에 있는 여학생 맞은편에 앉는다.
• 진수의 자리가 중앙이 아니라면 재석이가 중앙이다.
• 민준이는 동수 옆에 앉는다.
• 동수의 자리는 진수와 책상 세 개가 떨어져 있다.
• 지희의 자리가 중앙이 아니라면 은희가 중앙이다.
• 예은이의 자리는 가은이와 책상 세 개가 떨어져 있다.
• 민준이는 수희 맞은편에 앉는다.
• 진수의 자리는 5번 책상이 아니다.
• 가은이의 자리는 10번 책상이 아니다.

① 동현 – 5번, 가은 – 7번   ② 동현 – 4번, 가은 – 10번
③ 동현 – 2번, 가은 – 9번   ④ 동현 – 1번, 가은 – 8번

남자	1 (진수)	2 (동현)	3 (재석)	4 (동수)	5 (민준)
여자	6 (예은)	7 (지희)	8 (은희)	9 (가은)	10 (수희)

42 은규, 진석, 종혁이가 과녁맞추기 놀이를 하고 있다. 다음 대화를 읽고 각 아이들의 점수를 옳게 연결한 것은 무엇인가? (단, 셋은 한 마디씩 틀리게 말하고 있다.)

> • 은규 : 180점이라… 진석이 너보다 40점이 적게 나왔네. 종혁이 너보다는 그래도 20점 많이 나왔다.
> • 진석 : 다행히 가장 작은 점수는 아닌데 종혁이 너와는 60점이나 차이난다. 종혁이 넌 240점이네.
> • 종혁 : 은규보다 점수가 낮잖아. 은규 너는 200점이네. 진석이는 은규보다 60점이 더 나왔고…

① 은규 – 200점, 진석 – 240점, 종혁 – 180점
② 은규 – 240점, 진석 – 180점, 종혁 – 200점
③ 은규 – 180점, 진석 – 200점, 종혁 – 240점
④ 은규 – 240점, 진석 – 200점, 종혁 – 180점

 은규는 "180점이라…"는 말이 틀린 문장이고, 진석이는 "종혁이 너… 오~ 240점이네"라는 말이 틀린 문장이다. 그리고 종혁이는 "진석이는 은규보다 60점이 더 나왔고…"라는 말을 틀리게 말했다. 따라서 각 아이들의 점수를 확인해보면 은규는 200점, 진석이는 240점, 종혁이는 180점이 나온 것을 알 수 있다.

43 민혁이, 재준이, 은영이, 혜수가 어느 날 범인으로 몰려 경찰의 조사를 받고 있다. 그들은 경찰의 질문에 대해 각각 다음과 같이 진술하였다. 다음 대화를 읽고 범인을 고르시오. (단, 이들 중 한 명만이 진실을 말하고 있다.)

> • 민혁 : 재준이가 범인이에요.
> • 재준 : 혜수가 범인이에요.
> • 은영 : 난 범인이 아니에요.
> • 혜수 : 재준이가 거짓말을 하고 있어요.

① 민혁
② 재준
③ 은영
④ 혜수

 민혁이가 범인이라면 은영이와 혜수가 진실을 얘기하는 셈이 된다. 또한 재준이가 범인이라면 민혁이와 은영, 혜수 모두 진실을 얘기하는 셈이 되므로 옳지 않다. 그리고 혜수가 범인이라면 재준이와 은영이의 진술이 맞게 된다. 따라서 범인은 은영이며 혜수만이 진실을 말하고 있는 것이다.

Answer 41.③ 42.① 43.③

44 찬우, 철환, 준기, 수태, 명기는 모두 20년 지기 친구들로 한 마을에 살고 있다. 이들은 각각 취미와 쉬는 날이 다르다. 어느 날 이들은 게임을 하였는데 게임 속의 직업은 각각 문지기와 집사, 정원사, 요리사, 운전사 이렇게 다섯 개다. 다음 조건을 보고 철환이의 게임 상의 직업과 취미, 쉬는 날이 알맞게 연결된 것을 고르시오.

- 화요일에 쉬는 사람은 골프가 취미인데 문지기는 아니다. 문지기의 이름은 찬우이다.
- 철환이는 집사가 아니고 스쿼시를 즐긴다.
- 준기는 수요일이 쉬는 날이고 집사도 정원사도 아니다.
- 수태는 요리사인데 쉬는 날은 목요일이 아니다. 쉬는 날이 목요일이 아니기는 명기도 마찬가지다.
- 카드놀이는 월요일에 한다. 운전사는 체스를 별로 좋아하지 않으며 수태의 쉬는 날은 화요일이 아니다.

① 게임 상의 직업 – 집사, 취미 – 골프, 쉬는 날 – 화요일
② 게임 상의 직업 – 정원사, 취미 – 스쿼시, 쉬는 날 – 금요일
③ 게임 상의 직업 – 운전사, 취미 – 낚시, 쉬는 날 – 수요일
④ 게임 상의 직업 – 요리사, 취미 – 카드놀이, 쉬는 날 – 월요일

이름	게임 상의 직업	취미	쉬는 날
명기	집사	골프	화요일
철환	정원사	스쿼시	금요일
준기	운전사	낚시	수요일
찬우	문지기	체스	목요일
수태	요리사	카드놀이	월요일

45 같은 마을에 있는 A, B, C, D, E 고등학교에서는 마을 중심가에 매년 번갈아 가며 나무를 한 그루씩 심는다. 각 나무마다 새가 한 마리씩 둥지를 틀고 있다. 다음 보기 중 어느 학교의 누가, 언제, 무슨 나무를 심었는지 바르게 연결된 것은 무엇인가?

- 너도밤나무에는 까마귀가 살고 있다.
- 라임나무는 A고등학교에서 심은 나무보다 2년 후에 심어졌다.
- 울새는 B고등학교에서 심은 나무에 살고 있고, 그 나무 옆에는 C고등학교에서 심은 나무가 서 있다.
- 철수는 2001년에 나무를 심었다.
- 찌르레기는 연수가 2004년에 심은 포플러나무에서 살고 있다.
- 현수는 중앙에 있는 너도밤나무를 심었다.
- 민수가 심은 나무에는 올빼미가 살고 있는데 그 나무 옆에는 물푸레나무가 서 있다.
- 오른쪽 끝의 나무는 C고등학교에서 2001년에 심었다.
- 느릅나무는 2000년에 심었다.
- D고등학교에선 2002년에 나무를 심었다.
- E고등학교에선 2000년에 나무를 심었다.
- 건우가 2003년에 심은 나무에는 울새가 살고 있다.
- 지빠귀는 철수가 심은 나무에 둥지를 틀고 있다.

---

① A고등학교 – 현수 – 2004년 – 너도밤나무
② C고등학교 – 건우 – 2001년 – 라임나무
③ D고등학교 – 철수 – 2003년 – 포플러나무
④ E고등학교 – 민수 – 2000년 – 느릅나무

나무	느릅나무	물푸레나무	너도밤나무	라임나무	포플러나무
심은 사람	민수	철수	현수	건우	연수
학교	E고등학교	A고등학교	D고등학교	B고등학교	C고등학교
새	올빼미	지빠귀	까마귀	울새	찌르래기
심은 연도	2000년	2001년	2002년	2003년	2004년

Answer ↱ 44.② 45.④

46 강아지를 좋아하는 네 친구 정은, 지은, 예림, 다은이는 친구 중 두 명의 이름을 딴 강아지 두 마리씩을 데리고 산책을 나섰다. 그렇다면 강아지들 중 두 마리의 이름은 정은, 또 두 마리의 이름은 지은, 또 두 마리의 이름은 예림, 나머지 두 마리의 이름은 다은이다. 여덟 마리의 강아지 가운데 세 마리는 코르기종, 세 마리는 래브라도종, 두 마리는 달마티안종이다. 네 친구 중에 같은 종을 두 마리 가지고 있는 사람은 아무도 없다. 정은이의 강아지 이름은 다은이가 아니고, 예림이의 강아지 이름은 정은이가 아니다. 코르기종 강아지의 이름에는 정은이가 없고, 래브라도종 개의 이름에는 다은이가 없다. 지은이는 래드라종 개를 가지고 있지 않다. 이 중 달마티안종 강아지의 이름과 그 주인을 바르게 연결한 것은 무엇인가?

① 강아지의 이름 – 예림, 주인 – 지은
② 강아지의 이름 – 다은, 주인 – 예림
③ 강아지의 이름 – 정은, 주인 – 다은
④ 강아지의 이름 – 지은, 주인 – 예림

 달마티안 두 마리의 이름은 정은(주인은 지은)과 다은(주인은 예림)이다.

47 각기 반이 다른 친구 다섯 명이 있다. 이들은 저마다 좋아하는 운동과 과목을 선택하여 듣는다. 다음 조건을 참고하여 주희의 반과 듣고 있는 과목 및 운동을 올바르게 연결한 것을 고르시오.

> • 스쿼시를 택한 여학생은 대수학을 좋아하고 5반이 아니다.
> • 정은이는 3반이고, 혜은이는 달리기를 좋아한다.
> • 달리기를 좋아하는 여학생은 2반이다.
> • 1반 여학생은 수영을 좋아하고, 진희는 화학을 좋아한다.
> • 순이는 4반이고 스쿼시를 좋아하지만 지리는 싫어한다.
> • 화학을 좋아하는 여학생은 농구도 좋아한다.
> • 생물을 좋아하는 여학생은 달리기도 좋아한다.
> • 주희는 역사는 좋아하지만 테니스는 싫어한다.

① 1반 – 역사 – 수영   ② 4반 – 역사 – 스쿼시
③ 3반 – 역사 – 테니스   ④ 2반 – 역사 – 달리기

이름	반	과목	운동
순이	4반	대수학	스쿼시
혜은	2반	생물	달리기
주희	1반	역사	수영
정은	3반	지리	테니스
진희	5반	화학	농구

48 계급이 각기 다른 해군 5명이 각기 다른 배를 타고 다른 지역에 머물러 있다. 다음 조건을 보고 규진이의 계급과 타고 있는 선박, 머물고 있는 지역을 바르게 연결한 것을 고르시오.

> • 경수는 거제도에 있고 석호는 원사이다.
> • 규진이는 전함을 타고 있고 원사는 순양함을 타고 있지 않다.
> • 준영이는 항공모함에 타고 있고 철진이는 백령도에 있다.
> • 중령은 거제도에 있고 경수는 잠수함을 타고 있다.
> • 전함은 진해에 있고 준영은 천안에 있다.
> • 고속정은 여수에 있고 하사는 천안에 있다.
> • 규진이는 대령이고 수병은 고속정에 타고 있지 않다.

① 대령 – 전함 – 천안
② 대령 – 전함 – 여수
③ 대령 – 전함 – 진해
④ 대령 – 전함 – 백령도

이름	계급	선박	항구
준영	하사	항공모함	천안
철진	수병	순양함	백령도
경수	중령	잠수함	거제도
석호	원사	고속정	여수
규진	대령	전함	진해

49 파일럿 다섯 명이 각기 다른 공항에서 각기 다른 비행기를 몰고 각기 다른 지역으로 향한다. 다음 조건을 읽고 우창이가 출발한 공항과 목적지를 바르게 연결한 것을 고르시오.

> • 서울발 비행기는 니스로 향한다.
> • 인천발 비행기의 기장은 전기이다.
> • 기우는 뉴욕 JFK행 비행기를 조종한다. 하지만 이 비행기는 양양발이 아니다.
> • 제주도발 비행기는 미국행이 아니다.
> • 태우는 벤쿠버로 비행한다.
> • 전기는 로마로 향하지 않는다.
> • 태우는 제주도발 비행기를 조종하지 않는다.
> • 빈우는 서울발 비행기를 조종하지 않는다.
> • 울산발 비행기는 우창이가 조종하지 않는다. 이 비행기는 베를린행이 아니다.

① 서울 – 니스   ② 양양 – 벤쿠버
③ 인천 – 베를린   ④ 제주도 – 로마

이름	공항	목적지
기우	울산	JFK
태우	양양	밴쿠버
전기	인천	베를린
빈우	제주도	로마
우창	서울	니스

50 놀이공원에서 각기 나이가 다른 소년 다섯 명이 각기 다른 음식을 먹으며 각기 다른 놀이기구를 타고 있다. 다음 조건을 참고하여 정우의 나이와 타고 있는 놀이기구, 그리고 먹고 있는 음식을 바르게 연결한 것을 고르시오.

> - 병섭이는 아이스크림을 먹고 진우는 껌을 씹지 않는다.
> - 유섭이는 14세이고 독수리 열차를 타지 않는다.
> - 혜성탈출을 타고 있는 소년은 15세이다.
> - 정우는 범퍼 카를 타지 않는다. 현우는 회전목마를 탄다.
> - 아이스크림을 먹고 있는 소년은 13세이다.
> - 범퍼 카를 타고 있는 소년은 핫도그를 먹는다.
> - 진우는 롤러코스터를 탄 채 감자튀김을 먹고 있다.
> - 현우는 12세이고 솜사탕을 먹고 있다.

① 13세 – 독수리 열차 – 아이스크림
② 14세 – 범퍼 카 – 핫도그
③ 11세 – 롤러코스터 – 감자튀김
④ 15세 – 혜성탈출 – 껌

이름	나이	놀이기구	음식
유섭	14세	범퍼 카	핫도그
진우	11세	롤러코스터	감자튀김
현우	12세	회전목마	솜사탕
정우	15세	혜성탈출	껌
병섭	13세	독수리 열차	아이스크림

Answer 49.① 50.④

02 수리능력/자료해석

1 강을 따라 현재 지점으로부터 36km 떨어진 지점을 배를 타고 내려가려고 한다. 강물이 흘러가는 속력이 1.5km/h이고, 내려 갈 때 4시간이 걸린다면 배의 속력은? (단, 배의 속력은 일정하다.)

① 7.5km/h ② 8.5km/h
③ 9.5km/h ④ 10.5km/h

 배의 속력을 x라 하면,
$4 \times (1.5 + x) = 36$
$\therefore x = 7.5$km/h

2 정육면체 A의 밑면의 세로길이가 21cm, 밑면의 가로길이가 4cm이고, 정육면체 B의 밑면의 넓이가 22cm², 부피가 110cm³이다. 두 정육면체의 높이가 같을 때, 정육면체 A의 부피는 얼마인가?

① 400cm³ ② 420cm³
③ 440cm³ ④ 460cm³

 • 정육면체 B의 높이를 x라 하면,
  $22 \times x = 110$, $\therefore x = 5$cm
• 정육면체의 높이가 B와 같으므로 부피를 구하면,
  $21 \times 4 \times 5 = 420$cm³

3 부피가 125인 정육면체의 한 변의 길이를 A, 겉넓이를 B라고 할 때, $\dfrac{A}{B}$는 얼마인가?

① $\dfrac{1}{15}$

② $\dfrac{1}{30}$

③ $\dfrac{1}{45}$

④ $\dfrac{1}{60}$

> **Tip** 정육면체의 부피는 A^3이므로, A는 5이다.
> 정육면체의 겉넓이는 $6A^2$이므로, B는 150이다.
> 따라서 $\dfrac{A}{B} = \dfrac{1}{30}$이다.

4 서로 다른 색깔의 빛을 내는 전등이 있다. 총 15가지의 신호를 보낼 수 있다면 몇 개의 전등을 사용한 것인가?(단, 전등이 모두 꺼진 경우는 신호로 인정하지 않으며 전등색의 순서와 신호는 무관하다.)

① 3개

② 4개

③ 5개

④ 6개

> **Tip** 전등이 모두 꺼진 경우를 포함하면 총 16가지의 신호를 보낸 것이고,
> 각 전등은 켜지거나 꺼지는 2가지의 신호를 보낸다.
> $2 \times 2 \times 2 \cdots = 2^x = 16$
> $\therefore x = 4$개

5 일의 자리의 숫자가 8인 두 자리의 자연수에서 십의 자리와 일의 자리의 숫자를 바꾸면 원래의 수의 2배보다 7만큼 크다. 이 자연수의 십의 자리 수는?

① 2

② 3

③ 4

④ 5

> **Tip** 십의 자리 수를 x라 하면
> $2(10x + 8) + 7 = 8 \times 10 + x$
> $\therefore x = 3$

Answer ↱ 1.① 2.② 3.② 4.② 5.②

6 길이가 30cm, 40cm인 양초 2자루가 있다. 불을 붙이면 길이가 30cm인 양초는 1분에 0.2cm씩 짧아진다고 한다. 동시에 불을 붙였을 때, 타고 남은 두 양초가 길이가 같아지는 것은 25분 후라면 40cm인 양초는 1분에 몇 cm씩 짧아지는 것인가?

① 0.3cm   ② 0.4cm

③ 0.5cm   ④ 0.6cm

 40cm의 양초가 1분에 $x$cm씩 짧아진다고 하면
$$30 - (0.2 \times 25) = 40 - (x \times 25)$$
$$\therefore \ x = 0.6 \text{cm}$$

7 지금부터 3년 후에 아버지의 나이는 자식의 5배가 된다. 현재 자식의 나이는 3살일 때, 현재 아버지의 나이는 자식의 몇 배인가?

① 7배   ② 8배

③ 9배   ④ 10배

 현재 아버지의 나이를 x라 하면,
$$(x + 3) = 5(3 + 3), \quad \therefore \ x = 27 \text{살}$$
따라서 현재 아버지와 자식의 나이의 차이는 9배이다.

8 행사를 위해 500m 길 양측에 3종류의 나무를 심으려고 한다. A나무는 7m마다, B나무는 9m마다 심었을 때, C나무는 몇 m마다 심었는가? (단, 새로 심은 나무는 총 342그루이고, 처음과 끝에는 심지 않았다.)

① 8m   ② 9m

③ 10m   ④ 11m

 • A나무는 7m마다 심었으므로 71그루, B나무는 9m마다 심었으므로 55그루를 심었다.
• 새로 심은 C나무 수를 x라 하면,
$$2(x + 71 + 55) = 342, \quad \therefore \ x = 45 \text{그루}$$
• C나무의 간격을 y라 하면,
$$y = 500 \div 45, \quad \therefore \ y = 11 \text{m}$$

9 박스 안에 무작위로 섞인 흰 종이 6장과 검은 종이 3장 중 연속하여 2장을 꺼낼 때, 첫 번째 종이가 흰색이고 두 번째 종이가 검은색일 확률은? (단, 꺼낸 종이는 다시 넣지 않는다.)

① $\dfrac{1}{4}$

② $\dfrac{1}{5}$

③ $\dfrac{1}{6}$

④ $\dfrac{1}{7}$

 • 첫 번째로 흰 종이를 뽑을 확률 = $\dfrac{6}{9}$,

• 두 번째로 검은 종이를 뽑을 확률 = $\dfrac{3}{8}$

∴ $\dfrac{6}{9} \times \dfrac{3}{8} = \dfrac{1}{4}$

10 서원산업의 직원은 작년에 730명이었고, 올해는 작년보다 20명이 증가했다. 작년의 여자 직원은 400명이었고 올해에 5% 증가하였다면, 남자 직원은 작년에 비하여 몇 % 증감하였는가?

① 변화 없다.

② 5% 감소하였다.

③ 5% 증가하였다.

④ 10% 증가하였다.

 현재 남자 직원의 수를 x라 하면,
$400 \times 1.05 + x = 750$, $x = 330$명
∴ 작년의 남자 직원 수는 330명으로 작년과 올해의 직원 수는 변함이 없다.

11 A방법으로 수영장에 물을 채우면 5시간이 걸리고 B방법으로 물을 채우면 3시간이 걸린다. A, B 방법을 동시에 사용하면 수영장에 물을 채우는데 얼마나 걸리는가?

① 약 1.5시간

② 약 1.8시간

③ 약 2.1시간

④ 약 2.4시간

 수영장에 물을 채우는데 걸리는 시간을 x라 하면,
$(\dfrac{1}{5} + \dfrac{1}{3})x = 1$
∴ $x = \dfrac{15}{8} = 1.875$시간

Answer ┌→ 6.④ 7.③ 8.④ 9.① 10.① 11.②

12 서원버스의 첫 차가 5시 50분에 출발하여 6시 50분에 출발한 차까지 총 5대의 버스가 출발했다. 서원버스의 배차시간은 몇 분인가?

① 12분   ② 13분

③ 14분   ④ 15분

 5시 50분에 첫 차가 출발하여 6시 50분 차까지 5대의 버스가 배차가 되었다면 60분간 5대의 버스가 배차된 것이므로 서원버스의 배차시간은 12분이다.

13 매달 민수는 2,000원씩, 지원이는 800원씩 예금을 할 예정이다. 민수가 지원이의 예금액의 2배가 되는 것은 20개월 후라고 하면, 지원이가 처음 5,000원을 예금을 했다면 민수는 처음 예금한 금액은 얼마인가?

① 1,000원   ② 1,500원

③ 2,000원   ④ 2,500원

 민수가 처음 예금한 금액을 x라 하면,
$x + 2,000 \times 20 = 2(5,000 + 800 \times 20)$
$\therefore x = 2,000$원

14 길이가 300m인 기차 한 대가 옆 레일의 길이가 200m인 기차와 만나서 완전히 지나쳐갈 때까지의 시간이 40초일 때, 달리는 기차의 속력은?

① 35km/h   ② 40km/h

③ 45km/h   ④ 50km/h

 길이가 300m인 기차가 200m의 기차를 완전히 지나치는 동안 달리는 거리는 500m이다.

속력 $= \dfrac{거리}{시간}$ 이므로 기차의 속력은 $\dfrac{500\text{m}}{40\text{s}} = \dfrac{\frac{500}{1000}\text{km}}{\frac{40}{3600}\text{h}} = 45\text{km/h}$이다.

15 수요일에 비가 오고, 금요일에 비가 올 확률은 $\dfrac{5}{18}$이다. 비가 온 다음 날 비가 올 확률은 $\dfrac{1}{3}$일 때, 비가 오지 않은 다음 날 비가 올 확률은?

① $\dfrac{1}{4}$

② $\dfrac{1}{5}$

③ $\dfrac{1}{6}$

④ $\dfrac{1}{7}$

- 목요일에 비가 오고, 금요일에 비가 올 확률 : $\dfrac{1}{3} \times \dfrac{1}{3} = \dfrac{1}{9}$

- 목요일에 비가 오지 않고, 금요일에 비가 올 확률 : $\dfrac{2}{3} \times x$

- 따라서 금요일에 비가 올 확률은 $\dfrac{1}{9} + \dfrac{2}{3}x = \dfrac{5}{18}$

$\therefore x = \dfrac{1}{4}$

16 양의 정수 x를 10배한 수는 50보다 크고, 5배한 수에서 20을 뺀 수는 50보다 작을 때, x값 중에 가장 높은 수는?

① 9

② 11

③ 13

④ 15

- $10x > 50$, $x > 5$
- $5x - 20 < 50$, $x < 14$
- 따라서 $5 < x < 14$이므로,
  $\therefore x$값 중 가장 높은 수 $= 13$

Answer → 12.① 13.③ 14.③ 15.① 16.③

17 민수의 나이는 철구의 4배이다. 연령비가 2:1이 되는 것은 몇 년 후인가? (단, 철구의 나이는 4살이다.)

① 5년 후   ② 6년 후

③ 7년 후   ④ 8년 후

 철구의 나이가 4살이므로, 민수의 나이는 16살이다.
연령비가 2:1이 되는 연 수를 x라 하면,
$16+x=2(4+x)$
$\therefore x=8$

18 1초에 40m의 거리를 달리는 기차가 터널을 완전히 통과하는데 60초가 걸렸다. 터널의 길이는 몇 2350m라면 기차의 길이는 몇 m인가?

① 30m   ② 40m

③ 50m   ④ 60m

 이 기차가 60초 동안 달린 거리는
$40\text{m} \times 60\text{초} = 2{,}400\text{m}$
기차의 길이를 x라고 하면,
터널을 완전히 빠져 나오기 위해 기차가 달려야 하는 거리는 $2{,}350+x$
따라서 $2{,}40\text{m} - 2{,}350\text{m} = x$, $\therefore x=50\text{m}$

19 서원이는 집에서 중학교까지 17km를 통학한다. 집으로부터 자전거로 30분 동안 달린 후 20분 동안 걸어서 중학교에 도착했다면 걷는 속도는 분당 몇 km인가? (단, 자전거는 분속 0.5km로 간다고 가정한다.)

① 0.001km

② 0.01km

③ 0.1km

④ 1km

 걷는 속도를 분당 x라 하면

$30 \times 0.5 + 20 \times x = 17$

$\therefore x = 0.1 \text{km}$

20 양의 정수 x를 5배 한 수는 30보다 크고, 5배 한 수에서 30을 뺀 수는 40보다 작을 때, x값 중 가장 작은 값은?

① 4

② 5

③ 6

④ 7

 • $5x > 30$

• $5x - 30 < 40$

• $6 < x < 14$

$\therefore x$값 중 가장 작은 값은 7

Answer → 17.④ 18.③ 19.③ 20.④

▌21~23 ▌ 다음은 A시의 건축물 현황에 관한 자료이다. 물음에 답하시오.

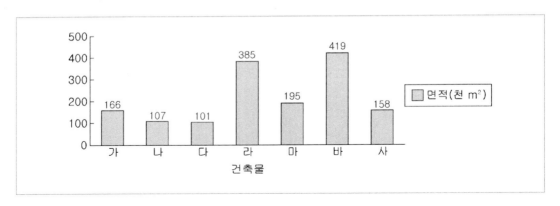

21 다음 중 면적의 합이 가장 적은 것은?

① 나+다
② 다+라
③ 라+마
④ 마+바

① 나+다＝208(천 ㎡)
② 다+라＝486(천 ㎡)
③ 라+마＝580(천 ㎡)
④ 마+바＝614(천 ㎡)

22 '바'의 면적은 '나'의 면적의 몇 배인가? (소수 첫 번째 자리에서 반올림한다.)

① 3배
② 4배
③ 5배
④ 6배

'바'의 면적은 '나'의 면적의 약 3.9배이다.
따라서 소수 첫 번째 자리에서 반올림 하면 4배가 된다.

23 전체 건축물 중 '라'가 차지하는 비율은 얼마인가? (소수점 이하는 버린다.)

① 23%
② 24%
③ 25%
④ 26%

$\frac{385}{1531} \times 100 ≒ 25.15\%$

24~26 다음은 국가별 통신기술격차에 관한 자료이다. 물음에 답하시오.

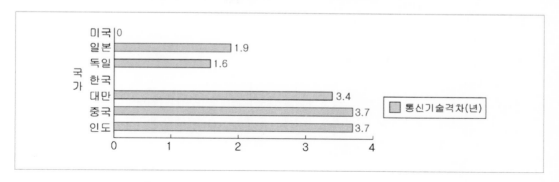

24 다음 중 통신기술격차가 동일한 국가는?

① 독일, 한국　　　　　　　　② 한국, 대만
③ 대만, 중국　　　　　　　　④ 중국, 인도

 중국과 인도의 통신기술격차는 3.7년으로 동일하다.

25 제시된 국가의 통신기술격차의 합이 16.4년일 때, 한국의 기술격차는 몇 년인가?

① 2.1년　　　　　　　　② 2.2년
③ 2.3년　　　　　　　　④ 2.4년

 16.4 － 14.3 ＝ 2.1년

26 다음 중 미국과 통신기술격차가 가장 적은 국가는?

① 일본　　　　　　　　② 독일
③ 한국　　　　　　　　④ 대만

 독일의 통신기술격차는 1.6년으로 격차가 가장 적다.

Answer ↱ 21.① 22.④ 23.③ 24.④ 25.① 26.②

┃27~28┃ 다음은 부서별 연가사용현황에 관한 자료이다. 물음에 답하시오.

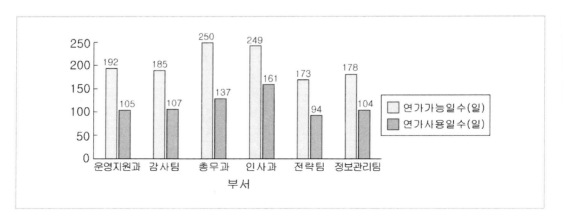

27 다음 중 연가가능일수가 가장 많은 부서의 연가사용일수는?

① 105일   ② 107일

③ 137일   ④ 161일

 연가가능일수가 가장 많은 부서는 총무과이고, 연가사용일수는 137일이다.

28 다음 중 연가가능일수와 연가사용일수의 차이가 가장 적은 부서는?

① 총무과   ② 인사과

③ 전략팀   ④ 정보관리팀

 ① 총무과 : 250－137＝113일
② 인사과 : 249－161＝88일
③ 전략팀 : 173－94＝79일
④ 정보관리팀 : 178－104＝74일

▌29~30 ▌ 다음은 위험요인별 질병비용에 관한 자료이다. 물음에 답하시오.

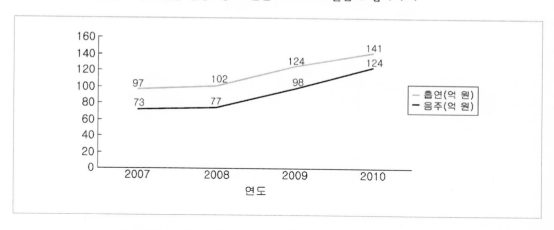

29 다음 중 2007년 대비 2009년의 흡연 비용 증가량은?

① 27억 원　　　　　　　　　② 28억 원

③ 29억 원　　　　　　　　　④ 30억 원

　　　Tip　　124−97＝27(억 원)

30 다음 중 2008년 대비 2010년의 음주 비용 증가율은? (소수점 이하는 버린다.)

① 60%　　　　　　　　　② 61%

③ 62%　　　　　　　　　④ 63%

　　　Tip　　$\frac{124-77}{77} \times 100 ≒ 61\%$

▎31~32 ▎ 다음은 우체국 택배물 취급에 관한 기준표이다. 물음에 답하시오.

우체국 택배물 취급에 관한 기준표

(단위 : 원 / 개)

중량(크기)		2kg까지 (60cm까지)	5kg까지 (80cm까지)	10kg까지 (120cm까지)	20kg까지 (140cm까지)	30kg까지 (160cm까지)
동일지역		4,000원	5,000원	6,000원	7,000원	8,000원
타지역		5,000원	6,000원	7,000원	8,000원	9,000원
제주지역	빠른(항공)	6,000원	7,000원	8,000원	9,000원	11,000원
	보통(배)	5,000원	6,000원	7,000원	8,000원	9,000원

※ 1) 중량이나 크기 중에 하나만 기준을 초과하여도 초과한 기준에 해당하는 요금을 적용한다.
　2) 동일지역은 접수지역과 배달지역이 동일한 시/도이고, 타지역은 접수한 시/도지역 이외의 지역으로 배달되는 경우를 말한다.
　3) 부가서비스(안심소포) 이용시 기본요금에 50% 추가하여 부가한다.

31 설희는 서울에서 빠른 택배로 제주도에 있는 친구에게 안심소포를 이용해서 18kg짜리 쌀을 보내려고 한다. 쌀 포대의 크기는 130cm일 때, 설희가 지불해야 하는 택배 요금은 얼마인가?

① 19,500원

② 16,500원

③ 15,500원

④ 13,500원

 제주도까지 빠른 택배를 이용해서 20kg미만이고 140cm미만인 택배를 보내는 것이므로 가격은 9,000원이다. 그런데 안심소포를 이용한다고 했으므로 기본요금에 50%가 추가된다.

∴ $9,000 + (9,000 \times \frac{1}{2}) = 13,500$(원)

32 타지역으로 15kg에 150cm 크기의 물건을 안심소포로 보내는 가격(㉠)과 제주지역에 보통 택배로 8kg에 100cm 크기의 물건을 보내는 가격(㉡)을 각각 바르게 적은 것은?

	㉠	㉡
①	13,500원	7,000원
②	13,500원	6,000원
③	12,500원	7,000원
④	12,500원	6,000원

 ㉠ 타지역으로 보내는 물건은 140cm를 초과하였으므로 9,000원이고, 안심소포를 이용하므로 기본요금에 50%가 추가된다.
∴ 9,000 + 4,500 = 13,500(원)
㉡ 제주지역으로 보내는 물건은 5kg와 80cm를 초과하였으므로 요금은 7,000원이다.

▌33~35▌ 다음은 유가공업체별 제품 하루 생산량이다. 물음에 답하시오.

구분	우유	발효유	치즈
가 유업	180	120	50
나 유업	450	550	150
다 유업	70	40	50

33 가~다 유업의 치즈 평균 생산량은?

① 약 75개 ② 약 83개

③ 약 97개 ④ 약 103개

$\dfrac{50+150+50}{3} ≒ 83.3$

34 전체 생산품 중 우유의 비중이 가장 낮은 업체는?

① 가 유업   ② 나 유업

③ 다 유업   ④ 모두 같음

> (Tip)
>
> 가 유업 : $\dfrac{180}{180+120+50} = \dfrac{180}{350} \fallingdotseq 0.51$
>
> 나 유업 : $\dfrac{450}{450+550+150} = \dfrac{450}{1,150} \fallingdotseq 0.39$
>
> 다 유업 : $\dfrac{70}{70+40+50} \fallingdotseq 0.43$

35 가~다 업체 중 나 유업이 차지하는 치즈의 생산 비율은?

① 40%   ② 50%

③ 60%   ④ 70%

> (Tip)
>
> $\dfrac{150}{50+150+50} \times 100 = 60$

▌36~37 ▌ 다음은 A기업의 주식 주가지수 변화를 나타낸 그래프이다. 물음에 답하시오.

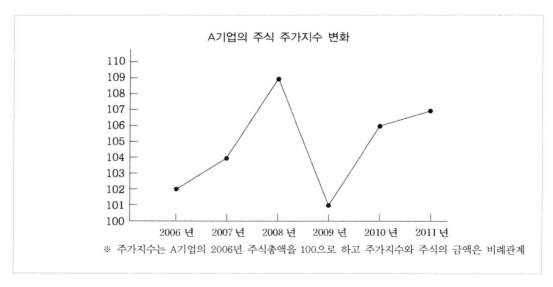

A기업의 주식 주가지수 변화

※ 주가지수는 A기업의 2006년 주식총액을 100으로 하고 주가지수와 주식의 금액은 비례관계

36 2006년도에 1주당 10,000원에 샀던 주식 2,000주를 2007년도에 팔았다면 이익 금액은?

① 392,000원

② 405,000원

③ 412,000원

④ 425,000원

 주가지수가 104일 때 1주당 금액을 계산하면,

$102 : 10,000 = 104 : x$

$\therefore x = 10,196$

1주당 196원 이득이므로 이익 금액 $= 196 \times 2,000 = 392,000$(원)

37 2008년도에 1주당 20,000원에 샀던 주식 10,000주를 2009년에 팔고 2010년도에 1주당 30,000 원에 샀던 주식 60,000주를 2011년에 팔았다면 손익은?

① 200만 원 이익

② 230만 원 이익

③ 200만 원 손해

④ 230만 원 손해

 주식판매 손익

㉠ 2009년 : 2009년 주가지수 101일 때 1주당 금액은

$109 : 20,000 = 101 : x$, $x = 18,532$

1주당 1,468원씩 손해이므로 손해금액 $= 1,468 \times 10,000 = 1,468$만(원)

㉡ 2011년 : 2011년 주가지수 107일 때 1주당 금액은

$106 : 30,000 = 107 : x$, $x = 30,283$

1주당 283원씩 이익이므로 이익 금액 $= 283 \times 60,000 = 1,698$만(원)

∴ 전체 손익은 230만 원 이익이다.

Answer↱ 34.② 35.③ 36.① 37.②

┃38~40┃ 다음은 식품 분석표이다. 자료를 이용하여 물음에 답하시오.

(중량을 백분율로 표시)

영양소 \ 식품	대두	우유
수분	11.8%	88.4%
탄수화물	31.6%	4.5%
단백질	34.6%	2.8%
지방	(가)	3.5%
회분	4.8%	0.8%
합계	100.0%	100.0%

38 (가)에 들어갈 숫자로 올바른 것은?

① 17.2%   ② 20.2%

③ 22.3%   ④ 34.2%

 $100 - 11.8 - 31.6 - 34.6 - 4.8 = 17.2(\%)$

39 대두에서 수분을 제거한 후, 남은 영양소에 대한 중량 백분율을 새로 구할 때, 단백질중량의 백분율은 약 얼마가 되는가? (단, 소수점 셋째 자리에서 반올림한다)

① 18.09%   ② 24.14%

③ 39.23%   ④ 41.12%

 중량을 백분율로 표시한 것이므로 각각 중량의 단위로 바꾸면,
탄수화물 31.6g, 단백질 34.6g, 지방 17.2g, 회분 4.8g이 된다. 모두 합하면 총 중량은 88.2g이 된다.
단백질 중량의 백분율을 구하면, $\dfrac{34.6}{88.2} \times 100 ≒ 39.229$이므로 39.23이 된다.

40 우유의 회분 중에는 0.02%의 미량성분이 포함되어 있다고 할 때, 우유 속에 있는 미량성분의 중량 백분율은 얼마인가?

① 1.6×10^{-2}

② 1.6×10^{-3}

③ 1.6×10^{-4}

④ 1.6×10^{-5}

 우유의 회분 중에 0.02%가 미량성분이므로 $\frac{0.8}{100} \times \frac{0.02}{100} \times 100 = 0.00016(\%)$가 된다.

이것을 다시 나타내면 $\frac{1.6}{10000}$ 이므로, 1.6×10^{-4}이 된다.

41 다음은 1970년부터 2010년까지 아시아 주요국 35~39세 여성의 미혼율을 나타낸 그래프이다. 이에 대한 설명으로 옳지 않은 것은?

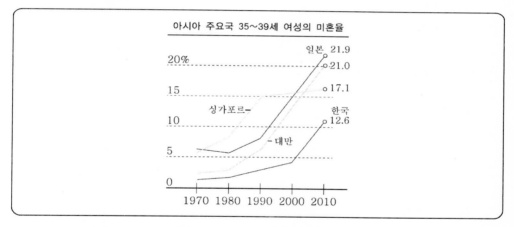

① 1970년 35~39세 여성의 미혼율이 가장 높은 국가는 일본이다.

② 2000년 35~39세 여성의 미혼율은 일본이 대만보다 낮다.

③ 1990년에서 2010년 사이 35~39세 여성의 미혼율이 가장 완만하게 변화한 국가는 싱가포르이다.

④ 2010년 35~39세 여성의 미혼율은 일본이 한국보다 9.3% 높다.

 ② 2000년 35~39세 여성의 미혼율은 일본이 대만보다 높다.

42 다음은 어떤 해의 월 평균 기온과 낮의 평균 길이의 변화를 나타낸 그래프이다. 해석으로 올바른 것은?

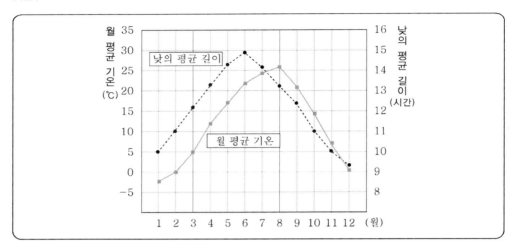

① 낮의 평균 길이가 가장 긴 달의 월 평균 기온이 가장 높다.

② 월 평균 기온이 가장 낮은 달의 낮의 평균 길이가 가장 짧다.

③ 4월과 5월의 월 평균 기온의 차이는 7월과 8월의 차이에 비해 더 크다.

④ 낮의 평균 길이가 가장 짧은 달의 월 평균 기온이 가장 낮다.

> (Tip) ① 낮의 평균 길이가 가장 긴 달은 6월이며, 월 평균 기온이 가장 높은 달은 9월이다.
> ②④ 월 평균 기온이 가장 낮은 달은 1월이며, 낮의 평균 길이가 가장 짧은 달은 12월이다.

43 다음 그림은 산소 해리곡선을, 표는 인체의 여러 부위에서 측정한 O_2와 CO_2 분압을 나타낸 것이다. 이에 대한 설명으로 옳지 않은 것은?

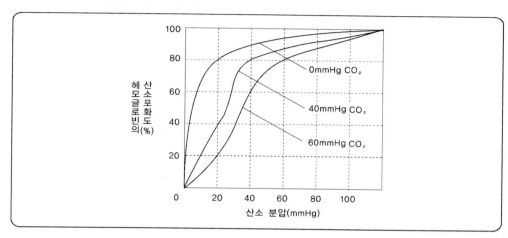

(단위 : mmHg)

구분	O2 분압	CO2 분압
폐포	100	40
조직	40	60
대동맥	100	40
대정맥	40	46

① 조직에서 헤모글로빈의 산소포화도는 40%이다.
② 산소분압이 높을수록 산소포화도는 증가된다.
③ 이산화탄소 분압이 높을수록 산소포화도는 감소한다.
④ 대동맥에서의 산소포화도는 대정맥에서의 산소포화도보다 높다.

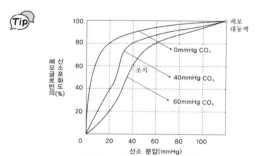

① 조직에서 헤모글로빈의 산소포화도는 60%이다.

Answer ↱ 42.③ 43.①

44 다음은 두 국가의 지니계수에 관한 그래프이다. 다음 설명 중 옳은 것은?

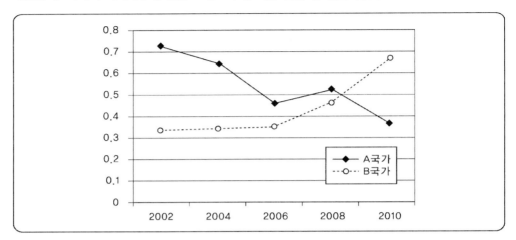

※ 지니계수 : 잘 사는 사람과 못 사는 사람의 소득 차이를 나타내는 계수

① B국가는 A국가보다 2002년에 빈부 격차가 크다.

② A국가는 소득분배가 불평등해지는 추세이다.

③ B국가는 A국가보다 2006년에 소득차가 적었다.

④ A국가가 2004년에 B국가보다 국민의 불만이 적었다.

 지니계수가 클수록 소득격차가 크다.
① A국가가 2002년에 빈부격차가 더 크다.
② 지니계수가 점점 낮아지고 있으므로 소득분배가 평등해지고 있는 추세이다.
④ 2004년에 A국가의 빈부격차가 B국가보다 컸으므로 국민의 불만도 컸을 것이다.

45 다음은 한국과 3개국의 교역량을 나타낸 표이다. 내용을 잘못 해석한 것은?

(단위 : 백만 달러)

국가	항목	1988	1998	2008
칠레	수출액	153	567	3,032
	수입액	208	706	4,127
이라크	수출액	42	2	368
	수입액	146	66	4,227
이란	수출액	131	767	4,342
	수입액	518	994	9,223

① 칠레와의 교역은 무역적자에서 흑자로 바뀐 적이 있다.

② 최근 10년간 이라크에 대한 수출액 증가율이 가장 높다.

③ 이라크와의 교역액은 크게 감소한 적이 있다.

④ 세 국가 중 이란과의 무역 적자가 가장 심각하다

 ① 항상 칠레와의 교역은 수출보다 수입의 비중이 더 크므로 무역적자에서 흑자로 바뀐 적이 없다.

② 칠레 약 6배, 이라크 약 150배, 이란 약 6배 증가하였으므로 최근 10년간 이라크의 수출액 증가율이 가장 높았다.

③ 이라크와의 교역액은 1998년에 크게 감소하였다.

④ 이란과의 무역적자는 50억 정도로 가장 심각하다.

46 다음은 각 분야별 예술가들의 연령대 비율을 조사한 그래프이다. 이 도표에 대한 해석으로 적절한 것은?

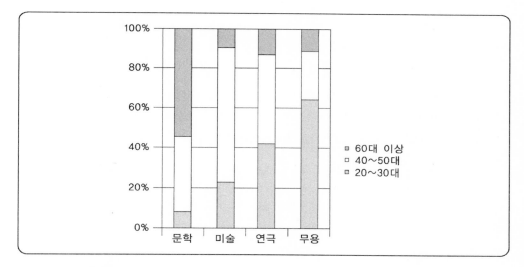

① 문학가들의 50%가 40대 이상이다.

② 연극계의 20~30대는 42명이다.

③ 미술계보다 무용계가 20~30대의 비율이 낮다.

④ 무용계보다 문학계의 고령화가 두드러진다.

 ① 문학가들의 90%가 40대 이상이다.

② 사람의 수는 알 수 없다.

③ 미술계보다 무용계가 20~30대 비율이 높다.

④ 무용계보다 문학계의 60대 이상의 비율이 더 높은 것으로 보아 고령화가 두드러진다.

Answer ➟ 44.③ 45.① 46.④

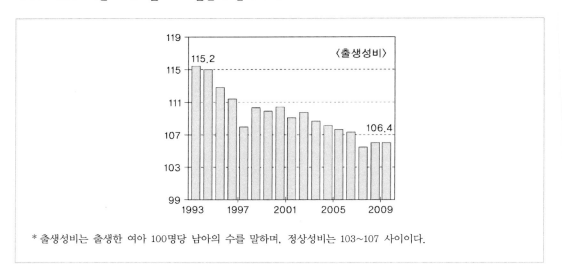

* 출생성비는 출생한 여아 100명당 남아의 수를 말하며, 정상성비는 103~107 사이이다.

47 위 그래프의 해석으로 적합한 것은?

① 아들과 딸이 태어날 확률은 동일하다.
② 1993년에 태어난 딸 대 아들의 비율은 100:115이다.
③ 1993년에 아들이 가장 많이 태어났다.
④ 오늘날에도 남아선호로 인해 출생성비는 정상성비가 되지 못하고 있다.

> (Tip) 출생성비가 여아 100명당 남아의 수를 말하는데, 1993년에 출생성비가 115.2이다. 이는 여아가 100명 태어난다면 남아가 115명 정도 태어났다는 이야기이다.
> 따라서 1993년에 태어난 딸대 아들의 비율은 100:115가 적합하다.

48 위 그래프의 제목으로 적합한 것은?

① 출생성비의 변동
② 출생성비와 정상성비의 대조
③ 연도별 출생성비의 변동
④ 연도별 출생성비와 정상성비의 변동

> (Tip) X축은 년도가 제시되어 있고 Y축은 성비가 제시되어 있는 것으로 보아 년도에 따른 출생성비의 변동을 나타낸 그래프로 볼 수 있다.

49~50 다음 표를 보고 물음에 답하시오.

구분	2000	2003	2006	2009	2012
출생아 수(천 명)	614.2	492.1	435.0	465.9	444.8
조출생률(인구 1천 명당 명)	13.0	10.2	8.9	9.4	9.0
합계출산율(여성 1명당 명)	1.41	1.17	1.08	1.19	1.15

49 위 표의 제목으로 적합한 것은?

① 출생동향 분석
② 한국의 최근 10년간 출산 동향 분석
③ 최근 10년간 출산아 수 변동
④ 최근 10년간 출생아 수와 출산율의 변동

 2000년부터 2012년까지의 년도가 제시되어 있고 각 연도별 출생아 수, 조출생률, 합계출산율이 있는 것으로 보아 ④가 적합하다.

50 위 표에 대한 해석으로 적합한 것은?

① 출생아 수는 최근 10년간 계속 감소하고 있다.
② 조출생률과 합계출산율은 최근 10년간 계속 감소하고 있다.
③ 2012년 현재 태어난 아동의 수는 614,200명이다.
④ 출생아 수는 2006년 이후보다 2000년 전후에 더 감소했다.

 ① 출생아 수는 감소하다가 2006년보다 2009년에 증가하였다. 그리고 다시 2012년에 감소하였다.
② 조출생률과 합계출산율은 감소하다가 2006년보다 2009년에 증가하였다.
③ 2000년에 태어난 아동의 수가 61만 4천 2백 명이다.

Answer 47.② 48.③ 49.④ 50.④

03 수열/공간지각

※ 2015년도 하반기에 출제된 영역입니다.

|1~20| 다음은 일정한 규칙에 따라 배열한 수열이다. 빈칸에 알맞은 것을 고르시오.

1

| 100 99 97 94 90 85 (   ) |

① 79   ② 78

③ 77   ④ 76

> **Tip** 처음의 수에서 -1, -2, -3, …의 규칙이 있다.
> 따라서 빈칸에 알맞은 수는 $85-6=79$이다.

2

| 1 2 0 3 -1 4 -2 (   ) |

① 5   ② -5

③ 6   ④ -6

> **Tip** $+1$, -2, $+3$, -4, $+5$, -6, $+7$, …의 규칙을 가지고 있다. 따라서 $-2+7=5$이다.

3

$$1 \quad 6 \quad 31 \quad 156 \quad (\ )$$

① 780   ② 781

③ 782   ④ 783

(Tip) 5^1, 5^2, 5^3, 5^4, …을 더해주고 있다. 따라서 $156+5^4 = 781$이다.

4

$$1 \quad 5 \quad 2 \quad 10 \quad 7 \quad 35 \quad (\ )$$

① 32   ② 37

③ 38   ④ 47

(Tip) ×5, −3의 규칙이 반복되고 있다.

5

$$(\ ) \quad 12 \quad 36 \quad 6 \quad 18 \quad 3$$

① 100   ② 86

③ 72   ④ 64

(Tip) ÷6, ×3의 규칙이 반복되고 있다.

Answer ↱ 1.①   2.①   3.②   4.①   5.③

6

> 625 125 25 5 ( ) 0.2 0.04

① 0   ② 1
③ 2   ④ 3

 ÷5의 규칙이 반복되고 있다.

7

> 72 60 48 ( ) 24 12

① 36   ② 34
③ 32   ④ 30

 −12의 규칙이 반복되고 있다.

8

> 1 3 6 4 7 21 18 22 ( ) 84

① 66   ② 74
③ 88   ④ 96

 +2, ×2, −2, +3, ×3, −3, +4, ×4, −4, …
그러므로 ( )=22×4=88이다.

9

122 129 115 136 (   ) 143

① 108 ② 112

③ 116 ④ 120

 +7, -14, +21, -28, +35, …
7의 배수의 덧셈과 뺄셈이 반복되고 있는 규칙이다.
그러므로 (   )=136-28=108이다.

10

3 4 8 9 18 19 (   )

① 36 ② 37

③ 38 ④ 39

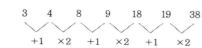

11

25 22 19 16 13 10 (   )

① 6 ② 7

③ 8 ④ 9

 처음의 숫자에서 3씩 줄어들고 있다.

Answer ↱ 6.② 7.① 8.③ 9.① 10.③ 11.②

12

| 13 14 12 18 11 22 10 (　) |

① 9   ② 11
③ 15   ④ 26

(Tip) 홀수 번째 숫자는 -1의 규칙으로 감소하고, 짝수 번째 숫자는 +4의 규칙으로 증가한다.

13

| -1 0 3 (　) 15 24 35 |

① 7   ② 8
③ 9   ④ 10

(Tip) 처음의 숫자에서 1, 3, 5, 7, 9, …의 순서로 증가하고 있다.

14

| 3 5 8 13 21 (　) 55 |

① 24   ② 27
③ 31   ④ 34

(Tip) 세 번째 항부터 이전의 두 항을 더한 값으로 이루어지게 되는 전형적인 피보나치수열이다.
따라서 55-21=34

15

6　13　20　27　（　）　41

① 37　　　　　　　　　　② 36

③ 35　　　　　　　　　　④ 34

Tip +7의 규칙이 반복되고 있다.

16

3　12　27　48　75　108　（　）

① 147　　　　　　　　　② 150

③ 153　　　　　　　　　④ 156

Tip 9, 15, 21, 27, 33, 39가 더해졌는데, 더해진 숫자 사이의 규칙을 보면 6씩 커지고 있다.

17

100　92　86　82　80　（　）

① 82　　　　　　　　　　② 81

③ 80　　　　　　　　　　④ 79

Tip 처음의 숫자에서 8, 6, 4, 2, 0의 순서로 줄어들고 있다.

Answer⌐→ 12.④　13.②　14.④　15.④　16.①　17.③

18

| 1 2 4 5 16 8 64 ( ) |

① 11   ② 28

③ 32   ④ 64

(Tip) 홀수 번째는 ×4, 짝수 번째는 +3의 규칙을 갖는다.

19

| −8 ( ) −16 −48 −192 −960 |

① −4   ② −8

③ −12   ④ 8

(Tip) ×1, ×2, ×3, …의 규칙을 갖는다.

20

| 19 18 22 21 25 24 ( ) |

① 23   ② 26

③ 28   ④ 32

(Tip) 처음의 숫자에서 1이 줄어든 후 다시 4가 더해지고 있다.

▌21~48 ▌ 제시된 전개도를 접었을 때 나타나는 도형의 형태를 고르시오.

21

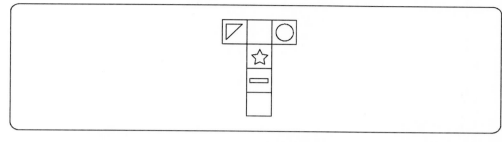

①

②

③

④

  Tip ②③ 오른쪽 측면의 그림이 잘못되었다.
④ 윗면의 모양이 잘못되었다.

Answer ↪ 18.① 19.② 20.③ 21.①

22

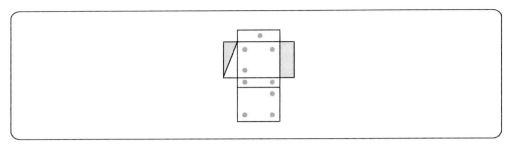

① 　　　　②

③ 　　　　④

　④ 점의 개수와 위치를 파악하여야 한다.

23

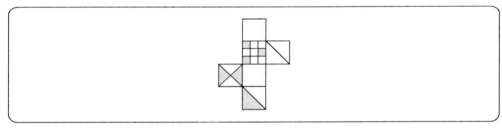

① 　　　　②

③ 　　　　④

　④ 이어지는 면의 모양에 주의해야 한다.

24

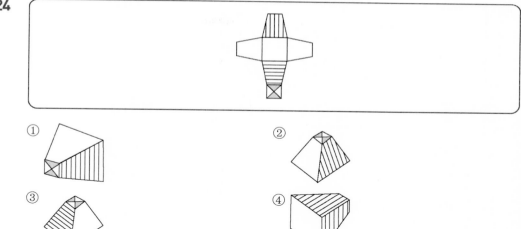

Tip ② 한 면에 가로로 선이 그어진 것과 세로로 선이 그어진 면을 구분한다.

25

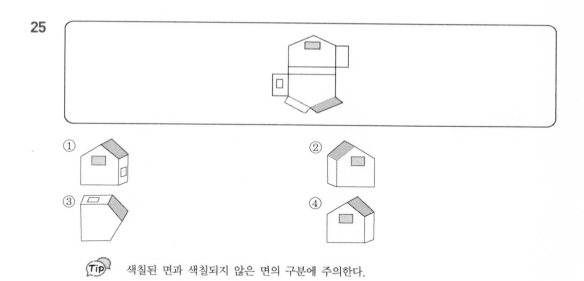

Tip 색칠된 면과 색칠되지 않은 면의 구분에 주의한다.

Answer → 22.④ 23.② 24.② 25.④

26

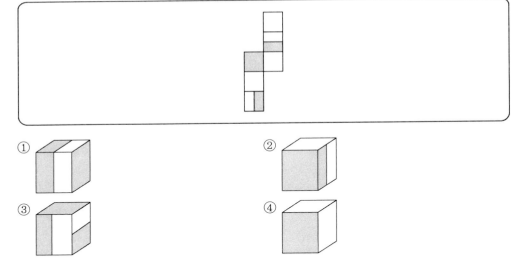

① ② ③ ④

Tip 한 면에 세로로 선이 그어졌는지 가로로 선어 그어졌는지 주의한다.

27

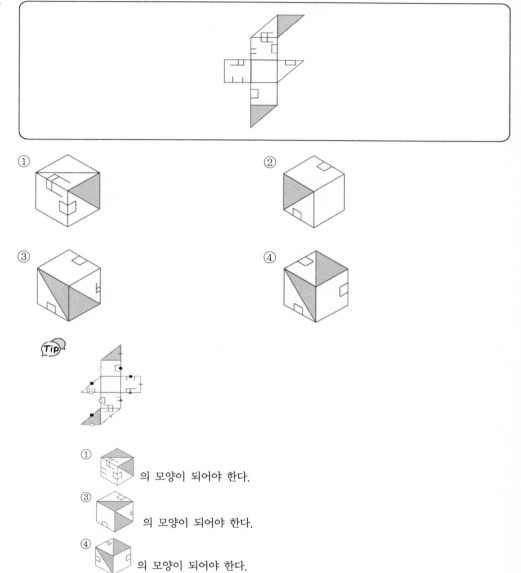

① 의 모양이 되어야 한다.

③ 의 모양이 되어야 한다.

④ 의 모양이 되어야 한다.

Answer → 26.④ 27.②

28

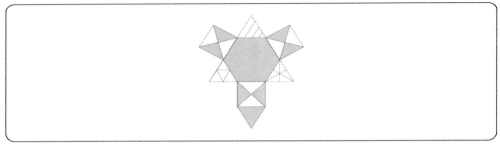

①   ②

③    ④

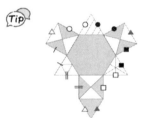

②④ ①과 같아야 한다.

③  가 아닌 가 되어야 한다.

29

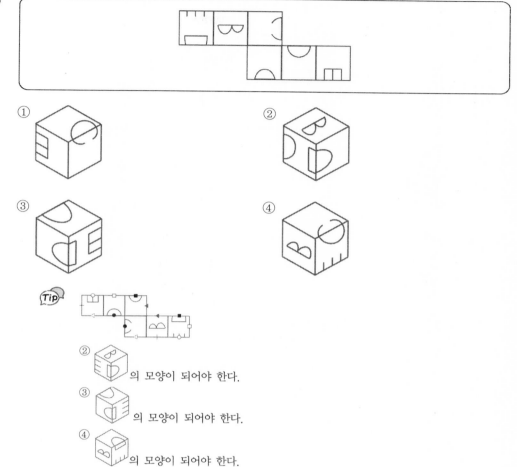

30

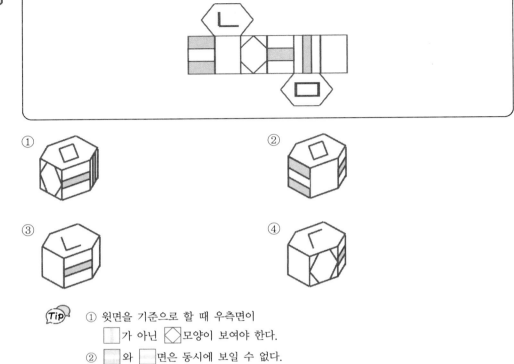

① 윗면을 기준으로 할 때 우측면이
□가 아닌 ◇모양이 보여야 한다.
② □와 □면은 동시에 보일 수 없다.
③ ▨의 모양이 되어야 한다.

31

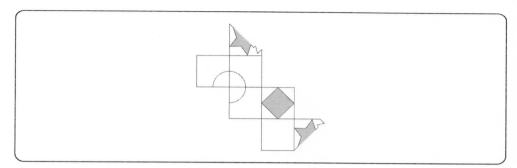

① 　　　②

③ 　　　④

Tip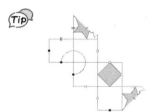

Answer → 30.④　31.③

32

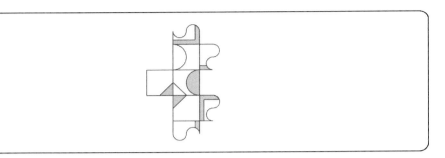

①

②

③

④

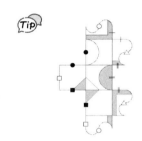

33

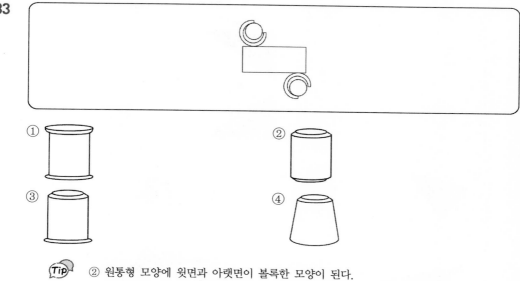

① ② ③ ④

Tip ② 원통형 모양에 윗면과 아랫면이 볼록한 모양이 된다.

34

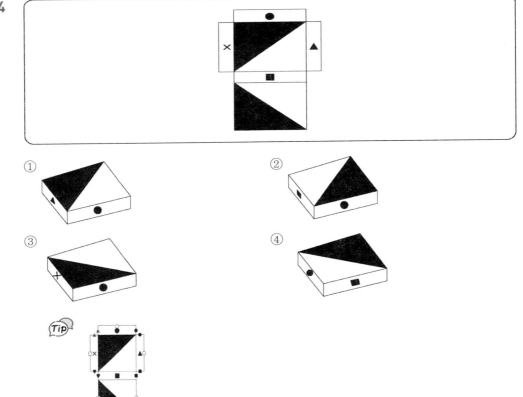

35

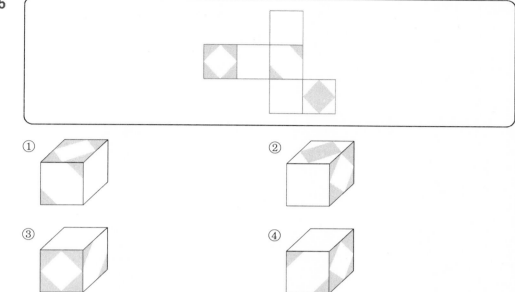

(Tip) 전개도에 나타나 있는 도형 중 하나를 기준으로 선정한 후, 기준 도형과 이웃하는 도형이 입체
도형에서 어떻게 올 지를 유추한다.

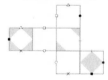

① [cube] 또는 [cube] 의 모양이 되어야 한다.

③ [cube] 의 모양이 되어야 한다.

④ [cube] 의 모양이 되어야 한다.

Answer ↦ 34.③ 35.②

36

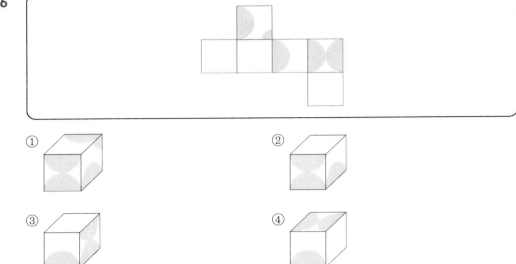

① ② ③ ④

Tip 전개도에 나타나 있는 도형 중 하나를 기준으로 선정한 후, 기준 도형과 이웃하는 도형이 입체 도형에서 어떻게 올 지를 유추한다.

② ①의 모양이 되어야 한다.

③ 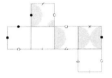 의 모양이 되어야 한다.

④ 또는 의 모양이 되어야 한다.

37

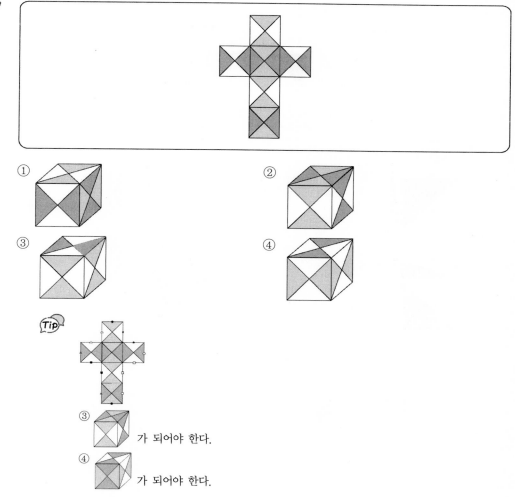

①

②

③

④

Tip

③ 가 되어야 한다.

④ 가 되어야 한다.

38

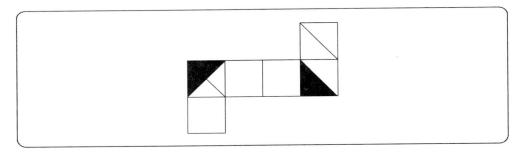

①

②

③

④

 전개도에서 서로 마주 보게 되는 면을 생각해보면 쉽게 답을 찾을 수 있다.

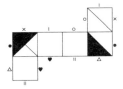

39

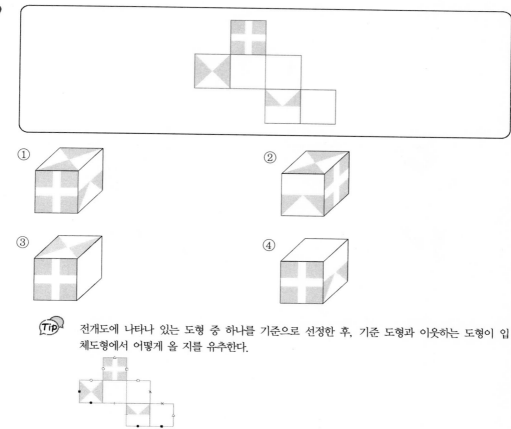

(Tip) 전개도에 나타나 있는 도형 중 하나를 기준으로 선정한 후, 기준 도형과 이웃하는 도형이 입체도형에서 어떻게 올 지를 유추한다.

① ③의 모양이 되어야 한다.
② 의 모양이 되어야 한다.
④ 의 모양이 되거나 또는 의 모양이 되어야 한다.

40

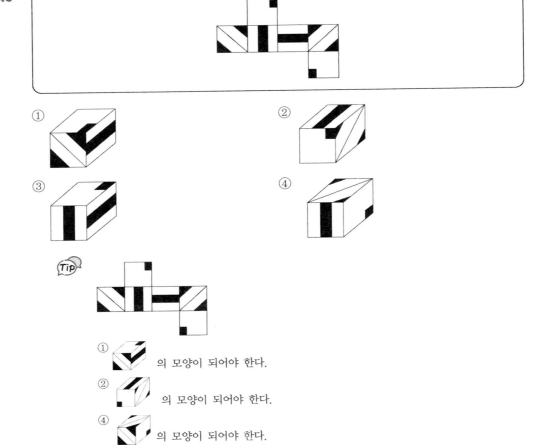

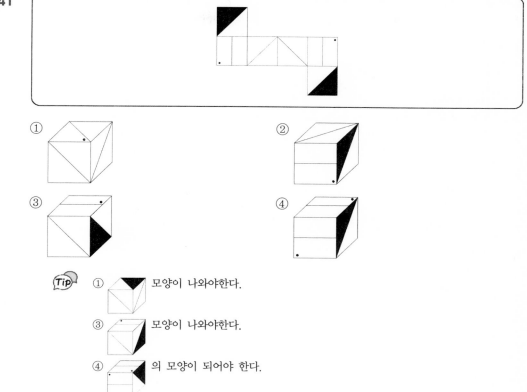

41

① ② ③ ④

Tip ① 모양이 나와야한다.

③ 모양이 나와야한다.

④ 의 모양이 되어야 한다.

Answer ➔ 40.③ 41.②

42

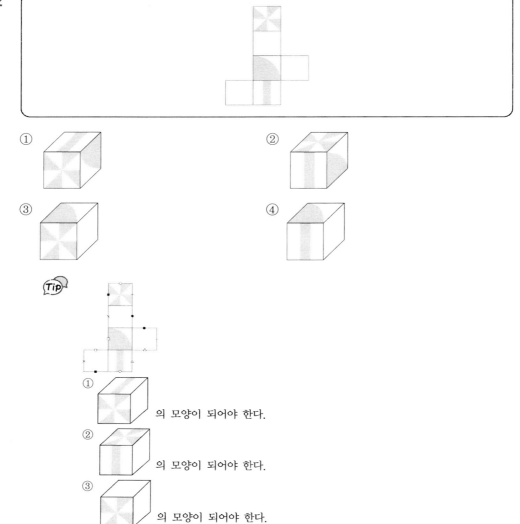

① 의 모양이 되어야 한다.

② 의 모양이 되어야 한다.

③ 의 모양이 되어야 한다.

43

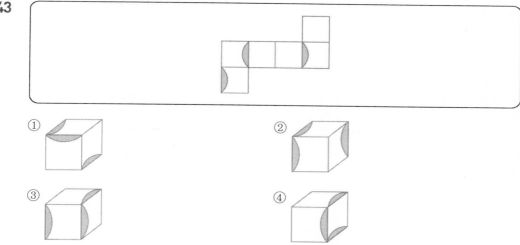

① ② ③ ④

(Tip) 전개도의 가운데 줄 왼쪽 끝 면이 전면에 위치하도록 하여 전개도를 접어보면 ①과 같은 형태가 나타난다. 전개도에서 반원 무늬가 같은 방향으로 두 개 이상 이어지지 않기 때문에 이로부터 다른 보기를 쉽게 소거할 수 있다.

Answer↳ 42.④   43.①

44

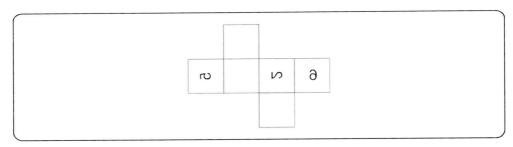

①   ②

③ 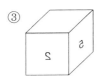   ④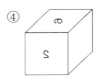

(Tip) 전개도에 나타나 있는 도형 중 하나를 기준으로 선정한 후, 기준 도형과 이웃하는 도형이 입체도형에서 어떻게 올 지를 유추한다.

① ⬚ 의 모양이 되어야 한다.

② ⬚ 의 모양이 되어야 한다.

③ ④와 같은 모양이 되어야 한다.

45

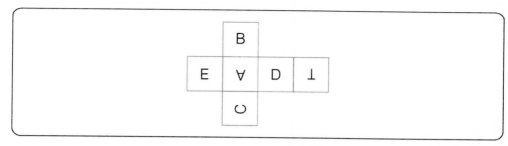

①   ②

③ 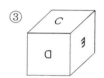   ④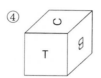

 전개도에 나타나 있는 도형 중 하나를 기준으로 선정한 후, 기준 도형과 이웃하는 도형이 입체도형에서 어떻게 올 지를 유추한다.

② ①의 모양이 되어야 한다.

③ 의 모양이 되어야 한다.

④ 의 모양이 되어야 한다.

46

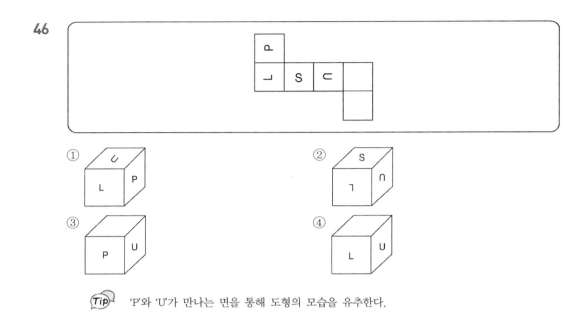

Tip 'P'와 'U'가 만나는 면을 통해 도형의 모습을 유추한다.

47

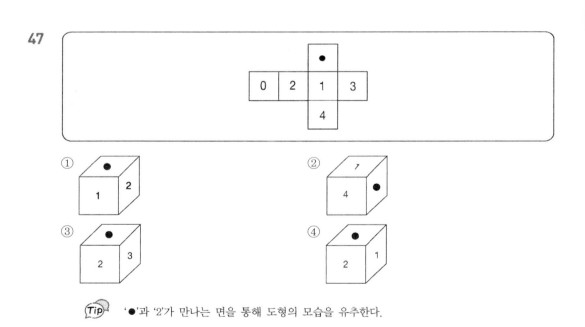

Tip '●'과 '2'가 만나는 면을 통해 도형의 모습을 유추한다.

48

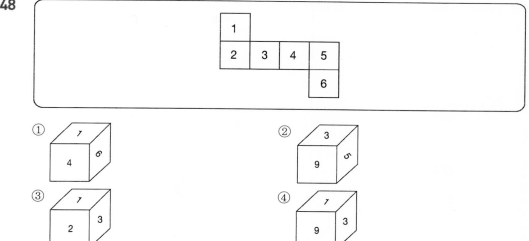

(Tip) '1'과 '3'이 만나는 면을 통해 도형의 모습을 유추한다.

Answer↦ 46.③ 47.④ 48.③

49 칠해진 면을 정면에서 봤을 때, 다음과 같은 모양이라고 하면, 제시된 육면체의 전개도인 것은?

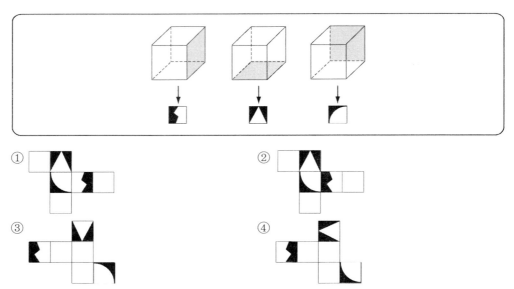

① ② ③ ④

(Tip) 전개도에 나타나 있는 도형 중 하나를 기준으로 선정한 후, 기준 도형과 이웃하는 도형이 입체도형에서 어떻게 올 지를 유추한다.

50 다음 도형의 전개도가 될 수 없는 것은?

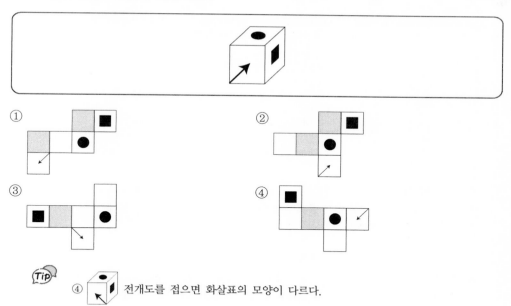

① ② ③ ④

④ 전개도를 접으면 화살표의 모양이 다르다.

04 문제해결

※ 문제해결 영역의 일부 문제는 해설이 생략되었습니다.

▌1~2▐ 다음 지문을 읽고 물음에 답하시오.

〈조류독감의 특성〉

• 조류독감의 전염성 : 감염조류 발생 시 일주일 이내에 반경 100km이내 조류 중 약 20%가 감염된다.
• 조류독감의 인체감염 위험성: 반경 10 km 이내 감염 조류 200마리 당 인체감염자 1명이 발생한다.
 (현재까지 인체 간 전염은 불가능하다)

〈조류 독감 경계시스템 발동 기준〉

• 1단계 경계 : 1마리 이상의 감염조류가 발생하는 경우 무조건 발동
• 2단계 경계 : 20마리 이상의 감염조류가 발생하고 확산이 우려될 때 발동
• 3단계 경계 : 300마리 이상의 감염조류가 발생하고 확산우려가 있으며 1명 이상의 인체감염자가 발생하는 경우 무조건 발동
• 4단계 경계 : 10명 이상의 인체감염자가 발생하는 경우 무조건 발동

---

1   위 기준에 따라 내릴 수 있는 의사결정으로 옳은 것은?

① 21마리의 감염조류가 발생하였으나 확산이 우려되지 않아 1단계 경계를 발동한다.
② 감염조류가 발견된 경우에도 국가경제에 미치는 파급효과를 고려하여 1단계 경계를 발동하지 않는다.
③ 350마리의 감염조류가 전국적으로 골고루 발견되었다면, 무조건 3단계 경계를 발동한다.
④ 200마리의 감염조류가 한 농가에서 발견되었다면 3단계 경계를 발동한다.

 ① 감염조류가 발생하였지만 확산이 우려되지 않으므로 1단계 경계가 발동해야한다.
② 1마리 이상의 감염조류가 발생하는 경우 조류 독감 경계시스템은 무조건 발동해야 한다.
③ 300마리 이상의 감염조류가 발생하고 전국적으로 확산우려가 있으나 인체감염자에 대한 언급이 없으므로 2단계 경계가 발동해야 한다.
④ 20마리 이상의 감염조류가 발생하고 인체감염자가 없으므로 2단계 경계가 발동해야 한다.

2 경계발동 단계에 다음 조건을 적용할 때 옳지 않은 것은?

> 〈경제적 손실〉
> • 1단계 경계발동 : 가축농가에서 약 200억 원 손실
> • 2단계 경계발동 : 관련 산업에서 약 1,000억 원 손실
> • 3단계 경계발동 : 수출을 포함한 약 2조 원의 손실
> • 4단계 경계발동 : 전체 국가경제에서 20조 원 이상의 손실
>
> ※ 각 단계의 손실액은 직전 단계의 손실을 포함한다.

① 국가가 조류독감으로 인해 20조 원 이상의 경제적 손실을 입었다는 사실은 최소한 2,000마리 이상의 감염조류가 발생하였다는 것을 의미한다.

② 2조 원 이상의 경제적 손실이 수반되는 조치를 취하기 위하여 국무회의의 의결이 요구되는 경우, 감염환자가 1명만 발생하여도 그에 대한 조치는 국무회의에서 의결되어야 한다.

③ 인체감염자가 발견되지 않더라도 관련 산업에서 약 1,000억 원의 손실이 발생할 수 있다.

④ 조류독감으로 인한 국가경제 손실액이 2조 원에 달한다는 사실은 감염조류의 숫자가 300마리 이상이라는 것을 의미한다.

 ② 3단계 경계발동 기준에 따라 1명 이상의 인체감염자가 발생하는 경우 무조건 발동되어야한다.
　① 4단계 경계의 조건인 10명의 인체감염자 수를 만족하려면 조류독감의 인체감염 위험성에 따라 조류 200마리 당 인체감염자 1명이 발생하므로 2,000마리 이상의 감염조류가 발생되어야 한다.
　③ 인체감염자가 발견되지 않으면 2단계 경계까지 발동이 가능하다.
　④ 국가경제 손실액이 2조 원에 해당하는 경계는 3단계이므로 300마리 이상의 감염조류가 그 기준이다.

Answer → 1.① 2.②

▎3~4 ▎ 다음 지문을 읽고 물음에 답하시오.

> 인간생명의 탄생에서 자연성을 구성하는 요소에는 '생식적 자연성'과 '사회적 자연성'이 있다. 먼저 생식적 자연성과 관련하여 인간생명의 자연스런 탄생은 남녀가 성교하고, 여성의 몸 안에서 정자와 난자가 수정되고, 그 과정에서 두 남녀의 생식세포의 유전자가 혼용(混融)되고, 혼용되어 만들어진 새로운 유전자를 그대로 지닌 아기가 태어나는 것이다. 즉, 생식적 자연성은 ①성교 ②체내수정 ③양성생식(兩性生殖) ④수정란의 유전자 조작의 여부에 의해 결정된다.
>
> 또한 사회적 자연성과 관련하여 인간의 생식은 사회의 기초단위인 가족을 구성하는 행위로서 의미를 지닌다. 이는 남편이 정자를 제공하고 부인이 난자를 제공한 후 생식세포를 제공한 여자(부인)가 수정란을 자궁에 품고 아이를 출산함으로써 남자와 여자의 결합이 완성되는 것을 의미한다. 즉, 사회적 자연성은 ⑤남편의 정자제공 ⑥부인의 난자제공 ⑦부인의 출산에 의해 결정된다.

3   자연성을 충족하면 1점을 부여할 때, 다음 보기를 자연성 총점이 높은 순으로 배열한 것은?

> (가) 부인에게 제3자의 정자를 인공주입하여 부인이 출산
> (나) 제3자의 정자와 부인의 난자를 체외수정하여 대리모가 출산
> (다) 부인에게 남편의 정자를 인공주입하여 부인이 출산
> (라) 제3자의 정자와 부인의 난자를 체외수정하여 유전자 치료 후 부인이 출산

① (가)(라)(다)(나)   ② (나)(다)(라)(가)

③ (다)(가)(라)(나)   ④ (라)(나)(다)(가)

 자연성의 기준
   • 생식적 자연성은 ①성교 ②체내수정 ③양성생식(兩性生殖) ④수정란
   • 사회적 자연성은 ⑤남편의 정자제공 ⑥부인의 난자제공 ⑦부인의 출산
   따라서 자연성의 기준을 적용하면,
   (다) : ②③④⑤⑥⑦이 해당
   (가) : ②③④⑥⑦이 해당
   (라) : ③④⑥⑦이 해당
   (나) : ③④⑥이 해당

4   다음 중 생식적 자연성을 결정하는 요소가 아닌 것은?

① 성교   ② 체내수정
③ 양성생식   ④ 남편의 정자제공

 • 생식적 자연성은 성교, 체내수정, 양성생식, 수정란의 유전자 조작의 여부에 의해 결정된다.
   • 사회적 자연성은 남편의 정자제공, 부인의 난자제공, 부인의 출산에 의해 결정된다.

┃5~6┃ 다음 지문을 읽고 물음에 답하시오.

수목장(樹木葬)은 화장한 분골을 나무 밑에 묻거나 뿌려 자연으로 되돌아가도록 하는 장례법이다. 수목장은 고인의 시신을 화장한다는 점에서 매장(埋葬)과 구별된다. 또한 수목장은 묻거나 뿌려서 자연으로 되돌아가게 한다는 점에서 분골을 석조물에 그대로 보관하는 납골(納骨) 방식과 다르다. 그리고 나무를 매개로 하여 고인을 모신다는 점에서 특별한 매개체 없이 그냥 뿌리는 산골(散骨)과도 구별된다. 수목장은 매장, 납골, 산골과 비교해 볼 때 몇 가지 특징이 있다.

첫째, 수목장은 환경적인 부담을 최소화하는 친환경적인 장례법이다. 수목장은 고인의 시신을 화장하고 분골하기 때문에 시신이 차지하는 공간이 최소화된다. 반면 매장은 유골을 보존하기 위해 넓은 공간을 사용함으로써 국토의 효율적 이용을 저해한다. 납골 역시 분골을 보존하기 위해 석조물을 설치하는데, 이 또한 상당한 공간을 필요로 하며 석조물이 썩지 않고 방치됨으로써 환경에 부담을 준다.

둘째, 수목장은 고인을 품위 있게 추모하는 장례법이다. 수목장은 나무를 매개로 하여 고인을 상징하는 추모의 대상을 제공한다. 이는 고인이 묻힌 곳을 찾고 추모하고 싶어하는 후손들의 바람을 충족시켜 주는 것으로 산골이 갖는 한계를 해결한다고 볼 수 있다.

셋째, 수목장은 경제적인 장점도 지니고 있다. 현재 장례 문화가 가지고 있는 문제 중에서 무엇보다 심각한 것은 많은 비용이 든다는 것이다. 죽음을 준비하면서 비용을 걱정한다는 것은 슬픈 일이 아닐 수 없다. 장례방법별로 비용을 비교하면, 수목장은 매장 및 납골에 비해 확실히 강점이 있다.

5 세 가지 기준(친환경성, 품위 및 상징성, 경제성)에 따라 매장·납골·산골 방식을 평가하고, 기준에 부합하면 1점, 부합하지 않으면 0점을 부여하여 합산한 점수를 옳게 비교한 것은?

① 산골〉매장＝납골

② 매장〉산골＝납골

③ 매장＝산골〉납골

④ 납골〉산골＝매장

	산골	매장	납골
친환경성	1	0	0
품위 및 상징성	0	1	1
경제성	1	0	0
총점	2	1	1

Answer↱ 3.③ 4.④ 5.①

6 다음의 장례방법 중 가장 비용이 적게 드는 것은?

① 매장 　　　　　　　　　　　　② 수목장

③ 납골 　　　　　　　　　　　　④ 비용은 동일하다

 　장례방법별로 비용을 비교하면, 수목장은 매장 및 납골에 비해 강점이 있다.

7 지문을 읽고 바르게 평가한 것을 〈보기〉에서 모두 고르면?

　　한 정부기관에서는 1,500명의 소속직원들이 마실 생수를 구입하기로 하였다. 모든 조건이 동일한 두 개의 생수회사가 최종 경쟁을 하게 되었다. 구입 담당자는 직원들에게 시음하게 하여 직원들이 가장 좋아하는 생수를 선정하고자 하였다. 다음과 같은 절차를 통하여 구입 담당자가 시음회를 직접 주관하였다.
- 생수 시음회 참여를 원하는 직원을 대상으로 신청자를 접수하고 그 중 남자 15명과 여자 15명을 무작위로 선정하였다.
- 두 개의 컵을 마련하여 하나는 '1'로 표기하고 다른 하나는 '2'로 표기하여 회사이름을 감추었다.
- 참가직원들은 1번 컵의 생수를 마신 후 2번 컵의 생수를 마시고 둘 중 어느 쪽을 선호하는지 표시하였다.
- 직원들로부터 더 많은 선택을 받은 생수회사를 최종적으로 선정하였다.

〈보기〉

㉠ 참가자가 무작위로 선정되었으므로 전체 직원에 대한 대표성이 확보되었다.
㉡ 참가자들이 특정 번호를 선호할 가능성을 고려하지 못하였다.
㉢ 우리나라의 남녀 비율이 50대 50이므로 남자직원과 여자직원을 동수로 뽑은 것은 적절하였다.
㉣ 참가자의 절반은 2번 컵을 먼저 마시고 1번 컵을 나중에 마시도록 하였어야 했다.

---

① ㉣, ㉠ 　　　　　　　　　　　② ㉢, ㉡

③ ㉡, ㉣ 　　　　　　　　　　　④ ㉠, ㉢

 　㉠ 참가자가 무작위로 선정되면 전체 직원에 대한 대표성을 확보할 수 없다.
　㉢ 우리나라의 남녀 비율이 50대 50인 것은 알 수 없다.

8 다음 지문을 읽고 A연구기관의 〈연구결과〉를 주장하기 위한 직접적 근거가 될 수 있는 것은?

> 한 아동이 다른 사람을 위하여 행동하는 매우 극적인 장면이 담긴 'Lassie'라는 프로그램을 매일 5시간 이상 시청한 초등학교 1, 2학년 아동들은 이와는 전혀 다른 내용이 담긴 프로그램을 시청한 아동들보다 훨씬 더 협조적이고 타인을 배려하는 행동을 보여주었다.
> 반면에 텔레비전을 통해 매일 3시간 이상 폭력물을 시청한 아동과 청소년들은 텔레비전 속에서 보이는 성인들의 폭력행위를 빠른 속도로 모방하였다.

> 〈연구결과〉
> A 연구기관은 텔레비전 속에서 보이는 폭력이 아동과 청소년의 범죄행위를 유발시킬 가능성이 크다는 결과를 제시하였다.

① 전국의 성인교도소에 폭행죄로 수감되어 있는 재소자들은 6세 이후 폭력물을 매일 적어도 6시간 이상씩 시청했었다.

② 6세에서 12세 사이에 선행을 많이 하는 아동들이 성인이 되어서도 선행을 많이 한다.

③ 전국의 소년교도소에 폭행죄로 수감되어 있는 청소년들은 매일 저녁 교도소 내에서 최소한 3시간씩 폭력물을 시청한다.

④ 전국의 소년교도소에 폭행죄로 수감되어 있는 재소자들은 6세 이후 폭력물을 매일 적어도 4시간 이상씩 시청했었다.

(Tip) 텔레비전 속에서 보이는 폭력이 아동과 청소년의 범죄행위를 유발시킬 가능성이 크다는 연구결과로 보아 ④가 직접적 근거가 될 수 있다.

Answer → 6.② 7.③ 8.④

9 다음 그림과 같이 각 층에 1인 1실의 방이 4개 있는 3층 호텔에 A~I 총 9명이 투숙해 있다. 주어진 〈조건〉하에서 반드시 옳은 것은?

	301호	302호	303호	304호	
좌	201호	202호	203호	204호	우
	101호	102호	103호	104호	

〈조건〉

• 각 층에는 3명씩 투숙해 있다.
• A의 바로 위에는 C가 투숙해 있다.
• A의 바로 왼쪽 방에는 B가 투숙해있고, 바로 오른쪽 방에는 아무도 투숙해 있지 않다.
• B의 바로 위의 방에는 아무도 투숙해 있지 않다.
• C의 바로 왼쪽에 있는 방에는 아무도 투숙해 있지 않으며, C는 D의 옆방이다.
• D는 E의 바로 아래의 방에 투숙해 있다.
• E, F, G는 같은 층에 투숙해 있다.
• G의 옆방에는 아무도 투숙해 있지 않다.
• I는 H의 바로 위층에 투숙해 있고, F의 바로 아래층에 투숙해있다.

① G는 301호에 투숙해 있다.
② B는 103호에 투숙해 있다.
③ F는 202호에 투숙해 있다.
④ H는 101호에 투숙해 있다.

	301호	302호	303호	304호	
	G		E	F	
좌	201호	202호	203호	204호	우
		C	D	I	
	101호	102호	103호	104호	
	B	A		H	

10 지문을 읽고 조세 개혁 속도가 빠른 지방부터 나열한 것은?

> (가) 농업이 경제에서 차지하는 비중이 절대적이었던 청나라는 백성들로부터 토지세(土地稅)와 인두세(人頭稅)를 징수하였다. 토지세는 토지를 소유한 사람들에게 토지 면적을 기준으로 부과되었는데, 단위 면적당 토지세액은 지방마다 달랐다. 한편 인두세는 모든 성인 남자들에게 부과되었는데, 역시 지방마다 금액에 차이가 있었다. 특히 인두세를 징수하기 위해서 정부는 정기적인 인구조사를 통해서 성인 남자 인구의 변동을 정밀하게 추적해야 했다. 그러다가 1712년 중국의 황제는 태평성대가 계속되고 있음을 기념하기 위해서 전국에서 거두는 인두세의 총액을 고정시키고 앞으로 늘어나는 성인 남자 인구에 대해서는 인두세를 징수하지 않겠다는 법령을 반포하였다. 1712년의 법령 반포 이후 지방에서 조세를 징수하는 관료들은 인두세를 토지세에 부가하는 형태로 징수하는 조세 개혁을 추진하기 시작했다. 그런데 조세 개혁에 대한 반발정도가 지방마다 달랐고, 반발정도가 클수록 조세 개혁은 더 느리게 진행되었다. 이때 각 지방의 개혁에 대한 반발정도는 단위면적당 토지세액에 정비례 하였다.
>
> (나) 1712년 조세 개혁 실시 이전 각 지방의 토지세와 인두세는 다음과 같은 구성을 보였다.
>
> | 지방 | 토지세 | | 인두세 | |
> |---|---|---|---|---|
> | | 토지총면적 | 단위면적당 세액 | 인두세총액 | 1인당 인두세액 |
> | 갑 | 2,500,000 | 2.00 | 500,000 | 1.00 |
> | 을 | 6,000,000 | 1.50 | 600,000 | 1.50 |
> | 병 | 1,000,000 | 2.50 | 400,000 | 1.25 |
> | 정 | 2,400,000 | 2.10 | 960,000 | 1.20 |

① 을-갑-병-정
② 을-갑-정-병
③ 병-갑-을-정
④ 병-정-갑-을

 조세 개혁속도와 반발정도는 반비례하고, 반발정도와 단위면적당 토지세액이 정비례한다. 즉, 조세 개혁속도와 단위면적당 토지세액은 반비례한다.

▌11~13 ▌ 다음 지문을 읽고 주어진 질문의 답을 고르시오.

당신은 사내교육을 마치고 배치를 받은 신입사원으로 외근을 하며 들러야 할 지점은 다음과 같다. 금일 내로 아래 목록의 업체에 모두 방문해야 하는데 교통수단으로는 지하철을 타고 이동하고, 지하철로 한 정거장을 이동할 때는 3분이 소요된다. 환승할 경우 환승하는 시간은 10분이다. 또한 한 정거장을 이동할 때마다 요금은 1000원이 소요되고 환승할 경우 추가 요금은 없다.

• 방문할 업체
 a. 인쇄소
   주소 : 서울 마포구 성산동 515
   연락처 : 1234-xxxx
 c. 출판사
   주소 : 서울 용산구 용문동
   연락처 : 02-725-xxxx
 e. 연구소
   주소 : 서울 중구 한강대로 405
   연락처 : 02-393-xxxx
 b. 마트
   주소 : 서울 중구 신당동 361-24
   연락처 : 02-1147-xxxx
 d. 증권사
   주소 : 서울 성동구 옥수동 191-3
   연락처 : 02-1181-xxxx
 f. 본사
   주소 : 서울 성동구 마장동 405-45
   연락처 : 02-1163-xxxx

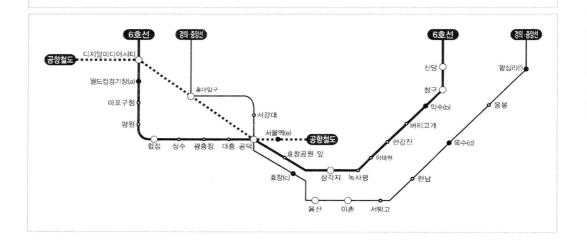

11 당신은 합정역에서 9시 30분에 출발하여 먼저 f 본사에 들러 서류를 받은 후 e 연구소에 전달해야 한다. 소요시간을 고려하여 매 단계에서 가장 효율적인 노선으로 이동한다고 할 때, 바르게 나열된 것을 고르시오. (단, 전체 소요시간의 효율성은 고려하지 않는다)

① f-e-b-d-a-c
② f-e-c-a-d-b
③ f-e-a-d-b-c
④ f-e-d-c-a-b

 f 본사에 가서 서류를 받아야 함으로 f 본사와 e 연구소를 먼저 방문한다. 그리고 다음으로 가장 효율적으로 이동하기 위해서는 이동하는 거리 상 가까운 곳을 우선적으로 알아봐야 하는데 위의 지하철 노선 상으로도 알 수 있듯이 ① b-d-a-c는 가장 먼 거리로 이동하기 때문에 비효율적인 방법이다. 따라서 e에서 c로 이동하여 c에서 a로 이동한 다음 a에서 d로 이동하고 마지막으로 d에서 b로 이동하는 것이 가장 효율적인 방법이라 할 수 있다.

12 마포구청역에서부터 광흥창역까지 사고로 인하여 6호선으로 해당구간 이동이 불가능한 상황이다. 그런데 b 마트에 방문하여 인쇄할 원본을 받아서 a 인쇄소로 이동하였다가, 인쇄물을 보고 c 출판사에서 수정방향을 검토하기로 했다. b에서 출발하여 c에서 퇴근한다면, 이 구간을 이동할 때 최소 몇 분이 소요되겠는가?

① 82분
② 83분
③ 84분
④ 85분

 b-a-c로 이동하는데, b-a로 가는 구간 중 공덕, 홍대입구, 디지털미디어시티 구간은 왕복하게 됨으로 편도로 계산한 후 따로 9분을 더해주고 이어 c로 이동하는 구간을 계산하면 된다.
(10개의 정거장×3분+9분)+1개의 정거장×3분+4번의 환승×10분=82분이다.

13 사고가 발생했던 6호선이 복구되었다. 당신이 b 마트에서 출발하여 a 인쇄소를 거쳐 c 출판사에서 퇴근할 때 가장 저렴한 지하철 비용은 얼마인가?

① 12,000원
② 14,000원
③ 16,000원
④ 18,000원

 가장 저렴하게 지하철 비용을 낼 경우 총 14개의 정거장을 거쳐야 함으로 14×1,000원=14,000원이다.

Answer ↪ 11.② 12.① 13.②

당신은 사내교육을 마치고 배치를 받은 신입사원으로 외근을 하며 들러야 할 지점은 다음과 같다. 금일 내로 아래 목록의 업체에 모두 방문해야 하는데 교통수단으로는 지하철을 타고 이동하고, 지하철로 한 정거장을 이동할 때는 3분이 소요된다. 환승할 경우 환승하는 시간은 10분이다. 또한 한 정거장을 이동할 때마다 요금은 1000원이 소요되고 환승할 경우 추가 요금은 없다.

• 방문할 업체
 a. 인쇄소
     주소 : 서울 강서구 마곡중앙5로
     연락처 : 1588-xxxx
 b. 마트
     주소 : 서울 강서구 화곡로 201
     연락처 : 02-1091-xxxx
 c. 출판사
     주소 : 서울 중구 봉래동2가
     연락처 : 02-789-xxxx
 d. 증권사
     주소 : 서울 마포구 백범로 200
     연락처 : 02-9322-xxxx
 e. 연구소
     주소 : 서울 구로구 경인로 662
     연락처 : 02-1911-xxxx
 f. 본사
     주소 : 서울 동작구 현충로 220
     연락처 : 02-1959-xxxx

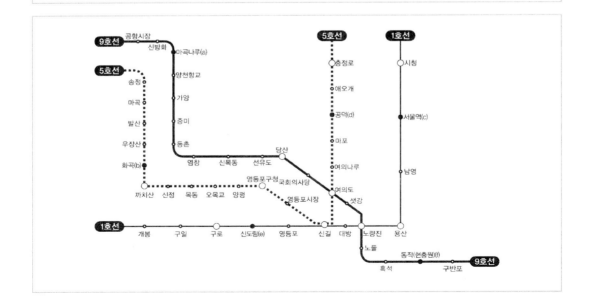

14 당신은 영등포구청역에서 9시 30분에 출발하여 먼저 f 본사에 들러 서류를 받은 후 e 연구소에 전달해야 한다. 소요시간을 고려하여 매 단계에서 가장 효율적인 노선으로 이동한다고 할 때, 바르게 나열된 것을 고르시오. (단, 전체 소요시간의 효율성은 고려하지 않는다)

① f-e-b-d-a-c

② f-e-a-b-c-d

③ f-e-d-c-b-a

④ f-e-c-a-d-b

 f 본사에 가서 서류를 받아야 함으로 f 본사와 e 연구소를 먼저 방문한다. 그리고 다음으로 가장 효율적으로 이동하기 위해서는 이동하는 거리 상 가까운 곳을 우선적으로 알아봐야 하는데 위의 지하철 노선 상으로도 알 수 있듯이 ② a-b-c-d는 가장 먼 거리로 이동하기 때문에 비효율적인 방법이다. 따라서 e에서 d로 이동하여 d에서 c로 이동한 다음 c에서 b로 이동하고 마지막으로 b에서 a로 이동하는 것이 가장 효율적인 방법이라 할 수 있다.

15 여의도역에서부터 노량진역까지 사고로 인하여 9호선으로 해당구간 이동이 불가능한 상황이다. 그런데 b 마트에 방문하여 인쇄할 원본을 받아서 a 인쇄소로 이동하였다가, 인쇄물을 보고 c 출판사에서 수정방향을 검토하기로 했다. b에서 출발하여 c에서 퇴근한다면, 이 구간을 이동할 때 최소 몇 분이 소요되겠는가?

① 131분

② 132분

③ 135분

④ 137분

 b-a-c로 이동하는데, b-a로 가는 구간 중 신길, 여의도, 국회의사당, 당산, 선유도, 신목동, 염창, 등촌, 증미, 가양, 양천향교 구간은 왕복하게 됨으로 편도로 계산한 후 33분을 더해주고 이어 c로 이동하는 구간을 계산하면 된다.
(19개의 정거장×3분+33분)+5개의 정거장×3분+3번의 환승×10분=135분이다.

16 사고가 발생했던 9호선이 복구되었다. 당신이 b 마트에서 출발하여 a 인쇄소를 거쳐 c 출판사에서 퇴근할 때 가장 저렴한 지하철 비용은 얼마인가?

① 32,000원

② 34,000원

③ 36,000원

④ 38,000원

 가장 저렴하게 지하철 비용을 낼 경우 총 34개의 정거장을 거쳐야 함으로 34×1,000원 =34,000원이다.

Answer 14.③ 15.③ 16.②

당신은 사내교육을 마치고 배치를 받은 신입사원으로 외근을 하며 들러야 할 지점은 다음과 같다. 금일 내로 아래 목록의 업체에 모두 방문해야 하는데 교통수단으로는 지하철을 타고 이동하고, 지하철로 한 정거장을 이동할 때는 3분이 소요된다. 환승할 경우 환승하는 시간은 10분이다. 또한 한 정거장을 이동할 때마다 요금은 1,000원이 소요되고 환승할 경우 추가 요금은 없다.

• 방문할 업체
 a. 인쇄소
      주소 : 대구광역시 달서구 이곡동 1220-20
      연락처 : 2850-xxxx
 b. 마트
      주소 : 대구광역시 달서구 송현로 81
      연락처 : 053-720-xxxx
 c. 출판사
      주소 : 대구광역시 동구 동호동 207-11
      연락처 : 053-926-xxxx
 d. 증권사
      주소 : 경북 경산시 정평동 130-10
      연락처 : 053-811-xxxx
 e. 연구소
      주소 : 대구광역시 수성구 범어동 561-4
      연락처 : 053-765-xxxx
 f. 본사
      주소 : 대구광역시 동구 신암동 1584
      연락처 : 053-924-xxxx

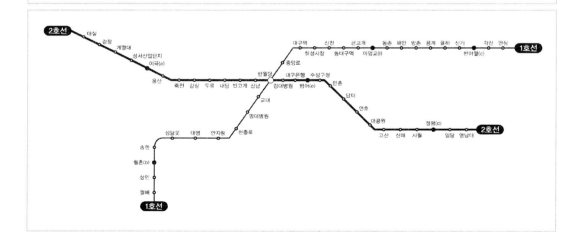

17 당신은 대공원역에서 9시 30분에 출발하여 먼저 f 본사에 들러 서류를 받은 후 e 연구소에 전달해야 한다. 소요시간을 고려하여 매 단계에서 가장 효율적인 노선으로 이동한다고 할 때, 나열된 것을 고르시오. (단, 전체 소요시간은 고려하지 않는다)

① f-e-d-c-b-a
② f-e-a-b-c-d
③ f-e-d-a-b-c
④ f-e-c-d-b-a

 f 본사에 가서 서류를 받아야 함으로 f 본사와 e 연구소를 먼저 방문한다. 그리고 다음으로 가장 효율적으로 이동하기 위해서는 이동하는 거리 상 가까운 곳을 우선적으로 알아봐야 하는데 위의 지하철 노선 상으로도 알 수 있듯이 ④ c-d-b-a는 가장 먼 거리로 이동하기 때문에 비효율적인 방법이다. 따라서 e에서 d로 이동하여 d에서 a로 이동한 다음 a에서 b로 이동하고 마지막으로 b에서 c로 이동하는 것이 가장 효율적인 방법이라 할 수 있다.

18 위의 문제에서 가장 비효율적인 방법으로 이동할 때 드는 비용과 가장 효율적인 방법으로 이동할 때 드는 비용의 차이는 얼마인가?

① 12,000원
② 14,000원
③ 16,000원
④ 18,000원

 가장 비효율적으로 이동할 경우 총 91개의 정거장을 거쳐야 함으로 총 비용은 91,000원이 들고 가장 효율적으로 이동할 경우 총 77개의 정거장을 거쳐야 함으로 총 비용은 77,000원이 든다. 따라서 비용의 차이는 14,000원이다.

19 당신이 b 마트에서 출발하여 a 인쇄소를 거쳐 c 출판사에서 퇴근할 때 지하철 비용은 얼마인가?

① 33,000원
② 35,000원
③ 37,000원
④ 38,000원

 총 38개의 정거장을 거쳐야 함으로 38×1,000원=38,000원이다.

Answer ↱ 17.③ 18.② 19.④

▌20~22 ▌ 다음 지문을 읽고 주어진 질문의 답을 고르시오.

　　당신은 사내교육을 마치고 배치를 받은 신입사원으로 외근을 하며 들러야 할 지점은 다음과 같다. 금일 내로 아래 목록의 업체에 모두 방문해야 하는데 교통수단으로는 지하철을 타고 이동하고, 지하철로 한 정거장을 이동할 때는 3분이 소요된다. 환승할 경우 환승하는 시간은 10분이다. 또한 한 정거장을 이동할 때마다 요금은 1,000원이 소요되고 환승할 경우 추가 요금은 없다.

• 방문할 업체
　a. 인쇄소
　　　주소 : 서울 광진구 구의동 강변역로
　　　연락처 : 1586-xxxx
　b. 마트
　　　주소 : 서울 송파구 가락본동 송이로 123
　　　연락처 : 02-800-xxxx
　c. 출판사
　　　주소 : 경기도 성남시 분당구 판교동 264
　　　연락처 : 031-765-xxxx
　d. 증권사
　　　주소 : 서울 서초구 서초대로 219
　　　연락처 : 02-715-xxxx
　e. 연구소
　　　주소 : 서울 강남구 압구정동
　　　연락처 : 02-630-xxxx
　f. 본사
　　　주소 : 서울 강남구 압구정로 128
　　　연락처 : 02-740-xxxx

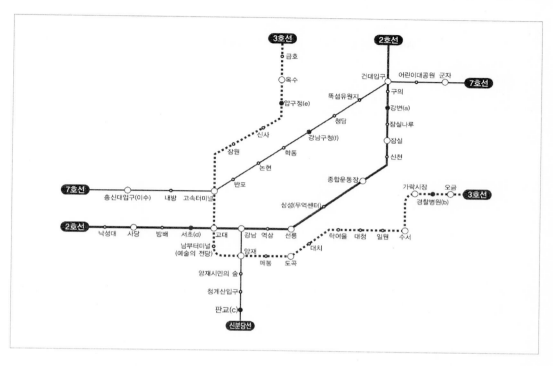

20 당신은 수서역에서 9시 30분에 출발하여 먼저 f 본사에 들러 서류를 받은 후 e 연구소에 전달해야 한다. 소요시간을 고려하여 매 단계에서 가장 효율적인 노선으로 이동한다고 할 때, 바르게 나열된 것을 고르시오. (단, 전체 소요시간의 효율성은 고려하지 않는다)

① f-e-b-d-a-c

② f-e-c-d-b-a

③ f-e-d-c-a-b

④ f-e-a-b-d-c

 f 본사에 가서 서류를 받아야 함으로 f 본사와 e 연구소를 먼저 방문한다. 그리고 다음으로 가장 효율적으로 이동하기 위해서는 이동하는 거리 상 가까운 곳을 우선적으로 알아봐야 하는데 위의 지하철 노선 상으로도 알 수 있듯이 ① b-d-a-c는 가장 먼 거리로 이동하기 때문에 비효율적인 방법이다. 따라서 e에서 d로 이동하여 d에서 c로 이동한 다음 c에서 a로 이동하고 마지막으로 a에서 b로 이동하는 것이 가장 효율적인 방법이라 할 수 있다.

Answer ⌐→ 20.③

21 강남역에서부터 양재역까지 사고로 인하여 신분당선으로 해당구간 이동이 불가능한 상황이다. 그런데 b 마트에 방문하여 인쇄할 원본을 받아서 a 인쇄소로 이동하였다가, 인쇄물을 보고 c 출판사에서 수정방향을 검토하기로 했다. b에서 출발하여 c에서 퇴근한다면, 이 구간을 이동할 때 몇 분이 소요되겠는가?

① 102분

② 112분

③ 122분

④ 132분

 b-a-c로 이동하는데, b-a로 가는 구간 중 잠실나루, 잠실, 신천, 종합운동장, 삼성, 선릉, 역삼, 강남, 교대, 남부터미널, 양재 구간은 왕복하게 됨으로 편도로 계산한 후 따로 33분을 더해주고 이어 c로 이동하는 구간을 계산하면 된다.
(20개의 정거장×3분+33분)+3개의 정거장×3분+3번의 환승×10분=132분이다.

22 사고가 발생했던 신분당선이 복구되었다. 당신이 b 마트에서 출발하여 a 인쇄소를 거쳐 c 출판사에서 퇴근할 때 가장 저렴한 지하철 비용은 얼마인가?

① 30,000원

② 31,000원

③ 32,000원

④ 33,000원

 가장 저렴하게 지하철 비용을 낼 경우 총 30개의 정거장을 거쳐야 함으로 30×1,000원=30,000원이다.

❚23~25❚ 다음 지문을 읽고 주어진 질문의 답을 고르시오.

당신은 사내교육을 마치고 배치를 받은 신입사원으로 외근을 하며 들러야 할 지점은 다음과 같다. 금일 내로 아래 목록의 업체에 모두 방문해야 하는데 교통수단으로는 지하철을 타고 이동하고, 지하철로 한 정거장을 이동할 때는 3분이 소요된다. 환승할 경우 환승하는 시간은 10분이다. 또한 한 정거장을 이동할 때마다 요금은 1,000원이 소요되고 환승할 경우 추가 요금은 없다.

• 방문할 업체
 a. 인쇄소
    주소 : 부산광역시 북구 금곡동 73-3
    연락처 : 2580-xxxx
 b. 마트
    주소 : 부산광역시 금정구 서동 203-46
    연락처 : 051-522-xxxx
 c. 출판사
    주소 : 부산광역시 연제구 연산동 1999-4
    연락처 : 051-875-xxxx
 d. 증권사
    주소 : 부산광역시 부산진구 당감3동
    연락처 : 051-582-xxxx
 e. 연구소
    주소 : 부산광역시 북구 만덕동 646-1
    연락처 : 051-331-xxxx
 f. 본사
    주소 : 부산광역시 남구 문현1동 14-21
    연락처 : 051-630-xxxx

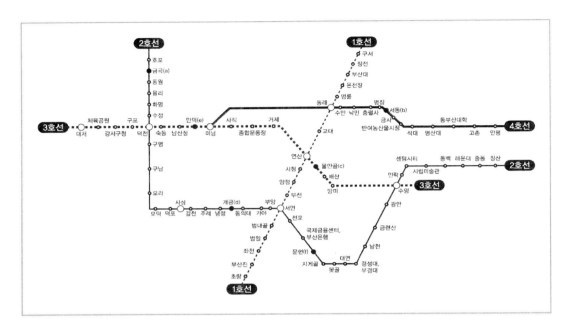

23 당신은 동의대역에서 9시 30분에 출발하여 먼저 f 본사에 들러 서류를 받은 후 e 연구소에 전달해야 한다. 소요시간을 고려하여 매 단계에서 가장 효율적인 노선으로 이동한다고 할 때, 바르게 나열된 것을 고르시오. (단, 전체 소요시간의 효율성은 고려하지 않는다)

① f-e-c-b-d-a

② f-e-d-b-a-c

③ f-e-d-c-b-a

④ f-e-a-d-b-c

 f 본사에 가서 서류를 받아야 함으로 f 본사와 e 연구소를 먼저 방문한다. 그리고 다음으로 가장 효율적으로 이동하기 위해서는 이동하는 거리 상 가까운 곳을 우선적으로 알아봐야 하는데 위의 지하철 노선 상으로도 알 수 있듯이 ② d-b-a-c는 가장 먼 거리로 이동하기 때문에 비효율적인 방법이다. 따라서 e에서 c로 이동하여 c에서 b로 이동한 다음 b에서 d로 이동하고 마지막으로 d에서 a로 이동하는 것이 가장 효율적인 방법이라 할 수 있다.

24 동래역에서부터 미남역까지 사고로 인하여 4호선으로 해당구간 이동이 불가능한 상황이다. 그런데 b 마트에 방문하여 인쇄할 원본을 받아서 a 인쇄소로 이동하였다가, 인쇄물을 보고 c 출판사에서 수정방향을 검토하기로 했다. b에서 출발하여 c에서 퇴근한다면, 이 구간을 이동할 때 최소 몇 분이 소요되겠는가?

① 142분

② 145분

③ 147분

④ 149분

 b-a-c로 이동하는데, 동원, 율리, 화명, 수정, 덕천, 숙등, 남산정, 만덕, 미남, 사직, 종합운동장, 거제, 연산 구간은 왕복하게 됨으로 편도로 계산한 후 따로 39분을 더해주고 이어 c로 이동하는 구간을 계산하면 된다.
20개의 정거장×3분+39분+1개의 정거장×3분+4번의 환승×10분=142분이다.

25 사고가 발생했던 4호선이 복구되었다. 당신이 b 마트에서 출발하여 a 인쇄소를 거쳐 c 출판사에서 퇴근할 때 가장 저렴한 지하철 비용은 얼마인가?

① 20,000원

② 23,000원

③ 25,000원

④ 28,000원

 가장 저렴하게 지하철 비용을 낼 경우 총 28개의 정거장을 거쳐야 함으로 28×1,000원=28,000원이다.

❚26~27❚ 다음은 디지털 카메라의 사용설명서이다. 이를 읽고 물음에 답하시오.

오류 메시지가 발생했을 때에는 아래의 방법으로 대처하세요.

오류메시지	대처방법
렌즈가 잠겨 있습니다.	줌 렌즈가 닫혀 있습니다. 줌 링을 반시계 방향으로 딸깍 소리가 날 때까지 돌리세요.
메모리 카드 오류!	• 전원을 껐다가 다시 켜세요. • 메모리 카드를 뺐다가 다시 넣으세요. • 메모리 카드를 포맷하세요.
배터리를 교환하십시오.	충전된 배터리로 교체하거나 배터리를 충전하세요.
사진 파일이 없습니다.	사진을 촬영한 후 또는 촬영한 사진이 있는 메모리 카드를 넣은 후 재생 모드를 실행하세요.
잘못된 파일입니다.	잘못된 파일을 삭제하거나 가까운 서비스센터로 문의하세요.
저장 공간이 없습니다.	필요 없는 파일을 삭제하거나 새 메모리 카드를 넣으세요.
카드가 잠겨 있습니다.	SD, SDHC, SDXC, UHS-1 메모리 카드에는 잠금 스위치가 있습니다. 잠금 상태를 확인한 후 잠금을 해제하세요.
폴더 및 파일 번호가 최댓값입니다. 카드를 교환해주세요.	메모리카드의 파일명이 DCF 규격에 맞지 않습니다. 메모리 카드에 저장된 파일은 컴퓨터에 옮기고 메모리 카드를 포맷한 후 사용하세요.
Error 00	카메라의 전원을 끄고, 렌즈를 분리한 후 재결합하세요. 동일한 메시지가 나오는 경우 가까운 서비스 센터로 문의하세요.
Error 01/02	카메라의 전원을 끄고, 배터리를 뺐다가 다시 넣으세요. 동일한 메시자가 나오는 경우 가까운 서비스 센터로 문의하세요.

26 카메라를 작동하던 중 다음과 같은 메시지가 나타났을 때 대처방법으로 가장 적절한 것은?

> Error 00

① 배터리를 뺐다가 다시 넣는다.
② 카메라의 전원을 끄고 줌 링을 반시계 방향으로 돌린다.
③ 카메라의 전원을 끄고 렌즈를 분리한 후 재결합한다.
④ 메모리카드를 뺐다가 다시 넣는다.

27 카메라를 작동하던 중 '메모리 카드 오류!'라는 메시지가 뜰 경우 적절한 대처방법으로 가장 옳은 것은?

① 충전된 배터리로 교체하거나 배터리를 충전한다.
② 가까운 서비스 센터로 문의한다.
③ 메모리 카드를 뺐다가 다시 넣는다.
④ 카메라의 전원을 끄고 렌즈를 분리했다가 재결한한다.

Answer ↪ 26.③ 27.③

|28~30| 다음은 ○○냉장고의 사용설명서이다. 이를 읽고 물음에 답하시오.

사용 전 확인사항

　　사용 전에 꼭 한번 확인하세요. → 냉장고를 사용하시기 전에 다음 사항을 꼭 확인해 보세요. 안전하고 깨끗하게 사용할 수 있는 최선의 방법이 됩니다.

◉ 냉장고에서 플라스틱 냄새가 날 때

• 냉장고 문을 열고 환기를 시킨 후 가동시키세요.
　냉장고를 처음 설치했을 때는 내부에서 플라스틱 냄새가 날 수 있습니다.
　냄새가 날 수 있는 부착물 테이프류는 제거한 후 사용하세요.

◉ 사용 중 정전이 되었을 때

• 냉장고 문을 되도록 열지 마세요.
　여름에 2~3시간 정도 전기가 들어오지 않아도 식품이 상하지 않습니다.

◉ 문제해결방법

증상	확인	처리
냉동, 냉장이 전혀 안돼요	• 전원플러그가 빠져 있지 않은가요? • 높은 온도로 조절되어 있는 것은 아닌가요? • 햇볕이 내리쬐는 곳이나 열기구 가까이 설치된 것은 아닌가요? • 냉장고 뒷면과 벽면이 너무 가까운 것은 아닌가요?	• 전원플러그를 다시 꽂아주세요. • 냉동실/냉장실 온도조절 버튼을 눌러 낮은 온도로 조절하세요. • 햇볕이 내리쬐는 곳, 열기구 있는 곳과 떨어진 곳에 설치하세요. • 뒷면, 옆면은 벽과 5cm 이상 간격을 띄우고 설치해 주세요.
냉장고 안에서 냄새가 나요	• 뚜껑을 덮지 않고 반찬을 보관한 것은 아닌가요? • 육류, 생선류, 건어물을 비닐포장 하지 않고 넣은 것은 아닌가요? • 너무 오랫동안 식품을 넣어둔 것은 아닌가요?	• 김치 등의 반찬류는 반드시 뚜껑을 덮거나 랩을 씌워 보관해 주세요. • 위생 비닐봉투에 넣고 묶어서 보관하세요. • 오래된 식품은 냄새가 날 수 있습니다.
얼음에서 냄새가 나요	• 수돗물로 얼음을 만든 것은 아닌가요? • 냉장고 안을 자주 닦지 않은 것은 아닌가요? • 얼음 그릇이 더러운 것은 아닌가요? • 선반에 음식물이 떨어진 것은 아닌가요?	• 가끔 소독약품 냄새가 날 수 있습니다. • 자주 닦지 않으면 냄새가 냉장고 안에 배게 됩니다. • 얼음 그릇을 깨끗이 닦아서 사용하세요. • 음식물이 떨어진 채 사용하면 나쁜 냄새가 날 수 있습니다.

28 냉장고를 사용하다가 보니 냉동 및 냉장이 전혀 되지 않을 경우나 냉각이 약할 경우 해결할 수 있는 방법으로 가장 적절한 것은?

① 전원플러그를 다시 꽂아 본다.

② 냉동실/냉장실 온도조절 버튼을 눌러 높은 온도로 조절한다.

③ 뒷면과 옆면은 벽과 5mm 이상 간격을 두어 설치한다.

④ 서비스센터에 문의한다.

29 냉동실에 얼어 놓은 얼음에서 냄새가 날 경우 이를 해결할 방법으로 가장 적절한 것은?

① 수돗물로 얼음을 만들면 냄새가 날 수 있으므로 정수기물을 사용한다.

② 오래된 식품은 반드시 버린다.

③ 얼음 그릇을 잘 닦아서 사용한다.

④ 냉장고 문에 음식물이 묻지 않았는지 확인 후 사용한다.

30 냉장고를 사용 중 정전이 되었을 때 취해야 할 행동으로 가장 적절한 것은?

① 냉장고 문을 환기시킨 후 사용한다.

② 냉장고 문을 절대 열지 않는다.

③ 냉장고 전원플러그를 뽑아 놓는다.

④ 서비스센터로 문의한다.

Answer ↦ 28.① 29.③ 30.②

|31~33| 다음은 금융 관련 긴급상황 발생시 행동요령에 대한 내용이다. 이를 읽고 물음에 답하시오.

금융 관련 긴급상황 발생 행동요령

1. 신용카드 및 체크카드의 분실한 경우

   카드를 분실했을 경우 카드회사 고객센터에 분실신고를 하여야 한다.

   분실신고 접수일로부터 60일 전과 신고 이후에 발생한 부정 사용액에 대해서는 납부의무가 없다.

   카드에 서명을 하지 않은 경우, 비밀번호를 남에게 알려준 경우, 카드를 남에게 빌려준 경우 등 카드 주인의 특별한 잘못이 있는 경우에는 보상을 하지 않는다.

   비밀번호가 필요한 거래(현금인출, 카드론, 전자상거래)의 경우 분실신고 전 발생한 제2자의 부정 사용액에 대해서는 카드사가 책임을 지지 않는다. 그러나 저항할 수 없는 폭력이나 생명의 위협으로 비밀번호를 누설한 경우 등 카드회원의 과실이 없는 경우는 제외

2. 다른 사람의 계좌에 잘못 송금한 경우

   본인의 거래은행에 잘못 송금한 사실을 먼저 알린다. 전화로 잘못 송금한 사실을 말하고 거래은행 영업점을 방문해 착오입금반환의뢰서를 작성하면 된다.

   수취인과 연락이 되지 않거나 돈을 되돌려 주길 거부하는 경우에는 부당이득반환소송 등 법적 조치를 취하면 된다.

3. 대출사기를 당한 경우

   대출사기를 당했거나 대출수수료를 요구할 땐 경찰서, 금융감독원에 전화로 신고를 하여야 한다.

   아니면 금감원 홈페이지 참여마당 → 금융범죄/비리/기타신고 → 불법 사금융 개인정보 불법유통 및 불법 대출 중개수수료 피해신고 코너를 통해 신고하면 된다.

4. 신분증을 잃어버린 경우

   가까운 은행 영업점을 방문하여 개인정보 노출자 사고 예방 시스템에 등록을 한다. 신청인의 개인정보를 금융회사에 전파하여 신청인의 명의로 금융거래를 하면 금융회사가 본인확인을 거쳐 2차 피해를 예방한다.

31 만약 당신이 신용카드를 분실했을 경우 가장 먼저 취해야 할 행동으로 적절한 것은?

① 경찰서에 전화로 분실신고를 한다.
② 해당 카드회사에 전화로 분실신고를 한다.
③ 금융감독원에 분실신고를 한다.
④ 카드사에 전화를 걸어 카드를 해지한다.

32 매사 모든 일에 철두철미하기로 유명한 당신이 보이스피싱에 걸려 대출사기를 당했다고 느껴질 경우 당신이 취할 수 있는 가장 적절한 행동은?

① 가까운 은행을 방문하여 개인정보 노출자 사고 예방 시스템에 등록을 한다.
② 해당 거래 은행에 송금 사실을 전화로 알린다.
③ 경찰서나 금융감독원에 전화로 신고를 한다.
④ 법원에 부당이득반환소송을 청구한다.

33 실수로 다른 사람의 계좌에 잘못을 송금을 할 경우 가장 적절한 대처방법은?

① 거래 은행에 잘못 송금한 사실을 알린다.
② 금융감독원에 전화로 신고를 한다.
③ 잘못 송금한 은행에 송금사실을 전화로 알린다.
④ 부당이득반환청구소송을 준비한다.

Answer↪ 31.② 32.③ 33.①

▌34~35 ▌ 다음은 태블릿 PC의 사용설명서이다. 이를 보고 물음에 답하시오.

[고장이라고 생각하기 전에]

이런 증상일 때는?	이렇게 확인하세요.
제품 사용 중 입력이 되지 않거나 화면이 멈추고 꺼질 때	잠금/전원 버튼을 8초 이상 누를 경우 자동 전원 리셋되며, 작동하지 않을 경우 15초 이상 누르면 전원이 꺼집니다. 제품의 전원을 끈 후 다시 켤 때는 약 5초 정도 경과 후 켜 주세요. 그래도 변함이 없다면 배터리를 충분히 충전시킨 후 사용해 보거나 고객상담실로 문의 후 가까운 서비스센터에서 제품확인을 받으세요.
제품에서 열이 날 때	게임, 인터넷 등을 오래 사용하면 열이 발생할 수도 있습니다. 제품의 수명과 성능에는 영향이 없습니다.
충전 중 터치 오작동 또는 동작 안 할 때	미 인증 충전기 사용 시 발생할 수 있습니다. 제품 구매 시 제공된 충전기를 사용하세요.
배터리가 충분히 남았는데 제품이 켜지지 않을 때	고객상담실로 문의 후 가까운 서비스센터에서 제품 확인을 받으세요.
제품에 있는 데이터가 지워졌을 때	제품 재설정, 고장 등으로 인해 데이터가 손상된 경우에 백업한 데이터가 없으면 복원할 수 없습니다. 이를 대비하여 미리 데이터를 백업하세요. 제조업체는 데이터 유실에 대한 피해를 책임지지 않으니 주의하세요.
사진을 찍으려는데 화면이 깨끗하지 않을 때	카메라 렌즈에 이물질이 묻어 있을 수 있으니 부드러운 천으로 깨끗이 닦은 후, 사용해 보세요.
사용 중 화면이 어두워질 때	제품 온도가 너무 높거나, 배터리 레벨이 낮아지면 사용자 안전과 절전을 위해 화면 밝기가 제한될 수 있습니다. 제품 사용을 잠시 중단하고 배터리 충전 후 재사용 해 주시기 바랍니다.
사진/동영상, 멀티미디어 콘텐츠가 재생되지 않을 때	부가 서비스 업체에서 공식 제공된 콘텐츠를 지원합니다. 그 외 인터넷을 통해 유포되는 콘텐츠(동영상, 배경화면 등)는 재생되지 않을 수 있습니다.
충전전류 약함 현상 알림 문구가 뜰 때	USB케이블로 PC와 제품을 연결해서 충전을 하는 경우 또는 비정품 충전기로 충전을 하는 경우 전류량이 낮아 충전이 늦어질 수 있어 충전 지연 현상 알림 문구가 표시됩니다. 제품 구매 시 제공된 정품 충전기로 충전하세요. 정품 충전기 사용 시 충전 지연 현상 알림 문구는 표시되지 않습니다.

34 제품을 사용하다 갑자기 화면이 멈추고 꺼질 경우 이에 대한 대처방법으로 적절한 것은?

① 제품 온도가 너무 높을 경우이므로 제품사용을 잠시 중단한다.
② 제품구매시 제공된 정품 충전기를 사용하여 충전한다.
③ 전원을 끈 후 5초 후 다시 켠다.
④ 오래 사용한 것이므로 잠시 제품사용을 중단한다.

35 배터리가 충분히 남아있는데도 불구하고 전원이 켜지지 않을 경우 이에 대한 대처방법으로 적절한 것은?

① 고객상담실로 문의 후 가까운 서비스센터를 방문한다.
② 정품 충전기를 사용하여 다시 충전을 한다.
③ 전원버튼을 8초 이상 눌러 리셋을 시킨다.
④ 전원버튼을 15초 이상 눌러 완전히 전원을 끈 후 다시 켠다.

Answer ⌐→ 34.③ 35.①

▌36~38 ▌ 다음 드럼 세탁기의 사용설명서를 보고 물음에 답하시오.

확인하세요	조치하세요
탈수시 진동, 소음이 요란한 경우 • 세탁물이 한쪽으로 치우치지 않았습니까? • 세탁기가 수평으로 설치되어 있습니까? • 운송용 고정볼트는 제거하셨습니까?	• 세탁물을 고르게 펴 주세요. • 바닥을 단단하고 수평인 곳에 설치하고 수평상태를 확인하여 끄덕거림이 없도록 하세요. • 운송용 고정볼트를 제거하세요.
탈수가 진행되지 않을 경우 • 인형, 발매트, 니트류 등을 하나만 세탁하셨습니까? • 소재가 다른 두 종류의 이불을 같이 세탁하셨습니까?	• 인형, 발매트 등은 치우침에 의해 탈수가 안 될 수 있습니다. 니트류는 골고루 펴서 다시 한 번 진행시켜 주세요. • 이불을 하나씩 나누어서 탈수해 주세요.
급수가 안되거나 물이 약하게 나올 경우 • 수도꼭지가 잠겨 있지 않습니까? • 단수는 아닌가요? • 수도꼭지나 급수호스가 얼지는 않았습니까? • 수압이 낮거나 급수구 걸름망이 막히지 않았습니까? • 냉수 밸브에 급수호스가 연결되어 있습니까? • 급수 호스가 꺾여 있지 않습니까?	• 수도꼭지를 열어주세요. • 다른 곳의 수도꼭지를 확인해 보세요. • 수도꼭지를 잠근 후 뜨거운 물수건으로 수도꼭지 및 세탁기 급수호스 양쪽 연결 부위를 녹여주세요. • 급수구의 걸름망을 꺼내어 청소하세요. • 냉수측 밸브에 급수호스를 연결해 주세요. • 급수호스가 꺾이지 않도록 펴 주세요.
급수호스 연결부에 물이 새는 경우 • 급수호스가 수도꼭지에 제대로 연결되어 있습니까?	• 급수호스를 수도꼭지에 밀착되게 다시 조이세요.
배수가 안되거나 물이 조금씩 빠질 경우 • 배수호스가 내려져 있습니까? • 배수호스가 꺾여 있거나 문턱이 높아 내부가 막혀 있지 않습니까? • 배수펌프 속에 핀 등 이물질이 걸려있어 펌프가 돌아가지 않습니까?	• 배수호스를 내려주세요. • 호스가 꺾여 굴곡이 생기면 이물질이 막혀 배수가 되지 않으므로 평평한 곳에 바르게 놓아 주세요. • 펌프마개를 열고 이물질을 꺼내어 주세요.
세제 투입구나 뒷면의 환기구로 증기가 나올 경우 • 삶음 코스를 선택하여 세탁 중이지 않습니까?	세탁수를 가열할 때 나는 수증기이므로 고장이 아닙니다.
전원이 들어오지 않을 경우 • 세탁기의 전원 버튼을 눌렀습니까? • 전원플러그가 빠지지 않았습니까? • 누전차단기가 off로 되어 있지 않습니까? • 110볼트 전원에 연결하지 않았습니까?	• 세탁기의 전원 버튼을 눌러주세요. • 전원플러그를 끼워주세요. • 누전차단기를 on으로 하세요. • 본 제품은 220볼트 전용입니다.
동작이 되지 않을 경우 • 문을 닫고 전원 버튼을 눌렀습니까? • 물을 받고 있는 중이지 않습니까? • 수도꼭지가 잠겨 있지는 않습니까?	• 전원버튼을 눌러주세요. • 물이 설정된 물높이에 채워질 때까지 기다리세요. • 수도꼭지를 열어 주세요.

세탁통 문의 아래쪽으로 물이 흘러나올 경우	
• 세탁통 문의 유리와 그에 접하는 고무에 실밥, 세제 등의 이물질이 묻어 있지 않습니까?	• 깨끗한 천으로 닦아 이물질을 제거해 주세요.

36 세탁기를 사용하여 탈수를 하던 중 갑자기 요란한 진동현상이 나타날 경우 적절한 조치방법으로 옳은 것은?

① 수도꼭지를 열어본다.

② 배수호스를 내려본다.

③ 전원버튼을 다시 한 번 눌러 본다.

④ 세탁물을 고르게 펴 본다.

37 오랜만에 이불 빨래를 하려고 하는데 세탁기의 전원이 들어오지 않는다. 이럴 경우 적절한 조치방법으로 알맞은 것은?

① 배수호스를 내려본다.

② 세탁기의 전원 버튼을 눌러 본다.

③ 냉수측 밸브에 급수호스를 연결한다.

④ 운송용 고정볼트를 제거했는지 확인한다.

38 세탁을 하려고 전원 버튼을 누르고 청소를 하다가 갑자기 이상한 느낌이 들어 세탁기 쪽을 바라보았더니 세탁통 문 아래쪽으로 물이 흘러나오고 있었다. 이럴 경우 적절한 조치방법은?

① 배수호스를 평평한 곳에 바르게 놓는다.

② 급수구의 걸름망을 청소한다.

③ 깨끗한 천으로 닦아 이물질을 제거한다.

④ 급수호스를 꺾이지 않게 한다.

Answer⌐→ 36.④ 37.② 38.③

|39~40| 다음은 광파오븐기의 사용설명서에 나타난 조치사항에 대한 내용이다. 물음에 답하시오.

고장신고 전에 확인하세요.

제품 사용 중 아래의 증상이 나타나면 다시 한 번 확인해 주세요. 고장이 아닐 수 있습니다.

증상	조치방법
진행표시부에 불이 들어오지 않아요	절전 기능이 설정되어 있습니다. 제품 문을 열거나 취소 버튼을 누른 후 사용하세요. 220볼트 콘센트에 꽂혀 있는지 확인하세요.
실내 조리등이 꺼져요	절전 기능이 설정되어 있습니다. 제품 문을 열거나 취소 버튼을 누른 후 사용하세요.
버튼을 눌러도 작동되지 않아요.	제품 문에 덮게 등 이물질이 끼어 있는지 확인한 후 제품 문을 잘 닫고 눌러보세요. 혹시 잠금장치 기능이 설정되어 있을 수 있습니다. 취소버튼을 4초간 누르면 잠금기능이 해제됩니다.
내부에서 연기나 악취가 나요	음식찌꺼기, 기름 등이 내부에 붙어 있을 수 있습니다. 항상 깨끗이 청소해 주세요. 탈취 기능을 사용하세요.
제품 작동시 옆으로 바람이 나와요	냉각팬이 작동되어 바람의 일부가 내부 전기부품을 식혀주기 위해 옆으로 나올 수 있습니다. 고장이 아니므로 안심하고 사용하세요.
처음 사용할 때 냄새가 나요	제품을 처음 사용시 히터 등 내부부품이 가열되면서 타는 냄새가 나거나 소리가 날 수 있습니다. 사용상 문제가 없으니 안심하고 사용하세요. 탈취기능을 5~10분 사용하면 초기 냄새가 빨리 없어집니다.
조리 후 문이나 진행 표시부에 습기가 생겨요	조리 완료 후 음식물을 꺼내지 않고 방치하면 습기가 찰 수 있으므로 문을 열어 두세요.
조리 중에 불꽃이 일어나요	조리실 내부에 알루미늄 호일이나 금속이 닿지 않았는지 확인하세요. 금선이나 은선이 있는 그릇은 사용하지 마세요.
시작 버튼을 눌러도 동작을 하지 않아요	문이 제대로 닫혀 있지 않은 경우 시작 버튼을 누르면 표시창에 'door'라고 표시됩니다. 문틈에 이물질이 끼어 있는지 확인하고 문을 제대로 닫았는데도 동작하지 않으면 전원코드를 뽑고 서비스 기사에게 전화해 주세요.

39 광파오븐기를 작동시키려고 하는데 자꾸 실내 조리등이 꺼진다. 이럴 경우 적절한 조치 방법은?

① 콘센트에 전원이 제대로 꽂혀 있는지 확인한다.

② 조리실 내부에 금속이나 알루미늄 호일 등이 있는지 확인한다.

③ 제품의 문을 열거나 취소버튼을 누른 후 사용한다.

④ 음식물에 랩 또는 뚜껑을 벗겼는지 확인한다.

40 아무리 시작 버튼을 눌러도 제품이 작동을 하지 않을 경우 취할 수 있는 적절한 조치로 알맞은 것은?

① 문을 다시 연 후 취소버튼을 누르고 사용한다.

② 전원 코드를 뽑고 서비스 기사에게 연락한다.

③ 문을 제대로 닫았는지 확인한다.

④ 내부를 깨끗이 청소를 한 후 다시 눌러 본다.

Answer ┌→ 39.③   40.③

집중력

▎1~10▎ 다음에서 각 문제의 왼쪽에 표시된 글씨체의 기호, 문자, 숫자의 개수를 모두 세어 오른쪽 개수에서 찾으시오.

1

$$\frac{1}{8}$$ $\frac{3}{8}\ \frac{2}{8}\ \frac{1}{8}\ \frac{4}{8}\ \frac{5}{8}\ \frac{6}{8}\ \frac{1}{8}\ \frac{8}{8}\ \frac{7}{8}\ \frac{5}{8}\ \frac{1}{8}\ \frac{3}{8}\ \frac{7}{8}\ \frac{2}{8}\ \frac{3}{8}$

① 1 ② 2
③ 3 ④ 4

Tip $\frac{3}{8}\ \frac{2}{8}\ \underline{\frac{1}{8}}\ \frac{4}{8}\ \frac{5}{8}\ \frac{6}{8}\ \underline{\frac{1}{8}}\ \frac{8}{8}\ \frac{7}{8}\ \frac{5}{8}\ \underline{\frac{1}{8}}\ \frac{3}{8}\ \frac{7}{8}\ \frac{2}{8}\ \frac{3}{8}$

2

© ⒷⒻⒸⒽⓁⓂⓇⒸⒽⓌⓎⒸⓄⒸⒶ

① 1 ② 2
③ 3 ④ 4

Tip ⒷⒻⒸⒽⓁⓂⓇⒸⒽⓌⓎⒸⓄⒸⒶ

3

ㄷ ㄱㄱㄱㄴㅁㄷㄱㄱㄴㅁㄱㄱㄷㄱ

① 1 ② 2
③ 3 ④ 4

Tip ㄱㄱㄱㄴㅁㄷㄱㄱㄴㅁㄱㄱㄷㄱ

4

❼ ③②❻④❼❾⑤④②❼⑤❾⑤②①

① 1 　　　　　　　　② 2
③ 3 　　　　　　　　④ 4

(Tip) ③②❻④❼❾⑤④②❼⑤❾⑤②①

5

℉ ℨℂ℉ΣΠ℉℃ℒ№℗PQRN℉

① 1 　　　　　　　　② 2
③ 3 　　　　　　　　④ 4

(Tip) ℨℂ<u>℉</u>ΣΠ<u>℉</u>℃ℒ№℗PQRN<u>℉</u>

6

ㄹ ㅍㅋㅂㄷㄹㅈㅇㄹㄱㄴㄹㅋㅎㄹㅋ

① 1 　　　　　　　　② 2
③ 3 　　　　　　　　④ 4

(Tip) ㅍㅋㅂㄷ<u>ㄹ</u>ㅈㅇ<u>ㄹ</u>ㄱㄴ<u>ㄹ</u>ㅋㅎ<u>ㄹ</u>ㅋ

7

∃ ▽∅∈∃∅△▽∈∉∈∌∀⊂∈ə

① 1 　　　　　　　　② 2
③ 3 　　　　　　　　④ 4

(Tip) ▽∅∈<u>∃</u>∅△▽∈∉∈∌∀⊂∈ə

Answer↱ 1.③ 2.④ 3.① 4.② 5.③ 6.④ 7.①

8

✉   📁📖☎✉🖥📂💻📠✉📚✂💾❌☑🗋

① 1   ② 2
③ 3   ④ 4

> (Tip) 📁📖☎✉🖥📂💻📠✉📚❌✂💾❌☑🗋

9

☺   ☺☹☺☹☺☹☺☺☹☺☺☺☺☺☺

① 1   ② 2
③ 3   ④ 4

> (Tip) ☺☹☺☹☺☺☹☺☺☺☺☺☺☺

10

♈   ❄♈♊♦✋♈☾☯✿♈☐☆♈★◇

① 1   ② 2
③ 3   ④ 4

> (Tip) ❄♈♊♦✋♈☾☯✿♈☐☆♈★◇

■11~15 ■ 제시된 기호, 문자, 숫자의 대응을 참고하여 각 문제의 대응이 같으면 '① 맞음'을, 틀리면 '② 틀림'을 선택하시오.

ㄴ = 캉	ㅐ = 킹	4 = 콩	8 = 켕	ㄹ = 쿵
ㅠ = 팝	ㄷ = 팝	ㅜ = 퓹	ㅇ = 핍	φ = 폽
3 = 숑	ㅑ = 생	ㅂ = 셩	Σ = 슝	ㅣ = 승

11 켕쿵팝슝킹 – 8 φ ㄷ ㅠ ㅐ   ① 맞음   ② 틀림

(Tip) 켕쿵팝슝킹 – 8 ㄹ ㄷ Σ ㅐ

12 폽셩핍콩캉 – φ ㅂ ㅇ 4 ㄴ   ① 맞음   ② 틀림

(Tip) 폽셩핍콩캉 – φ ㅂ ㅇ 4 ㄴ

13 숑승팝쿵셩 – 3 ㅣ ㅜ ㄹ ㅂ   ① 맞음   ② 틀림

(Tip) 숑승팝쿵셩 – 3 ㅣ ㄷ ㄹ ㅂ

14 핍생킹팝핍 – ㅇ ㅑ ㅐ ㅠ ㅇ   ① 맞음   ② 틀림

(Tip) 핍생킹팝핍 – ㅇ ㅑ ㅐ ㅠ ㅇ

15 셩쿵퓹슝폽 – ㅂ ㄹ ㅜ ㄷ φ   ① 맞음   ② 틀림

(Tip) 셩쿵퓹슝폽 – ㅂ ㄹ ㅜ ㅣ φ

Answer⌐ 8.② 9.③ 10.④ 11.② 12.① 13.② 14.① 15.②

16~20 제시된 기호, 문자, 숫자의 대응을 참고하여 각 문제의 대응이 같으면 '① 맞음'을, 틀리면 '② 틀림'을 선택하시오.

5 = 또	b = 뚜	Ø = 따	h = 띠	4 = 뜌
ə = 치	ß = 츄	p = 챠	2 = 체	ŋ = 차
c = 개	8 = 갸	Ŧ = 규	λ = 게	k = 겨

16 뚜 따 갸 차 개 – b 5 Ŧ ŋ c   ① 맞음   ② 틀림

Tip 뚜 따 갸 차 개 – b Ø 8 ŋ c

17 치 띠 게 체 또 – ə h λ 2 5   ① 맞음   ② 틀림

Tip 치 띠 게 체 또 – ə h λ 2 5

18 규 츄 치 뜌 규 – Ŧ ß ə 4 λ   ① 맞음   ② 틀림

Tip 규 츄 치 뜌 규 – Ŧ ß ə 4 Ŧ

19 따 차 갸 개 치 – Ø ŋ 8 c ə   ① 맞음   ② 틀림

Tip 따 차 갸 개 치 – Ø ŋ 8 c ə

20 뜌 차 치 개 챠 – 4 ß ə c p   ① 맞음   ② 틀림

Tip 뜌 차 치 개 챠 – 4 ŋ ə c p

▌21~30 ▌ 다음 제시된 문자열과 같은 것을 고르시오.

21

> 삼십분안에신속배달

① 삼십분안에신속배달　　　　② 삼십분만에신속배달
③ 삼십분안애신속배달　　　　④ 삼십분안에신속베달

　② 삼십분만에신속배달
　③ 삼십분안애신속배달
　④ 삼십분안에신속베달

22

> 깨끗한소형오피스텔

① 깨끗한소형오피스텔　　　　② 깨끗한소형오피스텔
③ 께끗한소형오피스텔　　　　④ 깨끗한소형오피스텔

　① 깨끗한소형오피스텔
　③ 께끗한소형오피스텔
　④ 깨끗한소형오피스텔

23

> 흡수력이뛰어난패드

① 흡수력이뛰어난패드　　　　② 흡수력이뛰어난패드
③ 흡수력이뛰어난패드　　　　④ 흡수력이띄어난패드

　① 흡수력이뛰어난패드
　② 흡수력이뛰어난패드
　④ 흡수력이띄어난패드

Answer → 16.② 17.① 18.② 19.① 20.② 21.① 22.② 23.③

24

> 단독빌라아파트상가

① 단득빌라아파트상가   ② 단독빈라아파트상가

③ 단독빌라아파드상가   ④ 단독빌라아파트상가

① 단득빌라아파트상가
② 단독빈라아파트상가
③ 단독빌라아파드상가

25

> 오늘부터평생금융파트너

① 오늘부터평생금융파트너   ② 오눌부터평생금융파트너

③ 오늘부터펑생금융파트너   ④ 오늘부터평생굼융파트너

② 오눌부터평생금융파트너
③ 오늘부터펑생금융파트너
④ 오늘부터평생굼융파트너

26

> 공무원자격시험안내총서

① 공무원자격시엄안내총서   ② 공무원자격시험안내종서

③ 공무원자적시험안내총서   ④ 공무원자격시험안내총서

① 공무원자격시엄안내총서
② 공무원자격시험안내종서
③ 공무원자적시험안내총서

27

> QWEWLKDWEETWEW

① QWEWLKDWEETWBW   ② QWEWLKDWEETVEW

③ QWEWLKDWEETWEW   ④ QWEWLKOWEETWEW

① QWEWLKDWEETW<u>B</u>W
② QWEWLKDWEET<u>V</u>EW
④ QWEWLK<u>O</u>WEETWEW

28

3479703322232

① 3479703323232

② 3479703322232

③ 3479703322222

④ 3479730322232

 ① 34797033<u>2</u>3232
③ 347970332222<u>2</u>
④ 3479<u>73</u>0322232

29

ㄲㄳㅀㄵㄶㄽㄺㅄㄿㅃㅉ

① ㄲㄳㅀㄵㄶㄽ<u>ㄿ</u>ㅃㄺㅉ

② ㄲㄳㅀㄵㄶㄽㄺㅃㄿㅉ<u>ㅃ</u>

③ ㄲㄳ<u>ㅅ</u>ㄵㄶㄽㄺㅄㄿㅃㅉ

④ ㄲㄳㅀㄵㄶㄽㄺㅄㄿㅃㅉ

 ① ㄲㄳㅀㄵㄶㄽ<u>ㄿ</u>ㅃㄺㅉ
② ㄲㄳㅀㄵㄶㄽㄺㅃㄿㅉ<u>ㅃ</u>
③ ㄲㄳ<u>ㅅ</u>ㄵㄶㄽㄺㅄㄿㅃㅉ

30

アカサタナバマライキシ

① アカサタナバマタイキシ

② アカサタナサマライキシ

③ アカサタナバマライキシ

④ アマサタナバマライキシ

 ① アカサタナバマ<u>タ</u>イキシ
② アカサタナ<u>サ</u>マライキシ
④ ア<u>マ</u>サタナバマライキシ

Answer ⌐→ 24.④ 25.① 26.④ 27.③ 28.② 29.④ 30.③

❙31~40❙ 다음 표를 보고 제시되지 않은 단어를 고르시오.

수억	수만	수산	수도	수가	수라	수소
수준	수지	수방	수시	수고	수료	수본
수들	수가	수영	수장	수영	수들	수가
수번	수산	수분	수군	수가	수번	수영
수화	수들	수근	수세	수번	수산	수와
수독	수영	수레	수로	수들	수영	수질
수번	수산	수상	수비	수은	수보	수치

31 ① 수펀   ② 수로
　　 ③ 수질   ④ 추소

　　　　 (Tip) ‘수펀’는 표에 나타지 있지 않다.

32 ① 수번   ② 수피
　　 ③ 수시   ④ 수치

　　　　 (Tip) ‘수피’는 표에 나타지 있지 않다.

33 ① 수만   ② 수와
　　 ③ 수동   ④ 수로

　　　　 (Tip) ‘수동’은 표에 나타지 있지 않다.

34 ① 수사   ② 수장
　　 ③ 수산   ④ 수치

　　　　 (Tip) ‘수사’는 표에 나타지 있지 않다.

35 ① 수들   ② 수리
      ③ 수비   ④ 수화

> **Tip** '수리'는 표에 나타지 있지 않다.

36 ① 수라   ② 수와
      ③ 수반   ④ 수질

> **Tip** '수반'은 표에 나타지 있지 않다.

37 ① 수번   ② 수보
      ③ 수비   ④ 수기

> **Tip** '수기'는 표에 나타지 있지 않다.

38 ① 수형   ② 수군
      ③ 수레   ④ 수독

> **Tip** '수형'은 표에 나타지 있지 않다.

39 ① 수본   ② 수강
      ③ 수들   ④ 수상

> **Tip** '수강'은 표에 나타지 있지 않다.

40 ① 수소   ② 수준
      ③ 수순   ④ 수시

> **Tip** '수순'은 표에 나타지 있지 않다.

Answer → 31.①   32.②   33.③   34.①   35.②   36.③   37.④   38.①   39.②   40.③

PART

IV

직무 2

01 경영 · 경제(TESAT)

※ 실제 TESAT 시험은 5지 선다형으로 출제되지만 현대오일뱅크의 경우 4지 선다형으로 출제될 수도 있습니다.

1 대통령 후보로 출마한 어느 후보가 자신이 당선되면 내년부터 '투자세액공제 제도'를 실시하겠다고 했다. 기업체 대다수가 이 후보가 당선될 것으로 믿고 있다. 이와 관련한 설명 중 옳지 않은 것은?

① 투자세액공제 제도란 기업이 납부해야 하는 총 세금에서 투자 금액의 일정 부분만큼을 감면해주는 제도이다.

② 기업체들은 올해의 투자를 증가하고 내년의 투자를 감소시킬 것이다.

③ 기업의 투자촉진을 통해 경기를 본격적으로 부양하려고 할 때 주로 활용한다.

④ 우리나라의 경우 1982년 처음 적용했다.

⑤ 기업의 투자결정은 일차적으로 투자로부터 얻어지는 기대수익과 투자비용을 비교하여 이루어진다.

 ② '투자세액공제'가 내년에 실시된다면, 기업은 올해 시행하려고 했던 동일한 투자 계획을 내년으로 연기하여 투자비용을 줄이게 되므로 내년의 투자비용이 올해의 투자비용보다 낮아진다.

2 A정부는 고용주가 불법 체류 외국인 노동자를 고용하는 경우 벌금을 부과하기로 했다. 불법 체류 외국인 노동자에 대한 수요량과 공급량이 임금 수준에 따라 변화한다고 할 때, 이 정책의 영향으로 옳지 않은 것은?

① 불법 체류 외국인 노동자와 내국인 노동자가 대체관계라면 내국인 노동자의 임금 증가

② 불법 체류 외국인 노동자와 내국인 노동자가 보완관계라면 내국인 노동자에 대한 수요 증가

③ 불법 체류 외국인 노동자의 임금 감소

④ 불법 체류 외국인 노동자에 대한 수요 감소

⑤ 불법 체류 외국인 노동자 1인당 고용 비용 증가

② 보완관계일 경우 내국인 노동자에 대한 수요는 감소한다.

3 K 마을에서 케이블 TV 서비스와 인터넷 서비스를 독점 판매하는 '서원유선방송'은 수입을 최대화 하는 판매 방법을 모색하고 있다. 서원유선방송은 두 서비스를 분리해서 따로 팔 수도 있고, 묶어 서 한 상품으로 팔 수도 있다. K 마을에는 두 명의 소비자 甲과 乙이 있다. 甲은 케이블 TV에는 15, 인터넷에는 10을 乙은 케이블TV에는 8, 인터넷에는 12로 지불할 용의가 있다면, 다음 중 가 장 많은 수입을 올릴 수 있는 판매 방법은?

① 두 서비스를 묶어서 20의 가격으로 판매한다.
② 두 서비스를 분리하여 케이블 TV 서비스는 8에, 인터넷 서비스는 10에 판매한다.
③ 두 서비스를 분리하여 케이블 TV 서비스는 15에, 인터넷 서비스는 10에 판매한다.
④ 두 서비스를 분리하여 케이블 TV 서비스는 8에, 인터넷 서비스는 12에 판매한다.
⑤ 두 서비스를 묶어서 25의 가격으로 판매한다.

① 甲, 乙 모두 서비스에 대해 금액을 지불할 용의가 있으므로 20×2 = 40, 총수입 = 40
② 케이블 TV 서비스를 두 사람 모두에게 판매한 경우 : 8×2 = 16
인터넷 서비스 판매를 두 사람 모두에게 판매한 경우 : 10×2 = 20, 총수입 = 36
③ 甲에게 케이블 TV 서비스를 판매한 경우 : 15
두 사람 모두에게 인터넷 서비스를 판매한 경우 : 10×2 = 20, 총수입 = 36
④ 케이블 TV 서비스를 두 사람 모두에게 판매한 경우 : 8×2 = 16
乙에게 인터넷 서비스를 판매한 경우 : 12, 총수입 = 28
⑤ 甲에게 두 가지 서비스를 판매한 경우 : 25, 총수입 = 25

4 다음 중 '도덕적 해이(moral hazard)'를 해결하거나 완화시키는 방안으로 옳지 않은 것은?

① 보험회사가 사고 시 보험가입자에게 손실의 일부만을 보상해주는 공동보험제도를 채 택한다.
② 고용주가 근로자에게 시장균형임금보다 높은 임금을 지급한다.
③ 보험회사가 손실액 중 일정금액까지는 보험가입자에게 부담시키는 기초공제제도를 도입 한다.
④ 임금지급방식을 성과급에서 고정급으로 전환한다.
⑤ 무엇보다 도덕적 해이의 문제를 해결하려면 보험가입 이후 위험회피노력에 대하여 소홀히 하는 것을 방지해야 한다.

④ 임금지급방식을 고정급에서 성과급으로 전환한다.

Answer ↱ 1.② 2.② 3.① 4.④

5 다음은 조선시대 서적 내용의 일부이다. 글에서 밑줄 친 ㉠과 ㉡에 해당하는 정책을 옳게 짝지은 것은?

> • 상인이란 저렴한 곳의 물건을 가지고 와서 비싼 곳에 판매하는 존재인데, 지금, ㉠의 명령을 시행한다면 서울의 상인들은 장차 곡물을 다른 데로 옮겨 가 버릴 것이다.
> • 조선시대에는 재정 수입의 확대를 위해 육의전을 비롯한 시전상인에게 서울 도성 안과 도성 아래 십리 이내 지역에서 난전의 활동을 규제하고 특정 상품에 대한 전매권을 지키도록 ㉡금난전권을 부여하였다.

① 곡물 수입 금지, 최고 가격제
② 곡물 수입 금지, 최저 가격제
③ 최고 가격제, 진입 규제
④ 최저 가격제, 진입규제
⑤ 진입 규제, 최고 가격제

 ③ ㉠의 명령은 서울의 곡물 가격을 제한하는 정책이며, 금난전권은 난전의 진입을 제한하는 것이므로 진입 규제라고 할 수 있다.

6 E랜드(놀이공원)는 적자 해소를 위해 입장료를 10% 인하한 반면, '서울시'의 지하철공사는 적자 해소를 위해 지하철 요금을 20% 인상하였다. 다음에서 옳은 설명을 모두 고르면?

> ㉠ 지하철과 같은 노선을 운행하는 시내버스 회사의 수입은 증가한다.
> ㉡ 서울시의 지하철공사는 지하철에 대한 수요가 가격에 대해 비탄력적이라고 판단하고 있다.
> ㉢ E랜드에 인접한 놀이공원 C랜드의 수입은 증가한다.
> ㉣ E랜드는 입장 수요가 가격에 대해 비탄력적이라고 판단하고 있다.

① ㉠㉡   ② ㉠㉢
③ ㉠㉣   ④ ㉡㉢
⑤ ㉢㉣

 ① 가격의 인상은 대체재(시내버스)의 수요를 증가시키고 이를 생산하는 자(시내버스 회사)의 수입은 증가한다. 또한 수요가 가격에 대해 탄력적이라면 가격인하가 수입을 증가시키고, 비탄력적이라면 그 반대가 된다. 따라서 지하철공사가 지하철 요금을 인상한 것은 지하철에 대한 수요가 가격에 대해 비탄력적이라고 판단한 것이라고 할 수 있다.

7 미국산 소고기 수입과 관련한 광우병의 공포로 인하여 비육돈 평균가격이 5,178원을 기록했다. 이는 지난해 같은 기간 평균가격 3,837원대에 비해 35% 오른 것으로 1마리당 10만원이 상승한 셈이다. 삼겹살 시장의 균형을 위해 균형 가격과 균형 거래량에 미친 영향과 관련한 설명 중 옳지 않은 것은?

① 돼지고기 사료가격의 인상으로 생산비용이 상승함으로써 돼지고기 가격을 인하시킬 수 있다.

② 돼지고기 수요량의 증대에 따라 돼지고기 수입량을 증대시켜 가격을 인하시킬 수 있다.

③ 삼겹살의 과다섭취는 각종 성인병의 원인이 된다는 연구 결과의 발표는 가격을 하락시키고 수급량을 감소시킬 수 있다.

④ 삼겹살의 대체재인 닭고기 수요가 증가하면 삼겹살 수급량이 감소할 수 있다.

⑤ 광우병 공포의 확산으로 돼지고기 소비의 증가로 인하여 돼지고기 가격은 상승한다.

 ① 돼지고기 사료가격의 인상으로 인해 생산비용의 증대로 공급량을 줄여 가격은 상승하고 수급량은 감소할 수 있다.

8 지난 4년간의 DVD 대여 시장의 가격과 대여량을 나타낸 것이다. 이러한 변화의 원인으로 옳은 것은?

구분 \ 연도	2010	2011	2012	2013
가격	3,100	3,300	3,500	3,600
대여량	22	27	31	33

① DVD 플레이어 가격의 하락

② DVD 제작비용의 하락

③ 비디오테이프 대여 가격의 하락

④ 비디오테이프 플레이어 가격의 하락

⑤ 케이블 TV의 유료 채널 서비스 가격의 하락

Tip ① DVD 플레이어 가격의 하락은 보완재의 가격하락이므로 DVD의 대여 수요를 증가시킨다. 따라서 가격과 대여량 모두를 증가한다.
② DVD 제작비용의 하락은 공급의 증대를 가져오므로 가격이 하락하게 된다.
③ 비디오테이프 대여 가격의 하락은 대체재의 가격 하락이므로 대여 수요를 감소시켜 가격하락과 대여량 감소를 가져온다.
④ 비디오테이프 플레이어 가격의 하락은 대체재의 가격 하락이므로 대여 수요를 감소시켜 가격 하락과 대여량 감소를 가져온다.
⑤ 케이블 TV의 유료 채널 서비스 가격의 하락은 대체재의 가격 하락이므로 대여 수요를 감소시켜 가격 하락과 대여량 감소를 가져온다.

Answer 5.③ 6.① 7.① 8.①

9 대학 진학률이 상승하면서 청년층의 학력수준과 직업에 대한 기대수준은 높아졌으나 이에 상응하는 일자리는 충분히 늘지 않아, 우리나라 15~29세의 실업률은 이 전체 실업률의 2배를 훨씬 넘는다. 또한 취업포기나 학업연장 등의 이유로 경제활동인구에 포함되지 않는 청년층까지 감안한다면 청년실업률은 이보다 높을 것으로 나타났다. 이와 관련한 설명 중 옳지 않은 것은?

① 청년실업률이 높은 이유는 자신에게 잘 맞는 직장을 찾는 과정에서 일시적으로 발생하는 마찰적 실업이 청년층의 경우 많기 때문이다.

② 청년실업은 마찰적 실업에만 국한되지 않고 구조적 실업의 문제도 가지고 있다.

③ 대졸자수가 크게 증가하여 고학력 인력의 공급은 증가하는 데 반해 일자리는 그만큼 늘지 않고 있는 노동력 수급불일치 현상이 심화되고 있기 때문이다

④ 장기적으로 경제성장에 좋지 않은 영향을 미치며 사회적으로도 큰 문제가 될 수 있으므로 청년층 고용을 확대할 수 있도록 노력을 기울여야 한다.

⑤ 해수욕장에서 장사를 하는 나는 여름 한 철에만 영업을 하고 겨울에는 쉬고 있다. 이는 구조적 실업에 해당한다.

> (Tip) ⑤ 청년실업은 마찰적 실업이자 구조적 실업으로 볼 수 있으며, 구조적 실업의 문제가 되었을 때 정부는 이를 해결하기 위한 노력을 하여야 한다. 해수욕장에서 장사를 하다가 겨울에 잠시 쉬는 것은 계절적 실업이라고 할 수 있다.

10 오헨리의 「크리스마스 선물」에서는 짐(남편)이 시계를 팔아 델라(아내)의 비녀를 사고, 델라(아내)는 머리카락을 팔아 짐(남편)의 시계줄을 산다. 이와 관련한 설명 중 옳지 않은 것은?

① 짐의 시계와 델라가 선물한 시계줄은 보완재의 관계이다.

② 델라의 머리카락과 짐이 선물한 비녀 역시 보완재의 관계이다.

③ 두 선물은 결국 두 사람에게 필요 없는 물건이 되었으므로 짐과 델라가 갖는 효용은 감소하였다.

④ 짐이 시계를 팔았다는 사실을 델라에게 알려 델라가 값이 싼 시계와 시계줄을 함께 선물한 경우 짐이 갖고 있던 시계와 값이 싼 시계 역시 보완재가 된다.

⑤ 만약 짐이 가진 시계의 가격이 오른다면 델라는 머리카락을 더 많이 팔아야 시계줄을 살 수 있다.

> (Tip) ④ 보완재는 용도가 서로 보완적이어서 두 재화를 함께 소비할 때 더 큰 만족을 얻는 재화를 말한다. 따라서 값이 싼 시계와 짐이 가진 시계는 대체재의 성격을 지닌다.

11 맥주시장의 57.5%를 점유하고 있는 H사와 소주시장의 55.6%를 차지하고 있는 J사의 결합과 관련한 설명으로 옳지 않은 것은?

① 공정거래위원회는 맥주와 소주는 맛, 도수, 수요 형태 등에서 차이가 없고 긴밀한 대체 관계가 있기 때문에 같은 시장으로 봐야한다고 결론을 내렸다

② 맥주와 소주의 관계에 관련하여 맥주가격이 오르면 소주 소비가 늘어나기 때문에 두 관계를 대체재로 보아야 한다.

③ '폭탄주'처럼 맥주와 소주를 섞어 먹는 소비자들에게 있어서는 보완재라는 주장도 있었다.

④ 소주를 먹은 후 맥주를 입가심으로 마신다면 둘의 관계는 보완재로 볼 수 있다.

⑤ 맥주와 소주가 서로 보완재인지 대체재인지에 따라 두 기업 합병의 주류시장 독과점 여부가 달라지기 때문에 재화 간의 관계를 판별하는 것이 문제 해결의 주안점이다.

> (Tip) ① 공정거래위원회는 맥주와 소주는 맛, 도수, 수요 형태 등에서 차이가 있고 긴밀한 대체 관계가 없기 때문에 서로 다른 별개 시장으로 봐야한다고 결론을 내렸다.

12 주식투자에 성공하기 위하여 '어떤 회사의 주식을 살 것인가'는 중요한 요인이다. 종목을 올바르게 선정하기 위해 고려해야 할 요소로 가장 옳지 않은 것은?

① 기업의 적정시기를 평가할 수 있어야 한다.

② 수익이 많이 나는 회사를 고르는 것이 투자에 유리하다.

③ 기업이 속한 산업의 특성, 경쟁력, 성장성 등을 분석해야 한다.

④ 주가는 경기변동보다 후행하는 속성을 가지고 있어 경기에 대한 이해가 가장 중요하다.

⑤ 기업의 영업활동에 영향을 주는 환율, 이자율, 경제성장률 등 전체적인 경제환경에 대한 고려도 필요하다.

> (Tip) ④ 주가는 경제지표에서 경기선행지수에 속한다.

Answer ↦ 9.⑤ 10.④ 11.① 12.④

13 어떤 사람이 사건을 의뢰하기 위해 변호사 사무실을 찾은 경우, 사건을 의뢰하는 사람의 입장에서는 자신을 변론하게 될 변호사가 재판에서 거둔 승률이 얼마나 되는지 궁금하지만 이에 대한 정확한 정보는 변호사만 알고 있을 뿐이다. 이처럼 정보가 한쪽에만 있고 다른 쪽에는 없는 경우를 무엇이라고 하는가?

① 정보의 대칭성
② 정보의 비대칭성
③ 디드로 현상
④ 차이니즈 월(Chiness Wall)
⑤ 파이어 월(Fire Wall)

Tip ② 지문은 정보의 비대칭성에 대한 사례이다.

14 종합부동산세의 존·폐에 관한 상반된 주장을 통해 이들 논리로부터 유추한 내용으로 가장 옳지 못한 것은?

> • 존치론 : 종합부동산세란 소수의 부동산 부자들로부터 걷은 세금으로 지방의 서민들을 지원하는 세금이다. 우리나라보다 부동산 보유세율이 몇 배나 높은 미국과 같은 선진국들은 보유세율을 정상화한다는 의미에서도 종부세는 폐지할 수 없다. 부동산 시장을 안정시키고 투기를 잡기 위해서라도 종부세는 필수적이다. 만약 종부세를 폐지한다면 이는 소수의 부자들만을 위함이다.
> • 폐지론 : 선진국의 보유세는 일반적으로 종부세와 같은 누진율이 아닌 부동산을 가진 모든 국민이 동일한 세율로 납부하는 정률세로 운영된다. 일부 부자들에게만 지방 재정에 관한 책임을 떠넘긴다는 점에서 종부세는 정의롭지도 못하며, 더구나 고가의 부동산을 보유했다고 해서 진짜 부자인 것도 아니다. 또한 세금이 부동산 가격을 안정시키는 효과 역시 없다.

① 폐지론자는 세금은 고루 부담하는 보편성을 가져야 정의롭다고 믿는다.
② 존치론자의 논리에 따르면 종부세가 아닌 재산세를 올려야 한다.
③ 폐지론자는 보유세를 무겁게 매기는 것에 포괄적으로 반대한다.
④ 존치론자는 세금 인상이 부동산 투기를 억제한다고 믿는다.
⑤ 폐지론자는 순자산에 매기는 부유세에 찬성할 가능성이 높다.

Tip ③ 종합부동산세의 폐지론자들은 보유세 자체를 무겁게 매기는 것이 아니라 일부의 부자들에게만 무거운 책임을 떠넘기는 것이 형평성에 어긋남을 주장하고 있다.

15 각종 언론매체들이 북한의 미사일 실험발사를 계기로 미국의 반응과 그에 따른 북한의 움직임을 보도하면서 자칫 치킨게임의 양상으로 치닫지 않을까 하는 우려의 목소리가 높다. 여기서 치킨게임에 관련한 설명으로 옳지 않은 것은?

① 1950년대 미국 젊은이들 사이에서 유행하던 게임으로 두 명의 경쟁자가 자신의 차를 몰고 정면으로 돌진하다가 충돌 직전 핸들을 꺾는 사람이 지는 경기에서 유래했다.

② 어느 한쪽도 양보하지 않고 극단적으로 치닫는 무모한 게임을 일컫는다.

③ 치킨게임은 게임이론의 하나로 1950년대 미국과 소련의 심각한 군비 경쟁을 비꼬는 말로 쓰였다.

④ 극단적인 노사대립의 양상은 치킨게임의 범주에 드는 것은 아니다.

⑤ 치킨게임에는 '모 아니면 도'라는 흑백논리만 존재한다.

> (Tip) ④ 극단적인 노사대립의 양상도 치킨게임의 범주에 든다.

16 다음 지문의 내용과 관련한 설명 중 옳지 않은 것은?

> 서정이는 주말마다 근처 대형마트에서 생필품을 구입하곤 한다. 그녀는 종종 가공식품을 구입할 때마다 그와 관련된 소비재를 생산하는 기업의 할인쿠폰을 이용하여 보다 값싸게 구매한다. 그러나 그녀의 남동생인 준수는 쿠폰을 가위로 잘라서 이를 보관하였다가 사용하는 불편을 감수하는 것이 번거로워 쿠폰을 잘 사용하지 않는다.

① 쿠폰은 가격차별의 수단이다.

② 서정이는 가격에 더 민감한 소비자라고 할 수 있다.

③ 준수는 서정이 보다 가격탄력성이 높은 수요를 가지고 있으며 더 낮은 유보가격을 가지고 있다.

④ 기업들은 할인쿠폰을 발행함으로써 자신의 고객을 두 그룹으로 나눌 수 있다.

⑤ 가격에 더 민감한 고객에게는 다른 고객들보다 더 낮은 가격을 책정할 수 있다.

> (Tip) ③ 준수보다 서정이가 더 가격에 민감하게 반응하므로 가격탄력성이 높다.

Answer ⸞➔ 13.② 14.③ 15.④ 16.③

17 다음의 세 가지 시장에서 공통적인 특징에 관한 내용으로 옳지 않은 것은?

> • 다양한 영화들이 발표되면서 소비자들은 이 중에서 취향에 따라 영화를 선택하여 볼 수 있다.
> • 많은 가수들이 새 음반을 발표하여 시장에서 경쟁한다.
> • 상업 지역, 아파트 지역, 대학가 등에서 다양한 종류의 음식점들이 경쟁하고 있다.

① 각각의 시장에서 공급자들은 차별화된 제품을 공급한다.
② 균형에서 각 공급자들은 초과 생산설비(유휴 생산능력)를 가지게 된다.
③ 각 시장에서 공급자들은 각각 어느 정도의 독점력을 보유하고 있다.
④ 공급자들은 장기에 최저의 평균비용수준에서 생산한다.
⑤ 세 시장의 공통점은 충분한 경쟁이 이루어지고 있는 완전경쟁적 여건을 갖춘 시장이다.

 ④ 최저수준의 비용으로 공급할 수 있는 능력을 갖춘 생산자만 살아남을 수 있다.

18 다음의 지문을 읽고 ㉠에 들어갈 말은?

> 계용묵의 수필 「구두」를 보면, 주인공이 뒤축에 박아놓은 징 때문에 어스름한 창경원 곁 담을 걷다가 한 여인에게 오해를 사는 내용이 나온다. 주인공의 또각또각하는 징 박은 구두소리가 앞서 가던 여자에게 두려움과 불안감을 느끼게 했다는 것인데, 주인공이 전혀 의도하지 않았음에도 불구하고 결과적으로는 아무 상관없는 다른 사람에게 좋지 않은 영향을 미친 것이다. 이 경우와 같이 어떤 사람의 행동이 제삼자에게 의도하지 않은 영향을 주지만 이에 대해 어떠한 대가를 요구하거나 비용을 지불하지 않는 경우를 (㉠)가(이) 발생한다고 한다.

① 독점적 경쟁   ② 혼합 전략
③ 외부효과   ④ 반복 게임
⑤ 선점자 우위

Tip **외부효과(externality)** … 어떤 경제활동에 있어서 타인에게 의도하지 않은 혜택이나 손해를 주면서도 이에 대한 대가가 발생하지 않는 상태를 말하며, 외부경제와 외부비경제로 구분된다.

19 괴테의 「파우스트」에서는 용병들의 급료를 지불하지 못하고 나라의 금고도 비어있어 이를 해결하기 위해 세금을 걷는 대신 영토 내에 매장된 보화를 담보로 화폐를 발행하는 장면이 나온다. 정부가 치안, 국방, 일반행정, 사회복지 등과 같은 국가사업을 하는데 필요한 자금을 주로 세금부과나 국채발행을 통해 조달하는데, 시중에 통화량이 증가해서 물가수준이 상승하여 통화의 가치가 이전보다 떨어짐으로써 발생할 수 있는 것은 무엇인가?

① 외부적 한계혜택　　　　　　　② 사회적 한계혜택
③ 인플레이션 조세　　　　　　　④ 디플레이션 조세
⑤ 효율적 배분

 인플레이션 조세 … 정부가 화폐발행을 통해 조달하는 수입을 말한다. 통화량이 늘어나면 물가수준이 상승하면서 돈의 가치가 이전보다 떨어지는데, 인플레이션 조세는 화폐를 갖고 있는 모든 사람에게 부과되는 세금과 같다는 의미에서 붙여진 이름이다.

20 영국의 경제학자인 앨프리드 마셜은 애덤 스미스나 칼 마르크스와 달리 재화의 시장가격이 무엇에 의해서 결정된다고 주장하였는가?

① 생산비용
② 소비자가 느끼는 사용가치
③ 생산비용과 사용가치
④ 재화에 투입된 노동의 가치
⑤ 재화에 투입된 노동과 자본의 가치

 앨프리드 마셜(Alfred Marshall)은 고전파 경제학을 발전시켜 신고전학파의 토대를 마련하였다. 마셜을 비롯한 신고전학파는 수요이론에서는 한계효용학설, 공급이론에서는 생산비설의 관점을 취하고 있다.

21 다음 중 화폐의 유통속도와 관련하여 옳은 설명을 모두 고른 것은?

> ㉠ 신용카드의 사용량이 늘어나면 화폐유통속도가 빨라진다.
> ㉡ 다른 여건이 동일할 때 물가가 상승하면 화폐유통속도는 감소한다.
> ㉢ 민간의 화폐보유량이 감소하면 화폐유통속도는 감소한다.
> ㉣ 현금 인출 수수료의 인상은 화폐유통속도를 증가시킨다.
> ㉤ 통화량이 일정할 때, 물가가 상승하고 국민소득이 증가하면 화폐유통속도는 증가한다.

① ㉠㉢   ② ㉠㉣

③ ㉠㉤   ④ ㉡㉣

⑤ ㉡㉤

화폐교환방식 : MV, 유통속도 $V = \dfrac{PT}{M}$ (M : 화폐공급량, P : 물가, T : 거래액)

신용카드의 사용량 증가는 곧 거래액의 증가이므로 화폐유통속도가 커진다. 현금인출 수수료가 인상되면 거래액이 늘어나는 효과와 소비 위축으로 거래액이 줄어드는 효과가 발생할 수 있는데, 일반적으로 후자의 영향이 더 크므로 화폐유통속도가 줄어들 가능성이 높다.

22 다음 중 정부지출의 증가로 발생하는 승수효과에 대한 설명으로 옳은 것은? (한계소비성향은 0.5, 정부지출의 증가분은 1억원이라 가정한다)

① 승수효과는 정부지출의 증가로만 발생한다.

② 승수효과로 인하여 총국민소득이 4억원 증가한다.

③ 한계소비성향이 낮을수록 승수효과가 커진다.

④ 연속적인 소비의 증가로 인한 국민소득 증가분은 총 1억원이다.

⑤ 국민소득 증가 및 저축의 증가로 기업의 투자가 늘어 국민소득을 더욱 커지게 한다.

① 승수효과는 고용량, 통화량, 소비, 투자, 조세 등의 경우에도 적용된다.

② 총국민소득증가분 $Y = 1억원(1 + (0.5) + (0.5)^2 + ...) = \dfrac{1억원}{1 - 0.5} = 2억원$

③ 한계소비성향이 클수록 승수효과는 커진다.

⑤ 정부지출과 국민소득간의 연쇄상승효과로, 저축이나 투자와는 무관하게 이루어진다.

23 영화배우인 강호는 5억원에 액션영화를 찍는 것과 3억원에 예술영화를 찍는 것 사이에서 고민하다가 예술영화에 출연하기로 결심하고 계약서에 서명하였다. 이 때 강호의 기회비용은 얼마인가?

① 없음 ② 2억
③ 3억 ④ 5억
⑤ 8억

 기회비용(opportunity cost)은 특정한 선택을 함으로써 포기한 나머지 선택의 가치를 뜻하는 개념으로, 선택한 것의 가치 크기와는 무관하게 적용된다.

24 개인생산을 기업생산으로 전환하는 이유로 가장 거리가 먼 것은?

① 규모의 경제 효과를 누릴 수 있다.
② 거래비용이 절감된다.
③ 분업 효과가 발생한다.
④ 원자재를 저가로 구매할 수 있다.
⑤ 효율적인 자원 관리가 가능하다.

 ⑤ 무엇을 어떤 방식으로 생산하는지에 따라 개인생산이 더 효율적일 수 있다. 개인생산을 기업생산으로 전환하는 이유는 규모가 확대되면서 각종 비용을 절감할 수 있어 이윤증가에 유리하기 때문이다.

25 생산시장에 있어서 산출량은 무엇에 의하여 결정되는가?

① 한계비용 ② 한계이익
③ 생산요소비용 ④ 생산요소투입량
⑤ 가변비용

 생산함수는 $Q = F(L, K)$로 정의된다. 여기에서 산출량은 노동, 자본 등의 생산요소 투입량의 함수이다.

Answer → 21.③ 22.④ 23.④ 24.⑤ 25.④

26 다음 중 희소성에 대하여 가장 잘 설명한 것은?

① 자원이 유한함을 의미한다.
② 자원이 욕구를 충족시키기에 부족하다는 의미이다.
③ 자원은 풍부하나 금전적 거래가 어려운 경우를 의미한다.
④ 금, 다이아몬드, 희토류 등 희귀자원을 가리키는 말이다.
⑤ 최근 대기오염의 심화로 공기도 희소성을 지닌 자원이 되었다.

 희소성(scarcity)은 물질적 수단의 공급이 인간의 욕구를 충족시켜주기에 부족한 경우로 정의된다. ④의 각종 희귀자원들이 대표적으로 희서성이 있는 것들이나, 수요가 거의 없는 경우는 자원이 희귀하더라도 희소성이 있다고 표현하지 않는다. ⑤의 공기는 대표적인 자유재이다.

27 다음 중에서 실업률이 높아지는 경우를 모두 고른 것은?

> ㉠ 정부가 실업보험 급여액을 인상하였다.
> ㉡ 산업구조에 커다란 변화가 초래되었다.
> ㉢ 최저임금이 인하되었다.
> ㉣ 경기가 불황에 접어들었다.
> ㉤ 정보통신 산업의 발전에 힘입어 구인현황에 대한 정보가 쉽게 알려질 수 있게 되었다.

① ㉠㉡㉣　　　　　　　　　　② ㉠㉢㉣
③ ㉠㉣㉤　　　　　　　　　　④ ㉡㉢㉣
⑤ ㉠㉡㉢㉣

 최저임금 하락은 기업들이 신규고용을 확대하여 실업률이 낮아질 수 있으며 정보통신 산업의 발달로 구인현황 정보가 쉽게 알려진다면 인력 수급 매칭이 쉬워져 실업률이 낮아진다.

28 아래에서 설명하는 내용과 관계되는 기호를 모두 고르면?

> 주식회사 연상기업의 대표는 회사의 이윤이 높아지기를 희망하고 있다. 반면 연상기업의 사원들은 아침에 출근하여 자신이 할 일만을 대충 끝낸 후 신문과 인터넷을 통해 주말에 무엇을 할지 계획하며 일과를 보내는 것을 최고의 인생목표로 삼고 있다. 대표이사는 이런 기업문화를 청산하고 이윤을 높이기 위하여 인터넷 사용시간 제한·직원 출입증 배부를 통한 출퇴근 업무시간 관리 등을 골자로 하는 직원관리혁신안과 성과급 도입 방안을 검토 중이다.

> ㈎ 비대칭 정보   ㈏ 숨은 특성
> ㈐ 숨은 행동   ㈑ 주인 – 대리인 문제
> ㈒ 빛 좋은 개살구   ㈓ 감시·감독의 문제

① ㈎㈏㈒
② ㈎㈐㈑
③ ㈐㈑㈓
④ ㈎㈐㈑㈓
⑤ ㈏㈐㈑㈓

 보기에서 제시된 내용은 모두 시장실패와 관련된 것들이다. 이 중에서 ㈎, ㈏, ㈒는 역선택(adverse selection)과 관계있고, ㈎, ㈐, ㈑, ㈓는 도덕적 해이(moral hazard)와 관계된다. 제시문은 도덕적 해이의 사례에 해당한다.

Answer → 26.②   27.①   28.④

29 시장 진입을 위한 대규모 투자가 필요하지만 소비자층에 따라 가격차별이 가능한 특성을 지니는 산업 유형에 대한 설명으로 옳은 것은?

> ㈎ 정부가 경우에 따라 가격 규제를 실시하기도 한다.
> ㈏ 상품 차별화를 통해 소비자에 대한 가격차별이 발생한다.
> ㈐ 높은 진입 장벽이 존재하여 새로운 기업의 시장 진입이 어렵다.
> ㈑ 기업 간의 상호 의존성이 강하며, 참여 기업들은 높은 시장지배력을 갖고 있다.

① ㈎㈏   ② ㈎㈐
③ ㈏㈐   ④ ㈏㈑
⑤ ㈐㈑

 자연독점(natural monopoly) 시장의 특성에 해당한다. 철도·가스·전기·소방·통신서비스처럼 경합성은 없으나 배제성이 존재하는 공공재의 경우에 발생하기 쉽다. 막대한 규모의 기반투자가 필요하므로 정부가 시장에 개입하여 독점하거나 가격을 통제하는 경우가 많다. ㈏는 독점적 경쟁시장, ㈑는 과점시장의 특성이다.

30 철수는 연간 4,000만원의 소득을 버는데, 그 중 소득세로 1,000만원을 내고 있다. 소득세제는 2단계 누진세율로 첫 2,000만원에 대해서는 20%의 한계세율이 적용된다고 할 때, 2,000만원을 초과하는 소득에 적용되는 한계세율은 몇 %인가?

① 10%   ② 20%
③ 30%   ④ 40%
⑤ 50%

 $2000만원 \times 20\% + 2000만원 \times x = 1000만원 \times 100\%$, $x = 30\%$

31 아래의 조건을 참고하여 철수네 가족의 경제활동참가율과 실업률을 구하면?

> [조건] 철수네 가족구성
> 아버지(55, 회사원), 어머니(53, 전업주부), 누나(24, 편의점에서 주 3시간 아르바이트),
> 형(22, 군인), 철수(17, 학생), 동생(12, 학생)

	경제활동참가율	실업률
①	33%	0%
②	33%	20%
③	40%	20%
④	50%	0%
⑤	50%	20%

경제활동참가율 $= \dfrac{\text{경제활동인구수}}{\text{생산활동가능인구수}}$

실업률 $= \dfrac{\text{실업자수}}{\text{경제활동인구수}} = \dfrac{\text{실업자수}}{\text{취업자수} + \text{실업자수}}$

생산활동가능인구 : 아버지, 어머니, 누나, 철수
경제활동인구 : 아버지, 누나

※ 개념정리
　㉠ **생산활동가능인구** : 만 15세 이상 인구(현역군인, 전투경찰, 교도소 재소자 등은 제외)
　㉡ **경제활동인구** : 생산활동가능인구 중 재화, 용역 생산에 노동력을 제공할 의사와 능력이 있는 사람
　㉢ **취업자** : 매월 15일이 포함된 1주일 동안에 수입을 목적으로 1시간 이상 일한 사람 (주당 18시간 이상 일한 무급가족종사자, 휴가 · 노동쟁의 등의 사유가 있는 사람 포함)
　㉣ **실업자** : 매월 15일이 포함된 1주일 동안에 적극적으로 일자리를 구해 보았으나 1시간 이상 일을 하지 못한 사람으로서 즉시 취업이 가능한 사람

Answer → 29.② 30.③ 31.④

32 다음 중 암시장이 발생할 가능성이 가장 높은 경우는?

① 최저가격제 실시 ② 최고가격제 실시
③ 이부가격제 실시 ④ 가격정가제 실시
⑤ 가격표시제 실시

 최고가격제는 완전경쟁시장에서 형성되는 가격보다 낮아야 실효성이 있다. 그렇지 않으면 수요가 공급을 초과하게 되고, 결국 초과수요가 암시장의 유인으로 작용한다.

33 원빈은 현재 소유하고 있는 자동차를 계속 보유하면서 신형 스포츠카를 사려고 계획하고 있다. 원빈이 합리적인 소비자라면, 새 자동차를 구입할 때 가장 고려해야 할 것은?

① 새 차를 샀을 때 증가되는 총 편익을 생각한다.
② 새 차를 샀을 때 증가되는 한계편익을 생각한다.
③ 두 대의 차를 소유할 때의 총 편익과 총 비용을 생각한다.
④ 새로 산 차로부터 얻는 총 편익과 추가되는 총 비용을 생각한다.
⑤ 차를 한 대 더 샀을 때 발생하는 한계편익과 한계비용을 생각한다.

 이미 차를 소유하고 있는 상황에서 차를 한 단위 더 늘리려면 추가분에 대한 순편익의 변화, 즉 한계순편익(한계편익 − 한계비용)이 0 이상이어야 경제적이다. 원래 소유하고 있던 자동차에 드는 비용은 일종의 매몰비용(sunk cost)이므로 고려할 필요가 없다.

34 다음 중 매몰비용의 오류(sunk cost's fallacy)와 관련이 없는 것은?

① 다른 직장으로 이직할 때 지금 받는 급여는 고려하지 않는다.
② 공무원 시험에 계속 불합격했지만 10년 동안 공부한 게 아까워 계속 공부한다.
③ 근교에 위치한 아울렛에 쇼핑을 가면 대부분 과소비를 하게 된다.
④ 주문한 음식이 맛이 없었지만 아까워서 남기지 않고 다 먹게 된다.
⑤ 재미없는 영화지만 요금이 아까워 끝까지 관람한다.

 매몰비용(Sunk cost)
㉠ 매몰비용은 고정비용과 혼동하기 쉬우나 고정비용은 기업이 사업을 그만두는 경우 제거할 수 있는 비용인 반면 매몰비용은 한번 지출하면 회수가 불가능한 비용을 말하는 것이다.
㉡ 합리적인 선택을 위해서는 한번 지출되었으나 회수가 불가능한 매몰비용은 고려하지 않는다.

35 최근 일부 저축은행이 영업정지 조치를 받으면서 예금보험제도가 다시 주목을 받고 있다. 이 제도에 대하여 옳게 설명한 사람을 모두 고르면?

> 가은 : 예금보험제도는 금융기관의 영업정지나 인가취소 등 동일한 종류의 위험을 대비하고 있으니 예금 보험료는 모두 같아야 해.
> 나래 : 예금보험제도는 보험의 원리를 이용하니까 도덕적 해이 문제가 발생할 수 있어.
> 다솜 : 부보금융기관과 예금자의 도덕적 해이를 줄이기 위해서 원리금 전액이 아닌 1인당 최고 5000만원의 보장 한도를 정한 것이야.
> 라희 : 만약 예금보험제도가 없었다면 은행이 부실하다는 소문만으로도 대규모 예금인출 사태가 벌어질 수 있어.

① 가은, 나래
② 나래, 다솜
③ 다솜, 라희
④ 가은, 나래, 다솜
⑤ 나래, 다솜, 라희

 예금보험제도란 금융기관이 경영부실이나 파산 등으로 예금을 지급할 수 없을 때 예금보험기관이 대신하여 예금을 지급해 주는 제도로, 우리나라에서는 5천만원 한도 내에서 지급을 보장해주고 있다. 일반적으로 더 큰 위험(risk)을 부담하는 제2금융권의 예금보험료가 제1금융권보다 비싸다.

Answer ↱ 32.② 33.⑤ 34.① 35.⑤

36 미국 연방준비제도이사회(FRB)가 양적완화정책을 시행할 때 나타날 수 있는 효과는?

> (가) 미국 달러화의 가치가 점진적으로 하락한다.
> (나) 한국 원화가치의 상승압력이 나타날 수 있다.
> (다) 단기적으로 국내 금리가 급등할 수 있다.
> (라) 미국의 채권 가격이 하락한다.

① (가)(나)　　　　　　　　　　② (가)(다)
③ (가)(라)　　　　　　　　　　④ (나)(다)
⑤ (나)(라)

 양적완화(quantitative easing) 정책은 국채를 매입하는 방식으로 통화량을 증가시키는 정책을 말한다. 미국 FRB에서 양적완화정책을 시행하면 통화량 증가로 달러화 가치가 하락하므로 원화는 상대적으로 상승압력을 받는다.

37 '큰 정부와 작은 시장'보다 '작은 정부와 큰 시장'이 더 낫다는 주장의 근거가 되는 것으로 옳지 않은 것은?

① 정부의 생산성이 시장의 생산성보다 낮다.
② 정부가 개입함으로써 문제를 야기하는 경우가 더 많다.
③ 정부는 타율적이나 시장은 자율성을 확대한다.
④ 시장실패보다 정부실패의 파급력이 훨씬 크다.
⑤ 시장정보를 정부가 잘 파악할 수 있으므로 작은 정부로도 충분하다.

 정부는 시장의 정보를 충분히 알지 못하기 때문에 시장실패를 보완하기 위해 시장에 개입할 때에도 정부실패의 가능성이 상존한다.

38 최근 무상급식을 둘러싼 논란이 지속되고 있다. 이는 보편적 복지에 대한 사회적 관심을 불러일으켰는데, 다음 중 보편적 복지론에 대한 설명으로 잘못된 것은 무엇인가?

① 중산층에서 빈민으로의 계층이동을 완화한다.

② 계층갈등에 대한 완충장치 역할을 함으로써 사회적 안정성을 높인다.

③ 비용에 비하여 효율적인 서비스를 이루기 어렵다.

④ 보편적 이타심에 기반하여 국가가 사회적 약자를 보살피는 개념이다.

⑤ 특정한 수급대상자에게 가해지는 낙인이 없다.

 보편적 사회복지란 선별적 사회복지에 대비되는 개념으로, 빈부격차에 관계없이 다수의 국민에게 동등한 복지 혜택을 제공하는 것이다. 사회적 약자를 위한 것은 선별적 사회복지의 개념에 더 가깝다.

39 세계적인 기업으로 눈부신 성공을 거두고 있는 애플, 구글 등은 플랫폼 비즈니스(Platform Business)를 운영하는 것으로 유명하다. 다음 중 플랫폼 비즈니스의 사례에 해당하지 않는 것은?

① 세탁기   ② 게임기

③ 컴퓨터   ④ 휴대폰

⑤ 쇼핑몰

 플랫폼 비즈니스란, IT 기반의 환경을 조성하여 그 안에서 소비자와 생산자가 시공간을 초월하여 엔터테인먼트를 공유하고 거래할 수 있는 가상의 시장을 제공하는 사업을 말한다. 굳이 세탁기에 플랫폼 비즈니스를 적용할 필요는 없다.

Answer → 36.① 37.⑤ 38.④ 39.①

40 아래의 사건을 잘 설명해주는 경제이론은?

> 2010년 11월 경북 안동 와룡면 축산농가에서 돼지 구제역이 발생하였다. 한 달 사이에 경기 양주, 강원, 인천 강화 등 4개 시·도로 구제역이 확산되자 방역당국은 가축전염병 위기경보를 '경계'에서 최고단계인 '심각'으로 격상시켰다. 그러나 1월 한 달 사이에 충남, 충북, 대구, 경남까지 8개 시·도에 걸쳐 구제역이 확산되었고 결국 농림수산식품부 장관이 사의를 표명하기에 이르렀다. 최초의 구제역 감염에 대하여 베트남 농장을 방문한 아동의 축산농장 주들이 귀국하는 과정에서 검역검사를 제대로 박지 않고 국내 축산농가와 접촉한 것이 원인으로 추정된다. 이에 대하여, 해마다 구제역 사태가 되풀이되는 것은 구제역 피해농가에 대한 정부의 실비보상 원칙 때문이라는 의견이 적지 않다.

① 외부효과
② 공급독점
③ 도덕적 해이
④ 경제적 지대
⑤ 역선택

 정부의 보상이 잘 갖추어졌으므로 농장주들이 예방을 소홀히 하는 현상은 도덕적 해이 (moral hazard)로 설명된다.

41 다음은 한국경제신문 2008년 11월 28일자 월드투데이 칼럼 중 일부이다. 밀턴 프리드먼의 항상소득가설에 따른 소비행태로 적절한 것은?

> "미 상무부 경제분석국(BEA)에 따르면 개인의 가처분소득은 세금환급을 받은 5~7월 급격히 늘어난 반면 소비는 세금 환급을 받은 이후 눈에 띌 만한 성장세를 보이지 않았다. 세금 환급과 소비 촉진은 별 연관관계가 없기에 실패한 정책이다. 1차 경기부양책이었던 일시적인 세금 환급은 밀턴 프리드먼의 항상소득이론이나 프랑코 모딜리아니의 생애주기이론같이 아주 기본적인 경제이론을 무시한 정책이다."

① 회사에서 성과급으로 500만원을 받았지만 거의 모든 돈을 소비하지 않고 저축하였다.
② 해외근무시 급여를 많이 받아 소비수준은 높아졌는데 국내에 복귀한 지금도 소비수준이 낮아지지 않는다.
③ 노후를 대비하기 위해 젊었을 때 소비를 줄이고 저축을 더 늘리기로 하였다.
④ 현재소득만 고려해서 소비수준을 결정한다.
⑤ 항상 정해진 양만 소비한다.

항상소득가설 … 소비자들은 일시적인 소득보다는 일정한 소득에 따라 소비수준을 결정한다는 것으로, 일시적 소득인 특별 보너스를 소비하지 않고 저축한 것이 이에 해당한다.
② 톱니효과
③ 생애주기가설
④ 케인즈의 소비이론

42 다음 중 지문에서 제시된 세금에 관한 설명으로 옳지 않은 것은?

> • 세금 A : 모든 국가 간 자본 유출입 거래에 대해 단일세율을 적용하는 외환거래세의 일종이다. 외환·채권·파생상품·재정거래 등으로 막대한 수익을 올리는 투기자본을 규제하기 위하여 단기성 외환 거래에 부과한다.
> • 세금 B : 2008년 9월 글로벌금융위기 이후 은행 구제금융에 들어간 재원을 회수하는 동시에 은행의 건전성을 높이기 위하여 은행에 부과하는 세금으로 은행이 보유하고 있는 자산중 안전성이 낮은 자산에 부과하는 것으로 벌칙성 세금성격이 강하다.

① 세금 A는 금융시장 불안정성의 주요 원인인 단기 투기적 자본 유출입을 억제하기 위해 제안되었다.
② 세금 A를 선제적으로 실시하는 경우, 역외금융 시장의 금융거래가 국내금융시장으로 유입됨으로써 조세부과의 효과가 더욱 극대화될 수 있다.
③ 세금 B는 '오바마세'라고도 불리며, 금융위기 당시 정부가 지원한 은행들에 대한 구제금융 자금 회수 및 대형 투자은행에 대한 규제적 성격을 모두 지닌다.
④ 세금 B는 은행들이 고수익 위험 자산에 무분별하게 투자하는 행위를 방지하여 도덕적 해이를 줄일 수 있게 해준다.
⑤ 세금 A와 세금 B는 모두 일종의 조세로서 금융시장의 효율성을 저해하는 자중손실(deadweight loss)을 야기할 수 있음을 유념해야 한다.

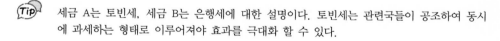 세금 A는 토빈세, 세금 B는 은행세에 대한 설명이다. 토빈세는 관련국들이 공조하여 동시에 과세하는 형태로 이루어져야 효과를 극대화 할 수 있다.

Answer → 40.③ 41.① 42.②

43 다음의 자료에 대하여 옳게 설명한 사람을 모두 고르면?

> **[자료 1]**
>
> 　2010년 12월 한·미 자유무역협정(FTA) 자동차 협상 수정안이 타결됐다. 수정안에 따르면 우리나라의 미국산 수입승용차와 전기차의 관세율은 현행 8%에서 4%로 즉각 인하되고, 관세는 FTA 발효 후 5년에 걸쳐 완전히 철폐된다.
>
> **[자료 2]**
>
> 　수입 자동차는 가격을 인하하면 판매량이 급증하는 양상을 보이는데, 최근 수입차업체들이 직접 가격을 인하하거나 할부 금리를 낮추고 있고 국산 신차 가격은 고급화 전략의 영향으로 오르고 있어 수입차 판매 대수와 시장점유율이 높아지는 추세이다.
>
> **[보기]**
>
> 재한 : 미국산 승용차에 대한 관세가 인하되면 미국산 승용차 국내 매출액이 증가하겠군.
> 은경 : 그렇지. 관세가 인하된 만큼 미국산 승용차 가격도 4%포인트 하락할 테니까.
> 민정 : 그나저나 우리 국민들의 소득이나 선호가 특별히 변하지 않는다면 국산차나 미국 이외 나라들의 승용차에 대한 수요는 줄어들겠네.

① 재한, 은경　　　　　　　　② 재한, 민정

③ 은경, 민정　　　　　　　　④ 모두 옳다

⑤ 모두 틀렸다

 자료 2로부터 수입자동차가 수요의 가격 탄력성이 큰 사치재이며 차들 간 대체재의 관계가 있음을 알 수 있다. 미국산 자동차의 관세가 인하되면 가격이 하락하게 되고, 판매량의 증가 정도는 가격 인하율보다 높게 나타날 것이다. 미국산 자동차 판매가 늘어나면 대체재의 수요는 줄어든다. 관세 인하도와 가격 인하도는 같다는 보장이 없다.

44 다음은 일상생활에서 쉽게 볼 수 있는 경제현상들이다. 공통적인 원인은 무엇인가?

> • 입시철마다 대학 주변의 하숙촌은 호황을 누린다.
> • 여름철마다 동해안 해수욕장의 민박촌은 호황을 누린다.
> • 졸업식 · 입학식 시즌의 장미 가격은 평소보다 비싸다.
> • 단기적으로 토지에 조세를 부과하면 조세자본화 현상이 일어난다.

① 담합

② 규제

③ 수요 초과

④ 정보 비대칭

⑤ 공급 비탄력성

> **(Tip)** 공급이 비탄력적일 때(공급곡선이 수직에 가까울 때), 시장가격은 수요의 변동에 민감하게 반응한다. 수요초과는 하숙촌이나 민박촌 사례에는 해당되나 나머지 현상을 설명하지는 못한다.

45 한국정부는 소말리아 해적에 피랍된 한국 선원을 구하기 위하여 협상 전략을 주로 구사해왔다. 그러나 최근 군함을 파견하고 인질구출작전을 펴는 등 전략적 변화를 보이고 있는데 이러한 전략 변화를 잘 설명할 수 있는 게임이론의 형태는 무엇인가?

① 사슴사냥게임

② 최후통첩게임

③ 죄수의 딜레마 반복게임

④ 동전 맞추기 게임

⑤ 가위 · 바위 · 보 게임

> **(Tip)** 일회적인 죄수의 딜레마 게임이라면 협상하는 것이 정부의 우월전략이 될 수 있으나, 지속적으로 반복된다면 어느 순간부터는 군사적으로 대응하는 것이 우월전략이 될 수 있다. 한국 정부의 전략 변화는 이러한 맥락에서 이해할 수 있다.

Answer → 43.② 44.⑤ 45.③

46 아래의 제시문이 설명하는 사상은 무엇인가?

> 효용 원리는 다른 모든 도덕체계가 행사하는 윤리적 제재를 전부 가동할 수 있다. 그 제재에는 외부적인 것과 내부적인 것 두 가지가 있다. 외부적인 제재는, 우리 주변 사람들 또는 이 우주의 주재자가 좋아하는 것에 대한 희망이고 싫어하는 것에 대한 두려움이다. 이것과 더불어 우리는 이웃 사람들에게 어떤 형태든 동정심이나 호감을 품는다. 또는 창조주에 대한 사랑과 경외심 때문에 자신의 이기적 욕구에 휘둘리지 않고 그의 의지에 따라 살게 된다.
>
> … 중략 …
>
> 왜냐하면 도덕적 의무의 근거로서 일반 행복을 제외한 다른 무엇이 있든 없든 간에 사람은 진정 행복을 갈망하기 때문이다. 그 뿐 아니라 본인의 실제 삶은 비록 불완전하더라도 자신의 행복을 증진해준다고 생각되는 방향으로 다른 사람들이 행동해주기를 원하고 또 그렇게 하도록 권면하기 때문이다.
>
> － 존 스튜어트 밀 －

① 쾌락주의　　　　　　　　② 이기주의
③ 공리주의　　　　　　　　④ 도덕주의
⑤ 공동체주의

 존 스튜어트 밀(John Stuart Mill)은 벤담의 양적 공리주의에서 벗어나 질적 공리주의를 제창하였다. 단순한 쾌락의 총합을 극대화하는 것이 아니라, 존엄, 고결, 정의, 자유 같은 가치를 고려한 공리주의 사상을 전개하였다.

47 다음 글에 관한 아래의 설명 중 성격이 같은 것끼리 묶은 것은?

> 어느 기업이 신입사원을 고용할 때 신입사원의 임금은 노동의 한계생산가치(value of marginal product of labor)에 의해 결정된다고 가정하자. 그런데 신입사원은 두 유형이 존재한다. H 유형의 신입사원은 높은 업무 능력의 소유자로서 한계생산가치가 월 250만 원인데 이 유형의 신입사원은 약 40%이다. 그리고 L 유형의 신입사원은 낮은 업무 능력의 소유자로서 한계생산가치가 월 200만원인데 이 유형의 신입사원은 약 60%이다.

> ㈎ 보험 가입자 간의 문제에 있어 보험 가입 후의 보험 가입자의 행동 변화는 위 사례와 유사한 형태이다.
> ㈏ 생명보험 가입 시 보험회사 담당자가 건강검진을 요구하는 것은 위의 경우 지원자를 식별하는 방법과 유사하다.
> ㈐ 기업이 신입사원의 유형을 정확히 파악하고 있다면, 기업 인사 담당자는 H 유형의 신입사원에게 3,000만원의 연봉을, 그리고 L 유형의 신입사원에게 2,400만원의 연봉을 책정할 것이다.
> ㈑ 기업 인사 담당자가 신입사원의 유형을 식별하기 어려울 때 신입사원에 대해 월 230만원의 급여를 책정하면 L 유형의 신입사원만 채용되고 H 유형의 신입사원은 채용되지 못하는 결과가 초래될 수 있다.

① ㈎㈐
② ㈎㈑
③ ㈏㈐
④ ㈎㈏㈑
⑤ ㈏㈐㈑

 위의 사례는 정보의 비대칭으로 인한 역선택에 대한 설명으로 ㈎에서 보험 가입자의 행동 변화는 도덕적 해이와 관련된 것이다. 정보의 비대칭 상황 하에서 거래대상의 감추어진 특성으로 인해 정보를 갖지 못한 사람이 바람직하지 못한 선택을 하게 될 가능성이 높아지는 현상을 역선택이라고 한다. 중고차 시장, 보험시장, 상품시장 등에서 자주 발생한다.

Answer ↪ 46.③ 47.⑤

48 아래의 표는 흥부와 놀부가 단위 시간에 생산할 수 있는 박과 갓의 양을 나타낸 것이다. 이에 대한 설명 중 옳지 않은 것은?

구분	흥부	놀부
박(객)	6	2
갓(객)	12	8

① 놀부는 갓 생산에 대하여 비교우위에 있다.

② 흥부는 박과 갓 모두에서 절대우위에 있다.

③ 흥부가 박 1개를 생산하는 기회비용은 갓 2개이다.

④ 기회비용을 고려하면 흥부와 놀부는 거래를 하지 않는 것이 낫다.

⑤ 두 사람 모두 이익을 얻으려면 흥부의 박 1개와 놀부의 갓 3개를 교환하면 된다.

 비교우위에 따라 생산하여 거래하면 상호 이익을 얻을 수 있다. 이 때 거래조건은 두 사람의 기회비용 사이에서 형성된다.

49 재화의 유형에 대하여, A, B, C, D에 알맞은 사례를 바르게 연결한 것은? (A : 배제성, 경향성 있음, B : 배재성만 있음, C : 경합성만 있음, D : 배재성, 경합성 모두 없음)

① A : 국방 B : 근해 어족자원 C : 케이블TV D : 컴퓨터

② A : 컴퓨터 B : 근해 어족자원 C : 케이블TV D : 국방

③ A : 컴퓨터 B : 케이블TV C : 근해 어족자원 D : 국방

④ A : 케이블TV B : 컴퓨터 C : 근해 어족자원 D : 국방

⑤ A : 국방 B : 컴퓨터 C : 근해 어족자원 D : 케이블 TV

 재화를 소비함으로써 자원이 줄어드는가(경합성)와 다른 사람의 소비를 제한할 수 있는가(배재성)를 기준으로 분류하면, A는 사유재, C는 공유재, D는 공공재에 해당하고, B는 자연독점의 특성을 가진다.

50 수험서 인쇄업체인 ㈜서원은 내년에 인쇄교재량을 1만4000부로 잡고 권당 생산원가를 재료비, 인건비 등 변동비 500원, 고정비 100원 등 600원으로 예상하고 있다. 교재 판매가격은 개당 700원이다. 이런 상황에서 ㈜서원은 지방의 출판사으로부터 권당 600원에 교재 3000개를 인쇄하겠다는 특별 주문을 받았다. ㈜서원의 연간 최대 생산능력은 1만6000권이다. 지방 출판사의 주문을 받아들일 경우 조판조정을 위한 투자비 8만원이 들어가야 한다. 특별 주문에 대한 옳은 의사결정은?

① 회사에 8만원의 이익감소를 가져오므로 거부해야 한다.
② 회사에 2만원의 이익감소를 가져오므로 거부해야 한다.
③ 회사에 38만원의 이익감소를 가져오므로 거부해야 한다.
④ 회사에 2만원의 추가이익을 가져오므로 받아들여야 한다.
⑤ 회사에 32만원의 추가이익을 가져오므로 받아들여야 한다.

 특별 주문을 받아들였을 때 발생하는 추가 수입과 비용을 비교해서 판단한다. 추가수입은 (600 − 500)원 × 3000권 − 8만원이므로 22만원이며 정규매출이 1000개 감소하므로 (700 − 500)원 × 1000권 = 20만원이 기회비용이다. 따라서 2만원만큼 이익이 생기므로 특별주문을 받아들이는 것이 유리하다. 이때 고정비(권당 100원)는 매몰비용이므로 감안할 필요가 없다.

02 공학기초

1 다음 중 물과 에테르 액체의 혼합에서 두 액체를 분리하는 방법으로 옳은 것은?

① 분별증류
② 승화
③ 재결정
④ 분별깔대기

 물과 에테르와 같은 액체혼합물은 서로 섞이지 않고 두 층을 이루므로 분별깔대기를 이용하여 혼합물을 분리한다.

2 다음 중 이산화탄소(CO_2)에 섞여있는 수증기를 제거하는 데 사용하는 건조제로 가장 적절한 것은?

① CaO
② KOH
③ NaOH
④ P_4O_{10}

 건조제
㉠ 산성 건조제 : 물질이 산성일 때 수증기와 암모니아 같은 염기성 기체를 흡수한다.
　예 진한 황산, 오산화인
㉡ 염기성 건조제 : 물질이 염기성일 때 수증기와 이산화탄소 같은 산성 기체를 흡수한다.
　예 소다석회
㉢ 중성 건조제 : 물질이 중성일 때 수증기 등을 흡수한다.
　예 염화칼슘, 실리카겔

3 다음 중 불균일혼합물로 옳은 것은?

① 수소
② 공기
③ 소금물
④ 우유

 혼합물의 종류
  ㉠ 균일혼합물 : 어느 부분을 취해도 조성비가 달라지지 않는다(공기, 소금물 등).
  ㉡ 불균일혼합물 : 취하는 부분에 따라 조성비가 달라진다(우유, 연기 등).

4 다음 중 수소 2g과 산소 32g으로 물을 생성할 때 산소 16g이 반응하지 않고 남아 있는 경우 적용될 수 있는 법칙으로 옳은 것은?

① 배수비례의 법칙
② 기체반응의 법칙
③ 일정성분비의 법칙
④ 질량보존의 법칙

 일정성분비의 법칙 … 어느 한 화합물을 구성하고 있는 성분원소의 질량비는 항상 일정하다.

5 다음 중 일정한 온도, 압력하에서 수소 10ml와 산소 10ml를 반응시킬 때 수증기가 생성되고 남은 기체의 양은 몇 ml인가?

① 수소 3ml
② 산소 3ml
③ 수소 5ml
④ 산소 5ml

 $2H_2 + O_2 \rightarrow 2H_2O$로,
수소 : 산소 : 수증기 = 2 : 1 : 2 = 10 : 5 : 10이다.
그러므로 수소 10ml와 산소 5ml가 반응하여 수증기 10ml를 생성하고 남은 기체는 산소 5ml가 된다.

Answer ↱ 1.④ 2.④ 3.④ 4.③ 5.④

6 다음 중 어떤 고체유기물질을 정제하려는 과정에서 물질이 순수한 상태인지 알아보는 방법으로 옳은 것은?

① 밀도 　　　　　　　　　　　② 색깔

③ 녹는점 　　　　　　　　　　④ 원자수

　　　(Tip) 순수한 물질은 녹는점과 끓는점이 일정한 성질을 갖는다.

7 다음 중 기체의 운동론에 대한 설명으로 옳지 않은 것은?

① 기체분자들은 완성 탄성체로 간주한다.

② 기체분자들 자체가 차지하는 부피는 너무 작다.

③ 기체분자 상호간에는 반발력이 크게 작용한다.

④ 기체분자들은 끊임없이 빠른 속도로 열운동을 한다.

　　　(Tip) ③ 기체분자 상호간에는 반발력이나 인력이 작용하지 않는다.

8 다음 중 기체분자의 운동에너지를 결정하는 조건으로 옳은 것은?

① 화학적 성질 　　　　　　　　② 분자량

③ 온도 　　　　　　　　　　　④ 분자가 갖는 총 전자수

　　　(Tip) 기체분자의 운동에너지는 온도에만 의존한다.

9 다음 중 고체 상태이지만 그 안의 원자나 분자의 배열이 불규칙하게 되어 있는 것은?

① 수정

② 얼음

③ 유리

④ 다이아몬드

 비결정성 고체 … 입자들 사이의 강한 인력 때문에 자유로이 이동할 수 없고 입자들의 배열이 불규칙하여 결정의 특성을 나타내지 못한다.

10 다음 중 20℃에서 수용액 위의 산소압력이 1.0기압일 때 물 100g에 녹는 산소의 양이 x ml라면 2.0기압일 때 물 100g에 녹는 산소의 부피로 옳은 것은?

① $\frac{1}{2}x$ ml

② x ml

③ $2x$ ml

④ $4x$ ml

 녹는 기체의 부피는 압력과 무관하므로 1기압일 때와 2기압일 때의 물 100g에 녹는 산소의 양은 같다.

11 다음 보어의 수소원자모형에 대한 설명 중 옳지 않은 것은?

① 전자는 어떤 특정한 궤도에서만 움직인다.

② 에너지크기의 순서는 K < L < M < N이다.

③ 정량적으로 화학결합을 설명하는 것이 가능하다.

④ 전자가 2개 이상인 원자에서는 맞지 않는다.

 ③ 화학결합을 정량적으로 설명하는 것은 불가능하다.

┃12~13┃ 다음 보기 중에서 문제에 제시된 상황과 같은 원리를 가지거나 관련 있는 것을 고르시오.

12 달려가다가 돌에 걸려 앞으로 넘어졌다.

① ㉠   ② ㉡
③ ㉢   ④ 없다.

 ㉠ 관성의 법칙 ㉡ 지렛대의 원리 ㉢ 작용·반작용, 마찰력
헐거워진 망치의 망치 자루를 바닥에 내리치면 관성의 법칙에 의해 더 깊숙이 박히게 된다. 달려가다가 돌에 걸리면 앞으로 계속 나아가려는 힘 때문에 앞으로 넘어지게 된다. 두 가지 경우 모두 관성의 법칙이 적용한 예이다.

13 가위를 이용해 종이를 오렸다.

① ㉠   ② ㉡
③ ㉢   ④ 없다.

 가위와 병따개는 지렛대의 원리를 이용하여 실생활에서 유용하게 사용되는 대표적인 도구들이다.

14 질량이 2kg과 4kg인 공이 그림과 같이 같은 높이에서 지면으로 떨어졌다. 다음 중 바닥에 더 먼저 떨어지는 것은? (단, 공기의 저항은 무시한다)

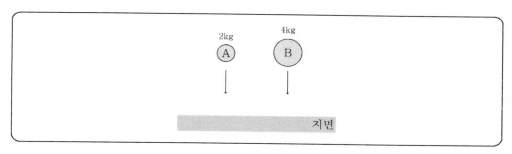

① A
② B
③ 동시에 떨어진다.
④ 알 수 없다.

 무게는 물체에 작용하는 중력의 크기이며, $W = mg$로 표현한다. 중력 가속도 g는 같지만 두 물체는 질량이 다르므로, 무게나 중력도 다르다. 그러나 공기의 저항이 없으면 떨어지는 물체에 작용하는 힘은 중력뿐이므로 $F = ma = mg$이다. 따라서 같은 높이에서 떨어지는 물체들은 질량에 관계없이 동시에 지면에 떨어진다.

15 다음과 같이 롤러코스터가 레일을 따라 달리고 있다. 다음 중 속력이 가장 빠른 지점은?

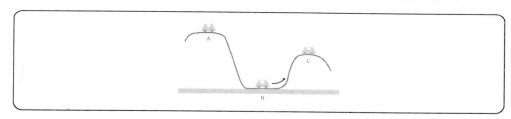

① A
② B
③ C
④ 모두 같다.

 에너지 보존 법칙에 따라 운동에너지의 합과 위치에너지의 합은 같다. 속력은 운동에너지가 가장 많은 지점(= 위치에너지가 가장 작은 지점)에서 가장 빠르므로 속력이 가장 빠른 지점은 B이다.

Answer ↪ 12.① 13.② 14.③ 15.②

16 다음 그림과 같은 도르래의 줄을 각각 2m 아래로 당겼다. 이 때 한 일의 양이 가장 많은 경우는? (단, 물체의 무게는 모두 같고, 도르래의 무게와 마찰은 무시한다)

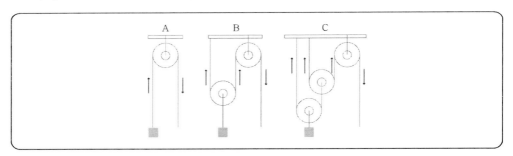

① A   ② B

③ C   ④ 모두 같다.

(Tip) 줄을 당긴 거리가 같으므로 힘의 크기가 가장 큰 경우가 일을 가장 많이 한 경우이다. 힘의 크기는 A > B > C순이므로 일의 양은 A가 가장 많다.

17 다음 중 반시계방향으로 돌아가고 있는 톱니바퀴의 수로 옳은 것은?

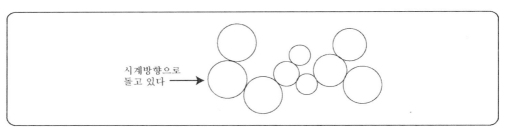

① 없다.   ② 3개

③ 6개   ④ 8개

(Tip) 바깥물림의 두 기어는 서로 반대방향으로 회전하므로 A가 시계방향으로 돌아가고 있으므로 ㉠ㄴㄹㅁㅅㅇ은 반시계 방향으로 돌아간다.

┃18~19┃ 다음 톱니바퀴 그림을 보고 물음에 답하시오.

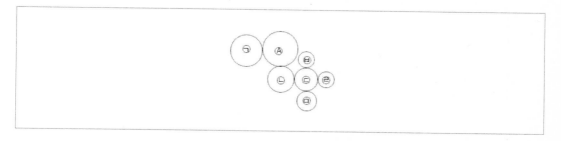

18 Ⓐ가 반시계 방향으로 돌아가고 있다면 다음 중 옳지 않은 것은?

① ㉠, ㉡은 시계방향으로 돌아가고 있다.

② ㉣은 시계방향으로 돌아가고 있다.

③ 시계방향으로 돌아가고 있는 것은 2개, 반시계 방향으로 돌아가고 있는 것은 5개다.

④ ㉢은 반시계 방향으로 돌아가고 있고 ㉡, ㉣, ㉤, ㉥은 시계방향으로 돌아가고 있다.

 Ⓐ가 반시계 방향으로 돌아가고 있으므로 ㉠㉡은 시계방향, ㉡과 닿아있는 ㉢은 반시계방향, ㉢과 닿아있는 ㉣㉤㉥은 시계방향이다. 따라서 시계방향은 ㉠㉡㉣㉤㉥ 5개, 반시계 방향은 Ⓐ㉢ 2개다.

19 다음 중 위 톱니바퀴에 대한 설명으로 옳지 않은 것은?

① ㉢이 시계방향으로 돌아가고 있다면 Ⓐ는 ㉢과 같은 방향으로 돌아가고 있다.

② ㉡이 시계방향으로 돌아가고 있다면 반시계 방향은 2개다.

③ Ⓐ가 시계방향으로 돌아가고 있다면 반시계 방향은 5개다.

④ ㉠이 시계방향으로 돌아가고 있다면 ㉣은 ㉠과 반대 방향으로 돌아가고 있다.

 ㉠이 시계방향이면 바로 옆 Ⓐ는 반시계방향, Ⓐ와 맞물리는 ㉡은 시계방향, ㉡ 옆 ㉢은 반시계방향, ㉢과 닿아있는 ㉣은 시계방향으로 돌아간다. 따라서 ㉠과 ㉣은 둘 다 시계방향으로 돌아가고 있다.

Answer ↱→ 16.① 17.③ 18.③ 19.④

20 추를 40cm 위로 끌어올리려면 줄을 몇 cm 당기면 되는가?

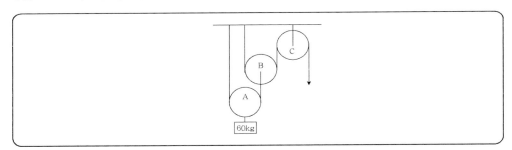

① 40cm

② 80cm

③ 160cm

④ 240cm

 A는 움직도르래이므로 추를 40cm 끌어 올리려면 그 2배인 80cm로 끌어당겨야 한다. B는 움직도르래이므로 80cm로 끌어 올리려면 그 2배인 160cm로 끌어당겨야 한다. C는 고정 도르래이므로 움직이는 힘의 방향만 바꿀 뿐이다. 따라서 160cm이다.

21 그림처럼 300g의 물체를 끌어올리려면 어느 정도의 힘이 필요한가?

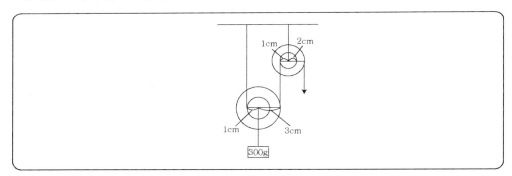

① 32.5g

② 35.5g

③ 37.5g

④ 40.5g

 왼쪽의 바퀴축은 움직이는 바퀴축이므로
$$1 \times 300 = (1+3) \times Q$$
$$Q = 75(g)$$
오른쪽의 바퀴축은 고정 바퀴축이므로
$$1 \times 75 = 2 \times x$$
$$x = 37.5(g)$$

22 다음 그림 중에서 제일 적은 힘으로 끌어올릴 수 있는 순으로 옳은 것은?

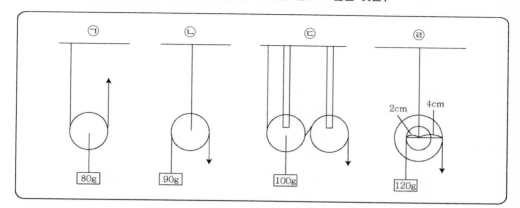

① ㉠㉡㉢㉣

② ㉡㉣㉢㉠

③ ㉠㉢㉣㉡

④ ㉠㉢㉡㉣

㉠ 움직이는 도르래로서 끌어올리는 힘은 물체 무게의 $\frac{1}{2}$인 40g이다.

㉡ 고정 도르래의 끌어올리는 힘은 물체 무게와 같으므로 90g이다.

㉢ 왼쪽의 도르래는 움직이는 도르래이며, 오른쪽 도르래는 고정 도르래이다. 따라서 50g이다.

㉣ 고정 바퀴축은 '작은 바퀴측 반지름 × 물체의 무게 = 큰 바퀴측 반지름 × 끌어당기는 힘'이므로 $2 \times 120 = 4 \times x$이고 $x = 60(g)$이 된다.

23 매끄러운 수평면 위에 정지해 있던 질량 5kg의 물체에 10N의 힘이 4초 동안 작용했을 때 10초 후의 속도는?

① 2m/s   ② 4m/s

③ 8m/s   ④ 16m/s

   $V-t$ 그래프를 그려보면 다음과 같다.   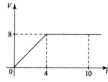

$t=4$까지의 기울기는 $f=ma$에서

$a = \dfrac{f}{m} = \dfrac{10}{5} = 2(\text{m/s}^2)$

$V=V_0 + at$에서 $V=0+2\times4=8(\text{m/s})$

4초 후에는 힘이 가해지지 않았으므로 $t=10$일 때의 속도는 8m/s이다.

24 어떤 물체의 시간(t)과 속력과의 관계그래프이다. 이 물체가 직선운동을 할 때 처음부터 50초 동안 이동한 거리는 몇 m인가?

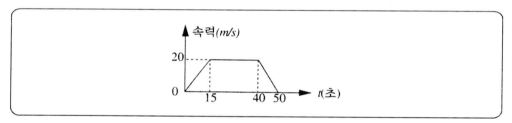

① 1,000   ② 750

③ 650   ④ 500

   속력－시간 그래프에서 이동거리는 면적에 해당하므로 위 그래프에서 그래프와 t축으로 둘러싸인 면적

$S = \dfrac{1}{2} \times 15 \times 20 + 25 \times 20 + \dfrac{1}{2} \times 10 \times 20 = 750(\text{m})$이다.

25 다음은 어떤 물체의 $v - t$관계를 나타낸 그래프이다. 설명으로 옳은 것은?

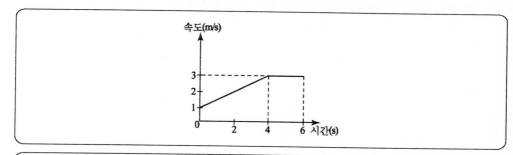

- ㉠ 4초 일 때 물체의 속력은 3m/s이다.
- ㉡ 6초 동안 물체의 이동거리는 14m이다.
- ㉢ 0~4초 사이에서 물체의 가속도는 0.75m/s²로 일정하다.

① ㉠㉡

② ㉡㉢

③ ㉠㉢

④ ㉠㉡㉢

 ㉠ 4초 때의 속력은 3m/s이다.
㉡ $v - t$ 그래프에서 이동거리는 면적과 같으므로

$$(6 \times 3) - \frac{1}{2}(4 \times 2) = 18 - 4 = 14(\text{m})$$

㉢ 가속도$(a) = \dfrac{\Delta v}{t} = \dfrac{2}{4} = 0.5(\text{m/s}^2)$

26 다음과 같이 100kg짜리 드럼통을 빗면을 따라 밀어 올리려 한다. 빗면의 길이가 6m이고, 높이가 3m라면, 이 드럼통을 밀어 올리는 데 필요한 최소한의 힘은?

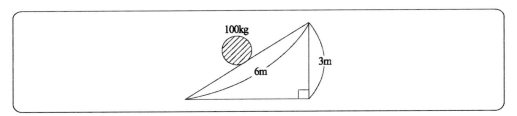

① 25kg중

② 50kg중

③ 100kg중

④ 150kg중

$$F = mg\sin\theta = 100 \times \frac{3}{6} = 50(\text{kg중})$$

27 스프링 저울을 수평으로 놓고 양끝에 질량이 10kg인 두 물체를 달아 놓았다. 저울 눈금(kg)은?

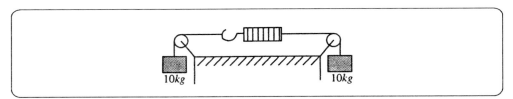

① 0kg

② 5kg

③ 10kg

④ 20kg

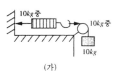
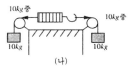

㈎에서 용수철 저울 양 끝에 작용하는 힘을 나타낸 것과 ㈏에서 저울의 양 끝에 작용하는 힘의 크기는 같으므로, 저울 눈금은 10kg을 나타낸다.

28 다음 그림과 같이 2kg인 물체를 10N의 힘으로 끌었더니 가속도가 $3m/s^2$이 되었다. 이 때 면과 물체 사이에 작용하는 마찰력은?

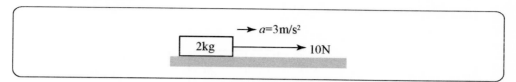

① 0N

② 2N

③ 4N

④ 6N

 마찰력이 있을 때 가한 힘 $F = ma + F_f$(마찰력)이므로

$F = 10N$, $a = 3m/s^2$, $m = 2kg$을 대입하여 계산하면 $10 = 2 \times 3 + F_f$

$F_f = 4N$

29 마찰이 없는 수평면상에 탄성계수 100N/m인 용수철에 질량 1kg의 물체를 매달고 0.1m 당겼다 놓으면 물체의 최대속도는?

① 1m/s

② 1.5m/s

③ 2m/s

④ 0.5m/s

 용수철의 저장에너지 = 최대 운동에너지이므로

$$\frac{1}{2}kx^2 = \frac{1}{2}mV^2$$

$k = 100N/m$, $x = 0.1m$, $m = 1kg$을

대입하여 계산하면 $V = 1m/s$

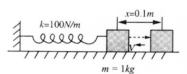

30 다음 그림과 같이 3kg인 물체와 2kg인 물체를 도르래를 사용해서 매달았다. 수평면의 마찰력을 무시하면 3kg인 물체의 운동가속도는?

(단, 중력가속도 $g = 10\text{m}/\text{s}^2$이다)

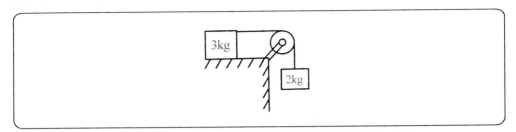

① $10\text{m}/\text{s}^2$　　　　　　　　② $8\text{m}/\text{s}^2$

③ $6\text{m}/\text{s}^2$　　　　　　　　④ $4\text{m}/\text{s}^2$

 두 물체의 운동가속도를 a라 하면 두 물체에
작용하는 힘은 2kg인 물체에 작용하는 중력과 같으므로
$F = ma = 2 \times 10 = 20\text{N}$
힘=질량×가속도이므로 $F = 20 = (3 + 2) \times a$
$a = 4\text{m}/\text{s}^2$

31 행렬 $\begin{pmatrix} 2 & -1 \\ 1 & 3 \end{pmatrix}$으로 나타내어지는 일차변환에 의하여 점 $(a, 2)$가 점 $(-4, b)$로 옮겨질 때, $a + b$
의 값은?

① 1　　　　　　　　② 2

③ 3　　　　　　　　④ 4

 $\begin{pmatrix} -4 \\ b \end{pmatrix} = \begin{pmatrix} 2 & -1 \\ 1 & 3 \end{pmatrix}\begin{pmatrix} a \\ 2 \end{pmatrix} = \begin{pmatrix} 2a-2 \\ a+6 \end{pmatrix}$이므로
$2a - 2 = -4,\ a + 6 = b$
$\therefore a = -1,\ b = 5 \quad \therefore a + b = 4$

32 다음과 같이 두 물체를 도르래를 사용해서 매달 때, 물체의 운동가속도의 크기는 얼마인가? (단, $g = 10\text{m/s}^2$이다)

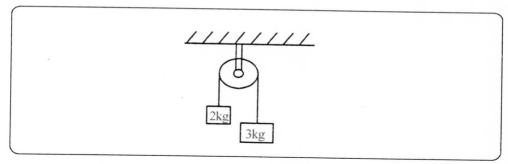

① 0m/s^2

② 1m/s^2

③ 2m/s^2

④ 4.9m/s^2

 두 그림을 참고로 하면, 물체의 작용하는 힘 $(F = mg)$은 각각 $2g$, $3g$이며,
이 두 힘의 합력 $F = 3g - 2g = g$
물체는 오른쪽 아래로 움직이므로 운동가속도를 a라 하면
힘=질량×가속도이므로
$F = g = (2+3)a$ 이 식에 $g = 10$을 대입하여 계산하면
$a = 2\text{m/s}^2$

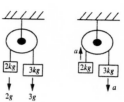

33 $x + y = 3$, $xy = 1$일 때, $\dfrac{y}{x} + \dfrac{x}{y}$의 값을 구하면?

① 4

② 5

③ 6

④ 7

$\dfrac{y}{x} + \dfrac{x}{y} = \dfrac{x^2 + y^2}{xy} = \dfrac{(x+y)^2 - 2xy}{xy} = \dfrac{3^2 - 2}{1} = 7$

Answer ⟶ 30.④ 31.④ 32.③ 33.④

34 어떤 직육면체의 부피가 3일 때, 이 직육면체의 모든 면의 넓이를 모두 곱하면?

① 27   ② 54

③ 81   ④ 243

 직육면체의 가로의 길이, 세로의 길이, 높이를 각각 x, y, z라 하면, 부피가 3이므로 $xyz = 3$이다. 또한, 면의 넓이가 xy인 것이 2개, yz인 것이 2개, zx인 것이 2개이므로

$$\therefore (xy)^2(yz)^2(zx)^2 = x^4y^4z^4 = (xyz)^4 = 3^4 = 81$$

35 그림과 같이 가로 4m, 세로 2m인 직사각형의 화단이 있다. 가로와 세로를 x만큼 늘리면 처음 넓이의 2배가 된다고 할 때, x와 가장 가까운 정수는?

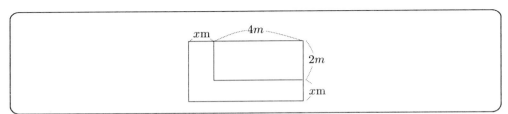

① 1   ② 2

③ 3   ④ 4

 처음 직사각형 넓이 : $4 \times 2 = 8$
늘린 직사각형의 넓이 : $(x+4) \times (x+2) = 8 \times 2$

$$x^2 + 6x + 8 = 16$$

$$x^2 + 6x - 8 = 0$$

$ax^2 + 2b'x + c = 0$의 근은 $x = \dfrac{-b' \pm \sqrt{b'^2 - ac}}{a}$

$$\therefore x = -3 \pm \sqrt{9+8}$$

$$\therefore x = -3 + \sqrt{17}, \ x = -3 - \sqrt{17}$$

$$\therefore x = -3 + \sqrt{17} \, (x > 0) \quad \therefore x \fallingdotseq 1$$

36 $\dfrac{1}{1+\dfrac{1}{1+\dfrac{1}{1+x}}}$ 를 간단히 하면?

① $\dfrac{x+3}{2x+2}$

② $\dfrac{2x+2}{x+3}$

③ $\dfrac{x+2}{2x+3}$

④ $\dfrac{2x+3}{x+2}$

Tip

$$\dfrac{1}{1+\dfrac{1}{1+\dfrac{1}{1+x}}} = \dfrac{1}{1+\dfrac{1}{\dfrac{1+x+1}{1+x}}} = \dfrac{1}{1+\dfrac{1+x}{2+x}}$$

$$= \dfrac{1}{\dfrac{2+x+1+x}{2+x}} = \dfrac{x+2}{2x+3}$$

37 $a < 0$일 때, 다음 중 옳은 것을 모두 고르면?

⊙ $(\sqrt{-a})^2 = -a$ ⓛ $(-\sqrt{-a})^2 = a$ ⓒ $-\sqrt{a^2} = a$

① ⊙ⓛ

② ⊙ⓛⓒ

③ ⊙ⓒ

④ ⓛⓒ

Tip

$a < 0$이므로 $-a > 0$

⊙ $(\sqrt{-a})^2 = -a$

ⓛ $(-\sqrt{-a})^2 = (\sqrt{-a})^2 = -a$

ⓒ $-\sqrt{a^2} = a$

이상에서 옳은 것은 ⊙, ⓒ이다.

38 이차방정식 $x^2 + mx + m + 3 = 0$이 중근을 갖도록 하는 m의 값을 모두 더하면?

① 2   ② 4

③ 6   ④ 8

 $D = 0 \Rightarrow m^2 - 4(m+3) = 0$
$\Rightarrow m^2 - 4m - 12 = 0$
$\Rightarrow (m-6)(m+2) = 0$
$\therefore m = 6,\ -2 \quad \therefore 6 + (-2) = 4$

39 두 실수 a, b에 대하여 다음 부등식 중 옳은 것을 모두 고르면?

> ㉠ $|a| \geq a$
>
> ㉡ $a < b < 0$이면 $a^2 < b^2$
>
> ㉢ $a < 0 < b$이면 $\dfrac{1}{a} < \dfrac{1}{b}$

① ㉠   ② ㉠㉡

③ ㉠㉢   ④ ㉡㉢

 ㉡ $a = -2$, $b = -1$인 경우 $a < b < 0$이지만 $a^2 > b^2$이다.
따라서 옳은 것은 ㉠, ㉢이다.

40 이차함수 $y = x^2 + 3x + b$의 그래프가 x축과 서로 다른 두 점에서 만날 때, b의 값의 범위는?

① $b > \dfrac{9}{4}$ ② $b < \dfrac{9}{4}$

③ $b < \dfrac{9}{2}$ ④ $b > \dfrac{9}{2}$

 주어진 이차함수의 그래프가 x축과 만나는 점은 방정식 $x^2 + 3x + b = 0$의 근이다. 이 방정식은 서로 다른 두 실근을 가져야 하므로 $D = 3^2 - 4b = 9 - 4b > 0$ $\therefore b < \dfrac{9}{4}$

41 세 함수 f, g, h가 $h(g(x)) = 2x + 3$, $f(x) = -x + a$, $(h \circ (g \circ f))(x) = 2bx + 3$을 만족할 때, 상수 a, b의 합은?

① -1 ② -2

③ 0 ④ 1

 $h \circ (g \circ f) = (h \circ g) \circ f$이므로
$$(h \circ (g \circ f))(x) = ((h \circ g) \circ f)(x)$$
$$= (h \circ g)(-x + a)$$
$$= 2(-x + a) + 3$$
$$= -2x + 2a + 3$$
따라서 $2bx + 3 = -2x + 2a + 3$이 성립한다.
이 식은 x에 대한 항등식이므로 $b = -1$, $a = 0$
$$\therefore a + b = -1$$

Answer ⟶ 38.②   39.③   40.②   41.①

42 포물선 $y = x^2 - x + 3$ 위의 점 중에서 직선 $y = x - 2$에서의 거리가 최소인 점의 좌표를 (a, b)라 할 때, $a + b$의 값은?

① -2 ② 2

③ 4 ④ 8

 직선 $y = x - 2$에 평행인 직선 $y = x + k$와 포물선 $y = x^2 - x + 3$과의 접점이 구하는 점이다.

따라서 $x^2 - x + 3 = x + k$에서 $x^2 - 2x + 3 - k = 0 \cdots \bigcirc$

$\bigcirc$이 중근을 가져야 하므로 $\dfrac{D}{4} = 1 - (3 - k) = k - 2 = 0$ $\therefore k = 2$

$\bigcirc$에 $k = 2$를 대입하면 $x^2 - 2x + 1 = 0$, $(x - 1)^2 = 0$ $\therefore x = 1$

따라서 접점의 y좌표는 $y = 1^2 - 1 + 3 = 3$ $\therefore a + b = 1 + 3 = 4$

43 유리함수 $y = \dfrac{3x - 1}{x + 1}$ 의 점근선을 $x = a$, $y = b$라고 할 때, $a + b$의 값은?

① 1 ② 2

③ 3 ④ 4

 $y = \dfrac{3x - 1}{x + 1} = \dfrac{-4}{x + 1} + 3$에서 점근선은 $x = -1$, $y = 3$

$\therefore a + b = 2$

44 지수함수 $y = 2^x$에 대한 설명 중 옳지 않은 것은?

① 그래프는 점 $(0, 1)$을 지난다.
② 정의역은 실수 전체의 집합이다.
③ 그래프는 x축과 한 점에서 만난다.
④ x의 값이 증가하면 y의 값도 증가한다.

(Tip) ③ 그래프는 x축을 점근선으로 하므로 만나지 않는다.

45 $\sqrt{a\sqrt{a\sqrt{a}}}$ 를 간단히 하면?

① $a^{\frac{3}{8}}$ ② $a^{\frac{5}{8}}$

③ $a^{\frac{7}{8}}$ ④ a

> **Tip** $\sqrt{a\sqrt{a\sqrt{a}}} = \sqrt{a} \cdot \sqrt{\sqrt{a}} \cdot \sqrt{\sqrt{\sqrt{a}}} = a^{\frac{1}{2}} \cdot a^{\frac{1}{4}} \cdot a^{\frac{1}{8}} = a^{\frac{7}{8}}$

46 $\log_{\sqrt{3}}9$의 값을 구하면?

① $\frac{1}{4}$ ② $\frac{1}{2}$

③ 2   ④ 4

> **Tip** $\log_{\sqrt{3}}9 = x \implies \sqrt{3^x} = 9$ $\therefore x = 4$

47 로그함수 $y = \log_a x (a > 0,\ a \neq 1)$에 대한 설명으로 옳은 것은?

① 정의역은 양의 실수 전체의 집합이다.
② 치역은 양의 실수 전체의 집합이다.
③ 그래프는 점 $(1,\ a)$를 지난다.
④ $u < v$이면 $\log_a u < \log_a v$이다.

> **Tip** ② 치역은 실수 전체의 집합이다.
> ③ 그래프는 점 $(1,\ 0)$을 지난다.
> ④ $a > 1$이면 $u < v \iff \log_a u < \log_a v$, $a < 1$이면 $u < v \iff \log_a u > \log_a v$

Answer → 42.③ 43.② 44.③ 45.③ 46.④ 47.①

48 곡선 $y = \dfrac{1}{3}x^3 - x^2 + 1$의 접선의 방정식 중 기울기가 최소인 곳에서 $x = 0$일 때의 y의 값은?

① $\dfrac{1}{3}$ ② $\dfrac{2}{3}$

③ 1   ④ $\dfrac{4}{3}$

 $y' = x^2 - 2x = (x-1)^2 - 1$에서 최소의 기울기는 -1이다.

접점의 y의 좌표는 $f(a)$이므로 접점이 $\left(1, \dfrac{1}{3}\right)$이고,

접선의 방정식은 $y - \dfrac{1}{3} = (-1) \cdot (x-1) \Rightarrow y = -x + \dfrac{4}{3}$이다.

$\therefore x = 0$일 때, $y = \dfrac{4}{3}$

49 이차방정식 $x^2 - 6x + 4 = 0$의 두 근을 α, β라 할 때, $\log_2 \alpha + \log_2 \beta$의 값은?

① 0   ② 1

③ 2   ④ 3

 $\log_2 \alpha + \log_2 \beta = \log_2 \alpha\beta$이다.

$\therefore x^2 - 6x + 4 = 0$에서 $\alpha\beta = 4$(근과 계수의 관계)

따라서 $\log_2 \alpha\beta = \log_2 4 = 2$

50 밑면의 반지름 길이가 매초 $1\mathrm{cm}$의 비율로 증가하고, 높이가 매초 $1\mathrm{cm}$의 비율로 감소하는 원기둥이 있다. 반지름의 길이가 $3\mathrm{cm}$, 높이가 $10\mathrm{cm}$일 때의 부피의 변화율은?

① $30\pi(\mathrm{cm}^3/\sec)$ ② $40\pi(\mathrm{cm}^3/\sec)$

③ $41\pi(\mathrm{cm}^3/\sec)$ ④ $51\pi(\mathrm{cm}^3/\sec)$

 부피를 V라 하면 $V = \pi(3+t)^2(10-t)$

$\therefore \dfrac{dV}{dt} = \pi(3+t)(17-3t)$

$\therefore \left[\dfrac{dV}{dt}\right]_{t=0} = 51\pi(\mathrm{cm}^3/\sec)$

51 정적분 $\int_0^1 |1-x|\,dx$의 값은?

① 1

② $\dfrac{1}{2}$

③ 0

④ $\dfrac{3}{2}$

(Tip) $$\int_0^1 |1-x|dx = \int_0^1 (1-x)dx = \left[x - \frac{1}{2}x^2 \right]_0^1 = \frac{1}{2}$$

52 다음 현상과 같은 원리로 설명할 수 있는 것은?

> 유리컵은 시멘트 바닥에 떨어지면 잘 깨지지만, 같은 높이에서 이불 위에 떨어지면 잘 깨지지 않는다.

① 대포를 쏘면 포신이 뒤로 밀린다.

② 나무에 달린 사과가 땅으로 떨어진다.

③ 달리던 사람이 돌부리에 걸리면 넘어진다.

④ 공을 받을 때 손을 몸 쪽으로 당기면서 받는다.

(Tip) 지문은 충격력을 완화시키는 방법이다.
① 작용 · 반작용의 법칙 ② 만유인력의 법칙 ③ 관성의 법칙

Answer ↪ 48.④ 49.③ 50.④ 51.② 52.④

무역 · 무역영어

1 무역계약의 내용으로 옳지 않은 것은?

① 명시계약 – 계약서의 기본이 되는 조건이 명시되어 있음을 의미한다.
② 명시계약 – 품질, 수량, 가격, 선적 등의 근본적 조건은 offer와 acceptance를 통하여 확정된다.
③ 묵시조건 – 명시되어 있지 않은 조건은 무역관습에 따르며, 정형거래조건이 이에 해당된다.
④ 준거법 – 준거법은 국제사법에서 법률관계에 적용될 법률을 말하지만, 분쟁이 발생하는 경우 적용되지는 않는다.

> **Tip** 준거법은 국제사법에서 법률관계에 적용될 법률들을 말하며 분쟁이 발생했을 경우 적용되는 법률을 말한다.

2 품질조건에 대한 설명으로 옳지 않은 것은?

① 견본품 매매 – 견본은 전체 물품을 대표하는 역할을 하며, 품질의 기준으로 이용된다.
② 명세서 매매 – 내국재의 거래나 산업설비 등이 거래될 경우 사용된다.
③ 상표매매 – 국제적으로 품질이 널리 알려진 상표나 브랜드의 경우 품질결정 방법으로 사용되며, 이 경우 견본을 함께 보내야 무역거래가 가능하다.
④ 규격매매 – 특정국가의 규정으로 정해진 규격이나 등급에 의하여 물품의 품질을 결정하는 방법을 말한다.

> **Tip** 상표매매는 국제적으로 품질이 널리 알려진 상표나 브랜드의 경우 사용되는 품질결정 방법이며, 이 경우 견본을 함께 보낼 필요가 없다.

3 다음 중 수량조건의 단위에 대한 설명으로 옳지 않은 것은?

① 중량-중량은 킬로그램, 파운드, 톤 등이 있으며 가장 많이 사용되는 중량은 킬로그램이다.

② 용적-용적은 용적톤을 사용하며 원유나 액체 매매에 많이 사용된다.

③ 포장-면화나 시멘트, 석유 등의 거래 시 주로 사용된다.

④ 컨테이너-컨테이너는 20피트와 40피트가 사용되고 있다.

> **(Tip)** 중량은 킬로그램, 파운드, 톤 등이 주로 사용되며 가장 많이 사용되는 중량은 톤이라고 할 수 있다.

4 다음 중 UCP 600의 기간 용어에 대한 설명 중 바르지 못한 것은?

① ton, to, till, untill 등은 당해일을 포함한다.

② before, after는 당해일을 제외한다.

③ on or about은 일주일전에서 일주일후로 이루어지는 기간을 의미한다.

④ 당해월의 beginning, middle, end는 당해의 상순, 중순, 하순을 의미한다.

> **(Tip)** on or about은 5일전에서 5일후로 이루어지는 기간을 말하며 전후 양 끝날을 각각 포함하고 있다. 또한 기간 산정시 당해의 지정일은 제외하도록 한다.

5 다음은 11가지 Trade Terms의 주요내용들이다. 적합하지 않은 것은?

① EXW-공장인도를 의미하며 매도인 자신의 작업장에서 물품을 매도인 자신의 처분하에 두는 때에 인도되는 거래방법을 말한다.

② FCA-운송인인도를 의미하며 매도인이 물품을 자신의 영업장에서 매수인이 지정한 제3자에게 인도하는 방법을 말한다.

③ CPT-운송비지급인도를 의미하며 매도인이 지정한 제3자에게 물품을 인도하여 그 운송비용을 지불하는 조건을 말한다.

④ DAT-도착터미널인도를 의미하며 물품을 도착운송수단으로부터 양하된 상태에 지정 목적지에서 매수인의 처분하에 놓이는 때에 매도인이 인도한 것으로 되는 조건을 말한다.

> **(Tip)** EXW조건은 공장인도를 의미하는 조건이며 매도인 자신의 작업장에서 물품을 매수인의 처분하에 두는 때에 인도되는 거래조건을 말한다.

Answer 1.④ 2.③ 3.① 4.③ 5.①

6 해상보험의 주요 용어에 대한 설명 중 바르지 못한 것은?

① 보험가액 – 피보험이익을 금전으로 평가한 금액을 의미한다.
② 보험금액 – 손해발생 시 보험자가 부담하는 보상책임의 최고 한도를 의미한다.
③ 보험금 – 손해발생 시 보험금 수령인이 실질적으로 받는 보상금액을 의미한다.
④ 보험료 – 보험계약자가 보험자로부터 받는 대금을 의미한다.

(Tip) 보험료는 보험자가 보험계약자로부터 받는 대금을 의미한다.

7 다음 중 청약에 대한 설명으로 옳지 않은 것은?

① 청약을 하는 자를 offeror라 한다.
② 청약은 매매거래의 조건을 구체적으로 상대방에게 제시하면서 물품을 판매 또는 구매하겠다는 의사표시이다.
③ 청약에 대해 상대방이 승낙하면 계약이 성립된다.
④ 청약은 발송하는 시점부터 효력이 발생한다.

(Tip) 청약은 발송하는 자체로 효력이 없으며 청약에 대하여 상대방이 승낙하여야 계약이 성립되고 효력이 발생한다.

8 다음 중 수출업자가 청약을 하기 위해 사용하는 문서는?

① Order sheet
② Proforma invoice
③ Purchase order
④ Bill of lading

(Tip) Proforma invoice는 견적송장이라고도 말하며, 매매계약성립 이전에 매도인이 매수인에게 화물의 수입가격을 계산하는 자료를 제공하기 위하여 또는 수입자가 수입허가를 신청하는 데 필요한 첨부서류로서 견적송장을 수출자가 작성하여 수입자에게 보낸다.

9 청약, 승낙 및 계약성립에 관한 다음 기술 중 옳지 않은 것은?

① 청약을 하는 자를 청약자라 하며 수출자 혹은 수입자가 될 수 있다.

② 청약에 대한 승낙은 청약조건을 변경하지 않아야 한다.

③ 주문을 받은 수출자가 물품을 바로 발송하더라도 별도의 승낙서를 발송하지 않았으므로 계약은 성립되지 못한다.

④ 조건을 수정하여 변경하는 승낙은 승낙이 될 수 없다.

> **Tip** 주문을 받은 수출자가 물품을 바로 발송하는 경우 별도의 승낙서가 없어도 계약은 성립된다.

10 선적지 혹은 출하지에서 전년도 수확물 가운데 평균적이고 중등의 품질을 표준품질로 하는 것으로 곡물의 거래에서 많이 활용되는 것은?

① GMQ

② FAQ

③ USQ

④ Rye Term

> **Tip** 표준품매매에서 표준품을 산정하는 품질조건의 하나로, 간략히 FAQ라고도 한다. 주로 품질이 일정하지 않은 곡물·과일 등의 농산물이 생산되기 전에 거래되는 경우에 사용된다. 물품의 표준품을 선적 시기 및 장소에 있어서 그 계절에 출하되는 평균적인 품질을 갖춘 것을 공인기관이 중등품으로 인정하여 사용된다. 만약 선물거래일 경우에는 전년도 수확물의 평균중등품질을 표준품으로 채택한다.

Answer → 6.④ 7.④ 8.② 9.③ 10.②

11 다음 중 우리나라의 대외무역법령에서 규정하고 있는 수출입공고에 대한 설명 중 잘못된 것은?

① 수출입공고의 품목분류는 HS 상품분류에 의하며, 품목의 세분류는 관세 · 통계통합품목분류표(HSK)에 의한다.

② 대외무역법의 규정에 의한 외화획득용 원료 · 기재를 수입하는 경우라도 수출입공고의 수입제한품목에 해당될 경우 수입승인을 받아야 한다.

③ 수출입승인기관의 장은 연간 수출입승인실적을 별지서식에 의거하여 당해 연도 경과 후 15일 이내에 산업통상자원부장관에게 보고하여야 한다.

④ 산업통상자원부장관은 수출절차의 간소화를 위하여 수출제한품목의 수출 요령에도 불구하고 수출승인기관을 따로 정하여 승인하게 할 수 있다.

> **Tip** 대외무역법의 규정에 의한 외화획득용 원료 · 기재를 수입하는 경우에는 수입제한품목이라 하더라도 별도의 제한 없이 수입을 승인할 수 있다.

12 다음 무역거래 예시에 대한 설명 중 잘못된 것은?

> 차량용 네비게이션에 장착되는 GPS를 제조하는 중견기업 신입직원 김무역씨는 중국으로 수출하는 GPS에 대한 수출업무를 맡게 되었다. 입사 전 대외무역법을 공부한 김씨는 GPS가 전략물자에 분류될 수 있다는 생각이 들어 전략물자 판정을 신청하고자 하였으나, 판정에 약 15일 가량이 소요된다는 사실을 확인하고 수출이 지연되지 않을까 우려하고 있다.

① 전략물자의 판단은 전략물자관리원(KOSTI)이 한다.

② 수출 GPS에 대한 정확한 HS코드를 이용하여 자가판정을 이용할 수도 있다.

③ 전략물자 판정의 신청과 통보를 위한 웹사이트는 www.yestrade.go.kr이다.

④ 전략물자의 관리대상은 유형재인 수출입 물품에 해당되며, 기술은 포함되지 않는다.

> **Tip** 전략물자의 관리대상은 유형재인 수출입 물품에 해당되며, 대통령령으로 정하는 기술도 포함한다.

13 다음 중 수출입 실적에 관한 설명이 잘못된 것은?

① 위탁가공무역 방식의 수출은 판매액에서 현지공장의 가공임만을 공제한 가득액을 수출실적으로 인정받을 수 있다.

② e-bay 등 e-Marketplace 사이트를 통하여 소액물품을 해외에 판매하는 경우 간이수출신고를 통하여 수출실적으로 인정받을 수 있다.

③ 외국인수수입과 용역 또는 전자적 형태의 무체물의 수입의 경우에는 수입통관액(CIF 가격 기준)이 아닌 외국환은행의 지급액이 수입실적이 된다.

④ 한국의 A社가 무환수출 신고를 통하여 홍콩에서 개최되는 전시회에 보석류를 전시하고 이 중 일부를 현지에서 판매한 경우 수출실적으로 인정받을 수 있다.

> **Tip** 위탁가공무역 방식의 수출실적 인정금액은 판매액-(원자재 수출금액+가공임)이다.

14 다음 중 전자무역 마케팅의 성과를 높이기 위하여 활용되고 있는 검색엔진 최적화(SEO)에 대한 설명 중 잘못된 것은?

① 기존의 제품이미지의 파일명을 키워드가 삽입되도록 수정하고, 이미지 파일에 설명 문구를 알트태그(Alt Tag)를 통해 입력한다.

② 홈페이지 URL의 길이는 /로 구분되는데, 3단위(Depth) 이내로 짧게 구성한다. 또한 *.jsp나 1-1.html 등의 의미 없는 URL페이지 표시는 키워드로 재구성한다.

③ 웹사이트 점수가 좋은 정부기관이나 권위 있는 사이트에서 내 사이트로 링크를 건 경우 내 웹사이트 점수에 도움이 되진 않지만, 다만 내 사이트의 방문자 수가 많을 경우 콘텐츠 최적화에 도움이 된다.

④ www.회사명.co.kr 보다는 www.상품명.co.kr이 검색순위에 영향을 많이 미친다. 또한 메타태그(Meta-Tag)에서 키워드와 설명 문구에는 주요 제품명을 유사어로 많이 삽입한다.

> **Tip** 다른 사이트에서 내 사이트로 들어오는 링크를 백링크라고 하며, 내 웹사이트 점수에 큰 도움이 된다. 외부에서 들어오는 링크를 늘리는 것도 검색엔진 최적화에 도움이 된다.

Answer 11.④ 12.④ 13.① 14.③

15 다음은 전자무역시스템의 운영을 위하여 적용되는 전자인증과 암호화 기법에 대한 설명이다. 연결이 잘못된 것은?

번호	보안기능	내용
①	기밀성(Confidentiality)	전송 또는 보관된 메시지의 내용을 제3자가 획득하지 못하도록 하는 것
②	인증(Authentication)	시스템 접속 또는 정보 송신자의 신원을 확인하는 것
③	무결성(Integrity)	메시지의 내용을 암호화하여 전송함으로써 송신자의 입증책임을 명확히 하는 것
④	부인방지(Non-Repudiation)	정보제공자가 정보제공 사실을 부인하는 것을 방지하는 것

 무결성은 정보전달 도중에 정보가 훼손되지 않았는지 확인하는 것을 말한다.

16 다음의 인터넷을 활용한 전자무역수단 중 개인 스스로가 가진 느낌이나 품어오던 생각, 알리고 싶은 견해나 주장 같은 것을 웹상에서 기록, 관리하면서 다른 사람도 보고 읽을 수 있게끔 열어 놓은 글모음으로 1인 미디어로 불리는 것은?

① 링크드인   ② 유즈넷
③ 블로그   ④ 트위터

 블로그란 개인 스스로가 가진 느낌이나 품어오던 생각, 알리고 싶은 견해나 주장 같은 것을 웹상에서 기록, 관리하면서 다른 사람도 보고 읽을 수 있게끔 열어 놓은 글모음을 말한다.

17 외국물품이 정상가격 이하로 수입되어 국내 산업에 실질적인 피해를 야기하거나 야기할 우려가 있는 경우 해당 국내 산업을 보호하기 위하여 부과하는 관세와 관련된 다음의 설명 중 가장 잘못된 것은?

① 국내 산업을 보호하기 위하여 덤핑 차액에 상당하는 금액 이하의 덤핑방지 관세를 추가하여 부과한다.
② 덤핑방지관세 조사신청은 무역위원회에 한다.
③ 덤핑방지관세는 국내 산업 보호를 위해 가장 우선해서 적용한다.
④ 해당 외국물품이 FTA 체결국으로부터 수입되는 경우에는 덤핑방지관세 적용 없이 FTA 특례관세를 적용한다.

국내 산업이 실질적인 피해를 받거나 받을 우려가 있는 경우, 국내 산업의 발전이 실질적으로 지연된 경우 조사를 통하여 확인되고 해당 국내 산업을 보호할 필요가 있다고 인정되면 덤핑방지관세를 부과한다.

18 다음과 같은 사례가 있을 때 부과할 수 있는 관세로 가장 옳은 것은?

> 정부는 우리 국민들의 삼겹살 소비가 늘어 국내 삼겹살 가격이 폭등하자 가격 안정화를 위해 수입 삼겹살의 관세를 인하하는 방안을 검토 중이다.

① 조정관세   ② 긴급관세
③ 할당관세   ④ 상계관세

 할당관세란 국내가격을 안정시키기 위하여 필요한 경우 100분의 40의 범위의 율을 기본세율에서 빼고 관세를 부과할 수 있다.

19 한국의 A기업은 독일에서 물품을 수입하면서 물품대금 외에 다음과 같은 금액을 별도로 지불하였다. A기업이 지불한 금액 가운데 관세의 과세가격에 포함되어야 하는 것은?

① 독일의 수출자가 수입물품의 공장 설치와 관련해 A기업에 파견한 감독관에게 지불한 감독비 미화 2,000달러
② 수입물품 대금의 연불이자로 독일 은행에 지불한 미화 3,000달러
③ 독일 함부르크에서 부산항까지 해상운송과 관련해 국내 보험사에 지급한 보험료 200만원
④ 수입신고를 하기 전에 부산항 인금 보세창고에 보관하면서 보세창고업자에게 지불한 보관료 100만원

 수입물품이 우리나라에 도착할 때까지의 운임 및 보험료는 과세가격에 포함되어야 한다. 그러나 수입물품의 대가와 직접 관련이 없는 금융비용이나 연불이자, 수입항 도착 이후 발생한 비용 등은 과세가격에 포함되지 않는다.

Answer ┌→ 15.③ 16.③ 17.④ 18.③ 19.③

20 UCP600이 적용되는 신용장 거래에서 상업송장과 관련된 다음 설명 중 올바른 것은?

① 신용장에서 서면을 요구하지 않았다면 수익자의 서명은 필요 없으나 발행일자는 기재해야 한다.

② 양도신용장의 경우를 포함하여 상업송장은 제3자가 발행해도 무방하다.

③ 신용장에서 상업송장을 요구하는 경우에 송장이라는 제목이 명기된다면 세금의 목적으로 발행되었다 하더라도 무방하다.

④ 어떠한 경우라도 상업송장 금액은 신용장 금액을 초과할 수 없다.

 ① 송장은 신용장에서 특별한 요구가 없다면 서명이나 발행일자가 표시되지 않는다.
② 양도신용장의 경우를 제외하고는 수익자가 발행해야 한다.
③ 상업송장 금액은 물품의 5%를 초과하지 않는 범위 내에서 편차가 허용된다.

21 신용장의 매입(negotiation)에 관한 설명으로 잘못된 것은?

① 대금지급을 해야 하는 당사자 이외의 은행이 하는 행위이다.

② 매입은행이 만기일 또는 그 이전에 대금을 지급하거나 대금을 지급하기로 동의함으로써 환어음 또는 서류를 매수하여야 한다.

③ 개설은행이 인수 후에 지급하는 매입에 해당한다.

④ 매입제한은행은 상환청구권을 행사할 수 있다.

 매입은 매입은행이 서류가 일치한다고 판단한 후에 서류나 환어음을 구매하는 것이지, 개설은행이 서류 또는 환어음을 인수 후에 매입을 하는 것은 매입이 아니다.

22 다음 중 신용장 통지은행의 의무사항에 대한 설명 중 올바른 것은?

> ㉠ 신용장의 외견상 진정성 확인
> ㉡ 개설은행으로부터 통지받은 신용장 내용을 정확하게 수익자에 통지할 의무
> ㉢ 신용장 수익자의 대금지급 요청에 응할 의무
> ㉣ 신용장에 확인(confirmation)을 추가할 의무

① ㉠   ② ㉠㉡

③ ㉠㉢   ④ ㉠㉣

 ㉢ 통지은행이 확인은행이 아니라면 수익자의 대금지급 요청에 응할 의무가 없다.
㉣ 통지은행이 확인의 추가를 요청받았더라도 확인을 추가할 의무는 없다.

23 다음은 국내 주요 경제지의 기사제목이다. 관련 내용이 서울 외환시장에 전해지면 USD/KRW 환율 (환율표기에서 앞쪽의 통화가 기준통화)이 상승할 것으로 예상되는 뉴스와 거리가 가장 먼 것은?

① "위험자산 회피심리로 신흥국 통화절하 지속"

② "국내 중공업사 선박수주, 기대 이상 실적 달성"

③ "미국 FOMC, 기준금리 인상 단행 시기 앞당겨"

④ "일본은행(BOJ), 추가 통화완화 단행하기로 결정해"

> (Tip) 국내 중공업사의 기대 이상 선박수주 실적 달성은 국내 외화유입액의 증가를 의미하므로 이는 달러-원 환율 하락 요인이 된다.

24 우리나라와 일본 외환시장의 환율이 아래와 같다. 우리나라 투자자는 기초 자금이 100만원이며, 두 시장 모두에 참여하여 거래할 수 있다. 이때 발생할 수 있는 상황에 대한 설명으로 올바른 것은? (환율표기에서 앞쪽의 통화가 기준통화)

우리나라 외환시장	일본 외환시장
USD/KRW = 1,000 100JPY/KRW = 900	USD/JPY = 125

① 외환시장은 현재 균형상태이며 따라서 무위험 차익거래가 불가능하다.

② 100만원을 투자하면 위험부담 없이 10만원의 이익을 얻을 수 있다.

③ 향후 우리나라 외환시장의 100JPY/KRW 환율은 하락할 것으로 기대된다.

④ 일본 외환시장에서는 달러 수요가 많아진다.

> (Tip) 향후 재정환율인 800원으로 하락할 것으로 기대되며, 우리나라 외환시장에서 달러를 사서 일본 시장에서 달러를 파는 거래를 하므로 일본 시장에서 달러 공급이 많아지게 된다.

25 우리나라에서의 선물환거래와 통화선물거래에 대한 설명으로 가장 거리가 먼 것은?

① 선물환과 통화선물 모두 신용도에 따른 거래한도 제한이 있다.

② 선물환과 통화선물 모두 환위험 헤지 목적으로 사용할 수 있다.

③ 선물환은 일일정산을 하지 않으나, 통화선물은 일일정산을 한다.

④ 선물환은 만기일을 협의해서 자유롭게 결정할 수 있고, 통화선물은 표준화된 만기일로만 거래가 가능하다.

> (Tip) 선물환은 신용도에 따른 거래한도가 사전 설정되지만, 통화선물의 경우 증거금 납입으로 신용을 대신하므로 신용도에 따른 한도는 발생하지 않는다.

Answer↱ 20.③ 21.③ 22.② 23.② 24.③ 25.①

26 다음은 Incoterms 2010년에 대한 설명이다. 올바른 것을 모두 기재한 것은?

> ㉠ Incoterms 2010은 11가지 정형거래조건별로 매도인과 매수인의 권리, 의무와 함께 소유권 이전문제를 규정하고 있다.
> ㉡ Incoterms 2010에서는 원칙적으로 물품인도와 위험부담의 이전시기를 동일하게 규정하고 있다.
> ㉢ Incoterms 2010에서는 국제매매계약 뿐만 아니라 국내매매계약에도 적용가능하다.
> ㉣ Incoterms 2010은 FOB, CFR, CIF 조건에서 물품의 인도지점으로 '본선적재(on board)'라는 개념으로 규정하고 있다.
> ㉤ Incoterms 2010은 운송방식 불문규칙과 해상운송 전용조건으로 나누어지며, 이 중 해상운송 전용조건은 FOB, CFR, CIF 3가지다.

① ㉡㉢
② ㉠㉡㉢
③ ㉡㉢㉣
④ ㉠㉡㉣㉤

 Incoterms 2010에서는 매도인과 매수인의 권리와 소유권 이전문제는 다루지 않고 있으며, 해상운송 전용규칙은 FAS, FOB, CFR, CIF 4가지이다.

27 다음은 무역계약의 특징 및 체결과 관련된 설명이다. 잘못된 것은?

① 청약에 대한 승낙의 방법에는 제한이 없으나, 청약에서 승낙방법을 지정한 경우에 다른 방법을 이용하여 승낙하더라도 계약은 성립되지 아니한다.
② 무역계약은 낙성계약적 성격을 가지므로 승낙만으로 계약은 성립되지만 승낙 당시에 물품이 존재해야 유효하게 성립한다.
③ 거래관계 개설시 교환된 일반거래약정서에서 서면에 의한 계약만을 인정하는 조항을 두고 있다면 전화통화에 의해 계약은 성립되지 않는다.
④ 당해 계약에 적용되는 법률상의 강행규정이 당사자간의 합의보다 우선한다.

Tip 낙성계약의 경우 승낙만으로 계약은 성립되며 계약성립시에 물품이 현존해야 한다는 점은 필수 요건이 아니다.

28 다음은 무역계약서 조항에 관한 해설이다. 잘못된 적은?

① Non - Waiver clause : 장기공급계약에서 수출자의 반복된 선적지연에 대해 클레임을 제기하지 않았더라도 수입자의 권리행사가 가능하다는 내용 규정

② Merger clause : 수입상이 제공한 디자인/상표 사용으로 인해 발생한 문제에 대해 수입상이 책임을 지고 수출상을 보호해줘야 한다는 내용 규정

③ Proper law : 계약 내용의 해석상 다툼 등에 대비하여 특정한 법률을 정하는 규정

④ Termination clause : 계약을 종료시킬 수 있는 사정, 방법 등을 다루는 규정

 Infringement clause란 수입상이 제공한 디자인/상표 사용으로 인해 발생한 문제에 대해 수입상이 책임을 지고 수출상을 보호해줘야 한다는 내용 규정이다.

29 다음 선하증권의 종류별 내용을 설명한 것 중 올바른 것은?

① 사고부 선하증권의 경우 수출자는 선사에 Letter of Indemnity를 제공하고 정상적인 무사고선하증권을 교부받을 수 있다.

② Third Party B/L은 주로 중계무역에서 이용되는 선하증권으로 출발지에서 발행한 B/L원본을 반드시 회수해야만 운송인이 새로운 선하증권을 발행할 수 있다.

③ House B/L은 통상 선박회사가 발행하는 선하증권을 의미한다.

④ Surrender or Surrendered B/L은 권리포기 혹은 권리양도라는 의미를 지닌 선하증권으로 선하증권 원본이 이미 발행된 경우에는 발행받을 수 없다.

 Surrender or Surrendered B/L은 선하증권 원본이 이미 발행된 후에도 B/L원본을 선하증권 발행인에게 반납하고 발행받을 수 있다.

Answer → 26.③ 27.② 28.② 29.①

30 AIR WAYBILL(항공화물운송장)에 대한 설명으로 잘못된 것은?

① 항공화물운송장은 ICAO(국제민간항공기구)에 의해 양식과 발행방식이 규정되어 있다.

② 항공화물운송장은 송하인과 항공화물운송인 사이에서 항공운송계약의 성립을 입증하는 증거서류이다.

③ 항공화물운송장은 송하인이 작성하여 제출함이 원칙이지만 항공사나 항공사의 권한을 위임받은 대리점에 의해 발행되는 것이 일반적이다.

④ 항공화물운송장(AWB)은 선하증권과 달리 양도성이나 유통성을 갖고 있지 않다.

(Tip) 항공화물운송장은 IATA(국제항공운송협회)에 의해 양식과 발행방식이 규정되어 있다.

31 부정기선 운임에 대한 다음의 설명 중 가장 올바른 것은?

① Lump Sum Freight란 화물의 개수, 중량 또는 용적과 관계없이 선박의 1항해 또는 선복을 기준으로 계산하는 운임이다.

② 중량화물의 운임 산정을 위한 톤수의 경우 long ton, metric ton, short ton 등의 3가지 중 metric ton만이 사용된다.

③ Dead Freight란 선적하기로 계약했던 화물량보다 실제 선적량이 적은 경우에 용선자인 화주가 그 부족분에 대해 지불하지 않는 운임이다.

④ 부정기선 운임은 해운 시황에 따라 등락을 하기 때문에 Tariff가 있는 정기선 운임과 달라서 Long Term Contract Freight가 없다.

(Tip) Dead Freight란 선적하기로 계약했던 화물량보다 실제 선적량이 적은 경우에 용선자인 화주가 그 부족분에 대해 지불하는 운임이다.

32 ICC(B)조건으로 체결한 적하보험계약에서 입증책임의 주체가 올바른 것을 모두 기재한 것은?

> ㉠ 발생된 손해의 구체적인 근인 – 피보험자
> ㉡ 고지의무 위반이 발생하였다는 사실 – 보험자
> ㉢ 손인이 보험기간 중 발생하였다는 사실 – 피보험자
> ㉣ 청구 손해가 면책위험에 기인된다는 사실 – 피보험자

① ㉠㉡㉢　　　　　　　　　　　② ㉠㉡㉣
③ ㉠㉢㉣　　　　　　　　　　　④ ㉡㉢㉣

 청구된 손해가 보험자의 면책위험에 해당할 경우 보험자는 이를 입증하고 보상책임을 면할 수 있다.

33 다음은 보험의 목적이 전시화물인 적하보험증권상 보험조건(conditions)란에 기록된 보험조건이다. 밑줄 친 문구에 대한 설명으로 올바른 것은?

> Conditions
> INSTITUTE CARGO CLAUSES(A)
> <u>ALL ITEMS PROFESSIONALLY SHIPPED AND PACKED</u>

① 보험에 가입된 모든 화물은 전문적인 포장이 된 상태임을 피보험자가 고지하였다.
② 명시담보로서 피보험자 등이 반드시 지켜야 할 의무사항이다.
③ 포장상태와 관련되어 발생된 손해에 대해서는 보험자는 면책임을 규정하는 면책조항이다.
④ 위 사항이 위반되었을 경우 보험은 효력이 발생하지 않아 무효의 계약이 된다.

 적하보험증권의 보험조건란에는 가입한 보험조건 및 부가위험 그리고 명시담보에 관한 사항들이 기록된다.

34 보험금액 USD 55,000(USD50,000 × 110%)으로 ICC(A)(1/1/1982) 조건으로 보험에 가입된 화물이 해상운송 중 해수유입으로 손상되어 목적지에서 총 USD 20,000에 매각되었다. 손상이 없었을 경우 판매되었을 금액이 USD 65,000인 경우 보험자가 지급해야 할 보험금은 얼마인가?

① USD 31,250

② USD 38,077

③ USD 41,250

④ USD 45,250

 USD 55,000 × (USD 65,000 − USD 20,000) / USD 65,000 ≒ USD 38,077

35 다음 문장 중에서 계약이 성립되는 승낙은?

① A reply to an offer which purports to be an acceptance but contains additions, limitations or other modifications

② A reply to an offer which purports to be an acceptance but contains additional or different terms which do not materially alter the terms of the offer, unless the offeror, without undue delay, objects orally to the discerpancy or dispatches a notice to the effect.

③ A reply to an offer which purports to be an acceptance but contains additional or different terms relating to the price, payment, quality and quantity of the goods, place and time of delivery, extent of one party's liability to the other or the settlement of disputes

④ A reply to an offer which purports to be an acceptance but contains the terms of offer whict are partially accepted

 승낙을 의도하고 있으나 청약의 조건을 실질적으로 변경하지 아니하는 추가적 또는 상이한 조건을 포함하고 있는 청약에 대한 회답은 승낙을 구성한다. 다만 청약자는 지체 없이 그러한 내용을 구두로 반대하거나 또는 그러한 취지의 통지를 발송하지 아니하여야 한다.

36 다음 문장의 ( )에 가장 적합하지 않은 것은?

> The rules of Incoterms 2010 do not deal with ( )

① transfer of property rights in the goods.

② relief from obligations and exemptions from liability in case of unexpected or unforeseeable events.

③ consequences of various breaches of contract.

④ the question related to the delivery of the products from the seller to the buyer.

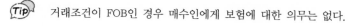 Incoterms2010에서는 매수인의 대금지급방법이나 물품의 소유권 이전에 대해서는 규정하고 있지 않다.

37 다음은 매도인과 매수인이 체결한 매매계약서의 일부분이다. 계약서 내용에 따른 매도인과 매수인의 의무에 대한 설명으로 잘못된 것은?

> Description : Printed Synthetic Fabric about 500 yards 100% Acrylic Fast Color
> Quantity : 10,000 yards
> Price : FOB New York in USD0.72/yard
> Amount : USD7,200.00
> Shipment : Not later than June 10, 2015
> Payment : By a Documentary Letter of Credit at 90 days after sight
> Packing : About 500 yards in a carton box

① Making a contract for carriage is the buyer's obligation.

② Making a contract for insurance is the buyer's obligation.

③ Instructing an issuing bank to open an L/C is the buyer's obligation.

④ Providing conforming goods to the contract is the seller's obligation.

 거래조건이 FOB인 경우 매수인에게 보험에 대한 의무는 없다.

Answer 34.② 35.② 36.④ 37.②

38 다음의 보기에서 설명하는 대금결제방식은?

〈보기〉

A. This payment term in international trade is for a sale where the goods are shipped and delivered before payment is due, which is typically in 30, 60 or 90 days, and so on.

B. This payment term is advantageous to the importer in term of cash flow and cost, but it is consequently a risky option for an exporter.

C. The goods are shipped and all the necessary documents are remitted directly by the exporter to the importer who has agreed to pay the exporter's invoice at a specified date.

D. The exporter should be absolutely confident that the importer will accept shipment and pay at the agreed time.

① Cash on Delivery   ② Documents against Acceptance
③ Open Account   ④ Deferred Payment L/C

 Open Account란 수출업자와 수입업자가 물품매매계약을 체결하고 수출업자가 물품을 선적한 후에 선적서류 원본을 수입업자에게 직접 송부하면 수입업자는 계약서상의 결제조건에 따라 일정기간이 경과한 후에 수출업자가 지정한 은행의 계좌로 대금을 송금하여 결제하는 사후송금방식을 말한다.

39 아래 문장의 (   )에 들어갈 올바른 용어는?

Dear Jane,

We are pleased to inform you that your goods are on-board today and are expected to reach LA seaport within 30 days ; B/L, invoice, packing list, and certificate of origin are enclosed.

As per mutually agreed terms of payment '100% T/T remittance' to our bank account, please remit the invoice amount of US$90,000 to our bank account by the end of this month. Please fill in your remittance application and never forget to fill up (____) code for speedy transfer.

We look forward to your remittance soon. Thank you.

① HS   ② ROHS
③ SWIFT   ④ REACH

SWIFT code는 은행인식코드를 말하는 것으로 전 세계 은행 각각에 부여한 각 은행 고유 코드를 의미한다. 송금 신청 시 이 SWIFT code를 명기하여야 결제대금의 신속한 이체가 가능해진다.

40 다음은 해외고객으로부터 접수된 e-mail의 본문이다. 고객이 요청하고 있는 핵심을 가장 잘 나타 낸 것은?〉

> Yesterday, we tried to contact you by phone without success.
>
> We were supposed to explain to you about the current market situation here in Singapore ; your competitors finally announced further price cut by 10% last weekend.
>
> As we have already made the contract for June-shipment order, you may perform it as agreed. We, however, strongly urge you to adjust your price from the next order.
>
> We hope to receive a favorable reply from you soon.

① Delay of shipment
② Reduction of price
③ Market information
④ Pricing announcement

싱가폴 시장에서 다른 경쟁자들이 이미 판매가격을 추가로 10% 인하하였으므로 향후 오더 부터는 셀러 측에서 가격을 인하해 줄 것을 강력히 요청하고 있다.

Answer → 38.③ 39.③ 40.②

04 일반상식

1 다음 중 빈칸에 들어갈 용어로 알맞은 것은?

> 제1당의 의석수가 과반의석에 미치지 못하는 의회를 뜻하는 말이다. 의회 운영을 안정적으로 끌고 나가기 위해서는 다수당이 과반의석을 확보해야 하는데 그렇지 않을 경우 국정이 불안하게 운영된다는 의미에서 _____라는 부정적 뉘앙스의 말이 생겨났다. 독일·이탈리아·아일랜드·캐나다 등의 국가에서는 비례대표제와 지역에 기반을 둔 강력한 지역 정당이 있어 중앙의회에 절대 다수당이 없는 상황이 자주 발생하기 때문에 _____에 대한 부정적 시각은 없다. 하지만 영국처럼 소선거구제를 운영하며 보수당과 노동당 중심의 양당제가 오랫동안 지속되어온 국가에서는 일반적으로 총선 때 절대 다수당이 나와 어느 한쪽이 의회를 지배하는 구도이기 때문에 정부 구성을 주도할 정당이 어디인지 불분명한 의회를 불안하게 여겨 이를 기피한다.

① 헝의회
② 프레퍼
③ KF지수
④ 그린워시

 ② 프레퍼는 세상을 멸망시킬 재난이나 사고가 곧 닥칠지 모른다고 생각하며 그 위기를 대비해 생존 준비를 하는 사람들을 일컫는다.
③ KF지수는 먼지를 걸러내는 정도를 나타내는 용어이다.
④ 그린워시는 기업이 실제로는 환경에 악영향을 끼치는 제품을 생산하면서도 광고 등을 통해 친환경적인 이미지를 내세우는 행위를 말한다.

2 후보자들이 서있는 상태에서 사전자료나 원고 없이 오로지 후보 자신의 신념과 정책, 공약에 기대 '왜 내가 이 나라의 대통령이 돼야 하는가' '상대 후보보다 내가 나은 점이 무엇인가'를 유권자에게 설명하는 것은?

① 베일보터
② 스탠딩 토론
③ 일대일로
④ 오픈프라이스제

① 베일보터는 여론조사에서 좀처럼 잡히지 않는 '숨은 유권자', 투표하더라도 막판까지 저울질하는 '망설이는 유권자', 뚜렷한 지지자가 없어 투표를 포기하게 되는 '떠나는 유권자' 등이 이에 해당된다.

③ 중앙아시아와 유럽을 잇는 육상 실크로드(일대)와 동남아시아와 유럽, 아프리카를 연결하는 해상 실크로드(일로)를 뜻하는 말로, 시진핑(習近平) 중국 국가주석이 2013년 9~10월 중앙아시아 및 동남아시아 순방에서 처음 제시한 전략이다.

④ 권장소비자가격제와는 달리 최종 판매업자가 판매가를 표시하는 제도로, 실제 판매가보다 부풀려 소비자가격을 표시한 뒤 할인해 주는 기존의 할인판매의 폐단을 근절시키기 위해 소비자가격을 제조업체가 아닌 대리점 등 유통업체가 표시하도록 한 것이다.

3 다음 중 쇼비니즘에 관한 설명으로 옳지 않은 것은?

① 쇼비니즘은 맹목적 · 광신적 · 호전적 애국주의를 뜻하는 말이다.

② 쇼비니즘은 국민의 국가에 대한 헌신이라는 이타적(利他的) 감정과 국가에의 동일화에 의한 자아확대(自我擴大)의 욕구를 충족시키게 되어, 무뢰한(無賴漢)의 마지막 피난처라는, 지나치게 편협한 애국심인 쇼비니즘을 초래한다.

③ 쇼비니즘은 외교관계를 맺고 있는 나라가 수교국에서 파견된 특정 외교관의 전력 또는 정상적인 외교활동을 벗어난 행위를 문제 삼아 '비우호적 인물' 또는 '기피 인물'로 선언하는 것을 의미하는 외교용어이다.

④ 쇼비니즘은 자집단(自集團)을 절대화하고 타집단(他集團)을 공포와 시기심으로 대하는 원시감정을, 매스컴과 결부된 선전과 교육으로 동원하여 대내적 억압과 대외적 침략을 위하여 사용하게 되었다.

③은 '페르소나 논 그라타'에 대한 설명이다.

Answer↪ 1.① 2.② 3.③

4 지식인이나 종교계 인사 등이 나라의 시대 상황에 대해서 자신들의 우려를 표명하며 해결하기를 촉구하는 것을 일컫는 용어는?

① 불소추특권   ② 탄핵소추권

③ 거국내각   ④ 시국선언

     ① 대통령은 재직기간 중 헌법 제84조에 의해 내란·외환의 죄 이외의 범죄에 대하여 대통령의 재직기간 중 형사상 소추(訴追)를 받지 않는다.

     ② 대통령을 비롯한 고위직 공직자를 대상으로 그 법적인 책임을 헌법이 정하는 특별한 소추절차에 따라 추궁함으로써 헌법을 보호하는 제도이다.

     ③ 여당과 야당이 함께 내각에 참여해 초당적으로 정부를 운영하는 내각 형태로, 중립내각이라고도 한다.

5 다음에서 설명하는 용어는 무엇인가?

> 중앙아시아와 유럽을 잇는 육상 실크로드(일대)와 동남아시아와 유럽, 아프리카를 연결하는 해상 실크로드(일로)를 뜻하는 말로, 시진핑(習近平) 중국 국가주석이 2013년 9~10월 중앙아시아 및 동남아시아 순방에서 처음 제시한 전략이다. 일대일로가 구축되면 중국을 중심으로 육·해상 실크로드 주변의 60여 개국을 포함한 거대 경제권이 구성되며 유라시아 대륙에서부터 아프리카 해양에 이르기까지 60여 개의 국가, 국제기구가 참가해 고속철도망을 통해 중앙아시아, 유럽, 아프리카를 연결하고 대규모 물류 허브 건설, 에너지 기반시설 연결, 참여국 간의 투자 보증 및 통화스와프 확대 등의 금융 일체화를 목표로 하는 네트워크를 건설한다.

① 일대일로   ② 데카콘

③ 케이뱅크   ④ 청색경제

     ② 데카콘은 초거대 스타트업을 가리키는 신조어다. 기업공개(IPO: Initial Public Offering) 전 기업 가치가 억 달러($10 billion)를 넘어선 스타트업을 지칭한다.

     ③ KT가 주도하여 우리은행, NH투자증권, GS리테일, 한화생명보험 등 21개 주주사가 출자한 국내 최초의 인터넷전문은행이다.

     ④ 무한한 잠재력이 있는 시장으로, 자연의 원리를 차용하거나 자연에서 영감을 받는 청색기술(blue technology)을 경제 전반으로 확대한 것이다.

6 다음 중 통화스와프에 관한 설명으로 옳은 것은?

① 통화스와프는 '1인 가구'에 '경제'를 뜻하는 영단어 이코노미(Economy)가 합성된 신조어로 1인 가구로 인해 나타난 경제 현상을 가리키는 개념이다.

② 통화스와프는 서로 다른 통화를 미리 약정된 환율에 따라 일정한 시점에 상호 교환하는 외환거래다.

③ 통화스와프는 주가가 상승할 경우에도 일정 수치 이상 상승하지 않고 하락할 경우에도 일정 수치 이하로 하락하지 않는 코스피를 가리킨다.

④ 통화스와프는 지폐나 동전과 달리 물리적인 형태가 없는 온라인 가상화폐(디지털 통화)다.

 ① 일코노미 ③ 박스피 ④ 비트코인

7 은행·보험 회사가 특정한 지역에 붉은 선을 그어 경계를 지정하고, 그 지역에 대해 대출·보험 등의 금융 서비스를 거부하는 행위는 무엇인가?

① 팝업스토어   ② 레드 머니

③ 레드라이닝   ④ 우머노믹스

 ① 하루에서 길게는 한두 달 정도로 짧은 기간만 운영하는 상점을 지칭한다.
② 레드 머니는 위안화의 국제화라는 주제를 중심으로 중국에서 들어오는 자본을 통칭하는 말이다.
④ 우먼(Woman)'과 '이코노믹스(Economics)'의 합성어로 여성이 경제를 주도해 나가는 경제현상을 말한다.

8 다중이 이용하는 시설과 신축 공동주택의 실내 공기질을 알맞게 유지·관리하여 국민의 건강을 보호하고 환경상의 위해를 예방하기 위한 사항을 규정한 법은 무엇인가?

① 실내공기질 관리법

② 가맹사업 진흥에 관한 법

③ 개인정보 보호법

④ 가족친화 사회환경의 조성 촉진에 관한 법

Tip 이 법은 지하역사와 지하도 상가, 여객자동차터미널의 대합실, 공항의 여객터미널, 항만의 대합실, 도서관, 박물관 및 미술관, 의료기관, 실내 주차장, 철도역사의 대합실 등 불특정 다수의 사람들이 이용하는 시설과 아파트와 연립주택으로서 대통령령이 정하는 규모 이상의 공동주택을 적용대상으로 한다.

Answer ↱→ 4.④ 5.① 6.② 7.③ 8.①

9 다음에서 설명하고 있는 용어는 무엇인가?

> 인터넷 기술의 발전으로 네트워크상에서 기업과 소비자를 연결하는 디지털 플랫폼이 출현하였다. 이러한 디지털 플랫폼을 기반으로 상품 및 서비스의 공급자와 수요자가 거래하는 경제 활동을 플랫폼 경제라고 한다. 시장조사업체 이마케터는 올해 온라인 매출이 오프라인보다 5배 증가할 것이며, 처음으로 전자상거래 매출이 총 소비 지출의 10%에 도달할 것이라고 예측했다. 이에 따라 플랫폼 경제의 성장을 견인하는 디지털 플랫폼 기업들 역시 급속한 성장이 예상된다.

① 크런치모드　　　　　　　　　② 그림자 노동
③ 플랫폼 노동　　　　　　　　　④ 플랫폼 경제

① 크런치 모드는 게임 출시 전 완성도를 높이기 위해 실시하는 집중 근무 형태를 가리키는 업계 용어다.
② 노동을 했지만 보수를 얻지 못하는 무급 활동으로, 오스트리아 철학자 이반 일리치(Ivan Illich)가 동명의 저서에서 처음 언급한 개념이다.
③ 플랫폼 노동은 스마트폰 사용이 일상화되면서 등장한 노동 형태로, 앱이나 소셜 네트워크 서비스(SNS) 등의 디지털 플랫폼에 소속돼 일하는 것을 말한다.

10 인터넷 시스템과 개인 컴퓨터시스템을 파괴하는 해커(크래커)를 블랙 해커라고 하고 이에 대비하여 쓰는 개념으로 선의의 해커는?

① 그레이 해커　　　　　　　　　② 화이트 해커
③ 블루 해커　　　　　　　　　　④ 레드 해커

이들은 보안 시스템의 취약점을 발견해 관리자에게 제보함으로써 블랙해커의 공격을 예방하기도 한다. 최근에 화이트 해커는 민·관에서 서버의 취약점을 찾아 보안 기술을 만드는 보안 전문가들을 말하기도 한다. 이들 가운데 아키텍처(설계)를 분석해 시스템에 존재하는 취약점을 찾아내 공격 시나리오를 짤 수 있는 최고 수준의 인력을 엘리트 해커라고도 부른다.

11 2014년 11월 17일 시행된 것으로 상하이 증권거래소와 홍콩 증권거래소 간의 교차 매매를 허용하는 정책은 무엇인가?

① QFII   ② 후강통
③ EIS   ④ DSS

 후강통 … 2014년 11월 17일 시행되었으며 상하이 증권거래소와 홍콩 증권거래소 간의 교차 매매를 허용하는 정책으로 이것이 시작되면 본토 50만 위안 잔고를 보유한 개인투자자와 일반 기관투자가 등도 홍콩을 거쳐 상하이 A주주식을 살 수 있게 되며 일반 개인 외국인 투자자들도 홍콩을 통해 개별 본토 A주 투자가 가능해진다. 또한 중국 투자자 역시 홍콩 주식을 자유롭게 살 수 있다.

12 다음 중 공무원의 종류가 다른 하나는 무엇인가?

① 감사원 원장   ② 법관
③ 국정원 직원   ④ 검사

Tip ① 정무직 공무원에 속한다.
②③④ 특정직 공무원에 속한다.
※ **특정직 공무원** … 법관 · 검사 · 국가정보원 직원 이 외에도 군무원 · 외무공무원 · 소방공무원 · 교육공무원 · 경찰공무원 · 군인 · 특수 분야의 업무를 담당하는 공무원이 있다.

13 다음 중 민법상 성년에 해당하는 나이는 몇 살인가?

① 18세   ② 19세
③ 20세   ④ 21세

Tip 민법 제4조(성년) … 사람은 19세로 성년에 이르게 된다.

Answer → 9.④ 10.② 11.② 12.① 13.②

14 2014년 2월 18일 우크라이나 키예프에서 일어난 우크라이나 혁명으로 수립된 친 서방 정권에 반대하는 친러파 세력들이 우크라이나 동부와 남부에서 각각 집회 및 시위를 하였다. 다음 중 이 집회 및 시위의 결과로 옳은 것은?

① 야누코비치가 일시적으로 키예프로 향하는 교통을 봉쇄하였다.
② 키예프에 비상사태가 선포되었다.
③ 율리아 티모센코가 석방되었다.
④ 러시아가 크림 공화국을 합병하였다.

 ①②③ 2014년 2월 18일에 일어난 우크라이나 혁명의 결과이다.

15 다음 중 한미연합훈련으로 옳은 것은?

① 태극 연습　　　　　　　② 호국 훈련
③ 화랑 훈련　　　　　　　④ 독수리 연습

 한미연합훈련으로는 키리졸브 연습과 독수리 연습, 을지프리덤가디언(UFG) 연습이 있고 한국군 독자적으로는 태극연습, 호국훈련, 화랑훈련 등을 하고 있다.

16 1982년 4월 2일부터 약 2개월여 동안 포클랜드 섬(혹은 말비나스 섬)에서 일어난 전쟁은 어느 나라와 어느 나라 간의 전쟁인가?

① 영국과 페루　　　　　　② 칠레과 아르헨티나
③ 칠레와 페루　　　　　　④ 영국과 아르헨티나

(Tip) 포클랜드 전쟁 … 1982년 4월 2일 아르헨티나가 자국과 가까운 포클랜드(아르헨티나명 말비나스)섬을 '회복'한다는 명분으로 침공한 전쟁이다. 이 전쟁은 이후 약 2개월여 동안 진행되었으며 아르헨티나 군의 항복으로 종료되었다. 이 전쟁으로 영국의 대처 수상은 1983년 재집권에 성공하게 되며 아르헨티나 군부는 실각하여 민간인에게 정권을 이양하게 된다.

17 다음 중 현악기가 아닌 것은?

① 아쟁　　　　　　　　　② 가야금
③ 편경　　　　　　　　　④ 거문고

(Tip) ③ 편경 : 타악기의 하나로 주로 돌로 만들어졌다. 고려 예종 11년(1116)에 송나라에서 들어왔으며 현재 문묘제례악, 종묘제례악 등의 연주에 쓰인다.

18 다음 중 사물놀이에 편성된 악기가 아닌 것은?

① 북

② 태평소

③ 징

④ 꽹과리

 사물놀이 … 꽹과리, 징, 장구, 북 등 네 가지 농악기로 연주하도록 편성된 음악. 또는 이러한 편성에 의한 합주단.

19 다음 중 10구체 향가가 아닌 것은?

① 제망매가

② 모죽지랑가

③ 혜성가

④ 원가

 ② **모죽지랑가** : 8구체 향가이다.

※ 향가(鄕歌)

• 4구체 : 서동요, 풍요, 헌화가, 도솔가

• 8구체 : 모죽지랑가, 처용가

• 10구체 : 혜성가, 원왕생가, 원가, 제망매가, 찬기파랑가, 안민가, 도천수대비가(도천수관음가), 우적가(이상 삼국유사 수록 14수)

• 보현십원가 11수

• 이 외 고려 예종이 지은 '도이장가'와 정서가 지은 '정과정곡'을 향가의 범위에 넣기도 함.

20 강릉단오제 때 펼쳐지는 탈놀이로 춤과 동작을 위주로 한 국내 유일의 무언(無言) 가면극으로 관노(官奴)라는 특수한 신분에 의해 이루어진 놀이를 무엇이라 하는가?

① 관노가면극

② 북청사자놀음

③ 봉산탈춤

④ 통영오광대

 관노가면극 … 강릉단오제 때 펼쳐지는 탈놀이로 춤과 동작을 위주로 한 국내 유일의 무언(無言) 가면극으로 관노(官奴)라는 특수한 신분에 의해 이루어진 놀이를 말한다. 우리나라 다른 가면극에서 볼 수 있는 양반에 대한 신랄한 풍자나 저항의식보다 단오제라는 제의를 중심으로 서낭제 가면놀이의 전통을 충실히 엿볼 수 있다.

② **북청사자놀음** : 함경남도 북청군에서 정월대보름에 행해지던 사자놀이

③ **봉산탈춤** : 황해도 봉산군 동선면 길양리에서 전승되다가 1915년 즈음에 사리원으로 옮겨 전승되던 탈춤

④ **통영오광대** : 경상남도 통영시에서 전승되고 있는 탈놀이

Answer ⤷ 14.④ 15.④ 16.④ 17.③ 18.② 19.② 20.①

21 다음 중 사소한 무질서를 방치하면 큰 문제로 이어질 가능성이 높다는 의미를 담고 있는 이론은 무엇인가?

① 넛지 효과
② 깨진 유리창 이론
③ 래칫 효과
④ 밴드웨건 효과

 깨진 유리창 이론 … 미국 범죄학자인 제임스 윌슨과 조지 켈링이 1982년 3월에 공동 발표한 「깨진 유리창(Fixing Broken Windows : Restoring Order and reducing Crime in Our Communities)」라는 글에서 처음 소개된 용어로 사회 무질서에 관한 이론이다. 깨진 유리창 하나를 방치해 두면 그 지점을 중심으로 범죄가 확산되기 시작한다는 이론을 말한다.

22 다음 중 생체모방의 예로 옳지 않은 것은?

① 게코 테이프
② 웨일파워
③ 홍합접착제
④ 다이너마이트

 생체모방(biomimetics) … 생명을 뜻하는'bios'와 모방이나 흉내를 의미하는'mimesis' 두 단어를 결합한 용어로 자연에서 볼 수 있는 디자인적 요소들이나 생물체의 특성들의 연구 및 모방을 통해 인류의 과제를 해결하는데 그 목적이 있다.
① **게코 테이프** : 수직의 벽을 자유자제로 오르내릴 수 있는 도마뱀붙이의 특징으로부터 착안된 제품으로 분자 간의 약한 인력을 이용하였기 때문에 접착력이 강함에도 불구하고 쉽게 붙였다 떼었다 할 수 있다.
② **웨일파워** : 고래의 지느러미로부터 아이디어를 낸 새로운 디자인의 풍력 터빈이다.
③ **홍합접착제** : 홍합은 접착단백질을 만들어 내고 분비함으로써 바다 속 바위와 같은 젖은 고체 표면에 강하게 부착하여 강한 파도로 인한 충격이나 바다 속 부력에 저항할 수 있다. 여기서 착안하여 만들어진 제품이 홍합접착제로 이것은 현재 알려진 어떤 화학합성 접착제보다 강력한 자연적인 접착제로 알려져 있다.

23 의사가 환자에게 가짜 약을 투약하면서 진짜 약이라고 하면 환자는 자신의 병이 나을 것이라는 믿음을 갖게 되고 이로 인해 병이 실제로 낫게 되는 현상을 무엇이라 하는가?

① 플라시보 효과
② 배블런 효과
③ 낭떠러지 효과
④ 로젠탈 효과

 플라시보 효과 … 일명 위약효과(僞藥效果)라고도 하는 이것은 심리현상 중 하나로 여기서 플라시보(또는 위약)는 심리적 효과를 얻기 위해 환자가 의학이나 치료법으로 받아들이지만 실제로는 치료에 전혀 도움이 되지 않는 가짜 약제를 말한다. 제2차 세계대전 당시 약이 부족할 때 많이 쓰였다.

24 겉으로 보기에는 불안정하고 불규칙적으로 보이면서도 나름대로 질서와 규칙성을 지니고 있는 현상들을 설명하는 이론은?

① 산자이 문화 ② 토폴로지
③ 카오스 이론 ④ 프렉탈

> (Tip) ① 산자이 문화 : 단순한 가짜와는 구별되는 새로운 형태의 복제품이 사회 전반에 확산되어 형성된 중국의 사회적·문화적 현상을 가리키는 용어
> ② 토폴로지 : 도형이나 공간이 가진 여러 가지 성질 가운데 특히 연속적으로 도형을 변형하더라도 변하지 않는 성질을 연구하는 기하학
> ④ 프렉탈 : 1차원, 2차원 등의 정수 이외의 차원을 가지는 도형으로 어느 한 부분을 확대해 보더라도 전체와 같은 도형이 나타나는 성질을 갖고 있다.

25 물건을 단지 비싸다는 이유로 구매하는 과시 지향적 소비현상을 무엇이라 하는가?

① 후광 효과 ② 파노플리 효과
③ 분수 효과 ④ 베블런 효과

> (Tip) ① 후광 효과 : 어떤 대상이나 사람에 대한 일반적인 견해가 그 대상이나 사람의 구체적인 특성을 평가하는 데 영향을 미치는 현상
> ② 파노플리 효과 : 차별화를 추구하거나 특정 계층에 속한다는 느낌을 얻기 위한 소비 형태를 나타내는 말
> ③ 분수 효과 : 판매를 촉진하기 위한 전략 중 하나로 백화점 등에서 아래층에서 위층으로 올라오도록 유도하는 것

26 시리아와 이라크를 거점으로 한 이슬람 극단주의 무장단체로 최근 미국인과 영국인 등을 차례로 살해하면서 새로운 이슈로 떠오르고 있는 조직은 무엇인가?

① 하마스 ② IS
③ 탈레반 ④ 알카에다

> (Tip) ① 하마스 : 아랍어로 '알라를 따르는 헌신과 열정'을 뜻하는 이슬람 저항 운동 단체로 정당(政黨)이자 준군사단체로서 이스라엘에 대한 무장 투쟁으로 널리 알려진 조직이다.
> ③ 탈레반 : 아프가니스탄 남부를 중심으로 거주하는 파슈툰족에 바탕을 둔 부족단체에서 출발한 조직으로 1990년대 중반에 활동을 시작하여 1997년 정권을 장악하였으며 2001년 미국의 공격으로 아프가니스탄에서 축출되었다.
> ④ 알카에다 : 사우디아라비아 출신의 오사마 빈 라덴이 이끌던 과격 이슬람 무장 테러단체로 주로 미국을 표적으로 테러행위를 하고 스스로 그 실행을 인정한 조직이다. 대표적인 사건으로 9·11 테러가 있다.

Answer ➡ 21.② 22.④ 23.① 24.③ 25.④ 26.②

27 미국 메이저리그 야구에서 매년 각 리그의 최고 투수에게 주어지는 상을 무엇이라 하는가?

① 네반린나상 　　　　　　　　 ② 퓰리처상

③ 사이영상 　　　　　　　　　 ④ 필즈상

① **네반린나상** : 핀란드의 수학자 R. H. 네반린나를 기리기 위해 핀란드 정부가 제정한 상으로 정보과학 등의 수학 관련 학문분야에 업적이 있는 사람에게 수여된다. 필즈상과 같은 날에 수여된다.
② **퓰리처상** : 미국의 신문, 저널리즘, 문학적 업적과 명예 음악적 구성에서 가장 높은 기여자로 꼽히는 사람에게 주는 상으로 이 상은 신문왕으로 불려온 헝가리계 미국인인 언론인 조지프 퓰리처의 유언에 따라 50만 달러의 기금으로 1917년 제정되었다.'기자들의 노벨상'이라 불린다.
④ **필즈상** : 국제 수학 연맹이 4년마다 개최하는 세계 수학자 대회에서 40세가 되지 않은 수학자들에게 수여하는 상으로 '수학의 노벨상'이라 불리며 수학자들에게 가장 큰 영예로 여겨지는 상이다.

28 이순신 장군이 거북선을 최초로 활용한 해전은 무엇인가?

① 옥포해전 　　　　　　　　　 ② 사천해전

③ 한산도해전 　　　　　　　　 ④ 명량해전

① **옥포해전** : 1592년 5월 옥포 앞바다에서 이순신이 지휘하는 조선 수군이 일본 수군을 무찌른 해전으로 임진왜란 때 해전에서 승리한 첫 전투이다.
③ **한산도해전** : 이순신이 학익진을 사용하여 공격한 전투로 진주대첩, 행주대첩과 함께 임진왜란 3대 대첩의 하나로 불린다. 이 전투에서 조선수군은 일본 수군을 거의 격파하여 일본군의 수륙병진계획을 사실상 좌절시켰다.
④ **명량해전** : 1597년 9월 정유재란 때 조선 수군이 명량에서 13척의 배로 일본 수군을 격파한 전투이다. 이 전투로 조선 수군은 다시 해상권을 회복하였다.

29 칭찬의 긍정적 효과를 설명하는 용어는 무엇인가?

① 디드로 효과 　　　　　　　　 ② 노시보 효과

③ 로젠탈 효과 　　　　　　　　 ④ 바넘 효과

① **디드로 효과** : 하나의 상품을 구매함으로써 그 상품과 연관된 제품을 연속적으로 구입하는 현상
② **노시보 효과** : 환자가 부작용을 인지하고 약을 복용했을 때 약무르이 작용이 아닌 심리적인 이유로 환자의 상태가 악화되는 현상
④ **바넘 효과** : 사람들이 보편적으로 가지고 있는 성격이나 심리적 특징을 자신만의 특성으로 여기는 심리적 경향

30 물건 구매에 망설이던 소비자가 남들이 구매하기 시작하면 자신도 그에 자극되어 덩달아 구매를 결심하는 현상을 무엇이라 하는가?

① 펭귄 효과

② 공유의 비극

③ 마태 효과

④ 오컴의 면도날

 ① 펭귄효과 : 펭귄들은 빙산 끝에서 눈치를 보다가 한 마리가 먼저 바다로 뛰어들면 나머지 펭귄들도 뒤따라 바다로 뛰어드는 습성이 있다. 상품을 구매하는 소비자들도 종종 이러한 펭귄에 비유되는데 물건 구매에 망설이던 소비자가 남들이 구매하기 시작하면 자신도 그에 자극되어 덩달아 구매를 결심하는 현상을 펭귄효과라 한다.

② 공유의 비극 : 공동소유 자산을 활용할 때 각자 자신의 이익만을 추구하여 결국 자원이 고갈되는 현상을 말한다.

③ 마태 효과 : 읽기 장애를 가진 아이들은 충분히 읽지 못하기 때문에 새로운 이해 기술을 배우는데 또래들보다 늦고, 따로 개입하지 않으면 자꾸 뒤처지게 된다는 현상이다.

④ 오컴의 면도날 : 흔히 '경제성의 원리'라고도 하며 14세기 영국의 논리학자이자 프란체스코회 수사였던 오컴의 윌리엄이란 이름에서 따왔다. 어떤 현상을 설명할 때 불필요한 가정을 해서는 안 된다는 의미를 담고 있다.

31 다음 중 각 나라별 정보기관이 아닌 것은?

① CIA

② UPU

③ MI6

④ Mossad

 ② UPU(Universal Postal Union) : 만국우편연합으로 우편물에 대한 유엔 산하의 국제기구이다.

① CIA : 미국의 정보기관이다.

③ MI6 : 영국의 정보기관이다.

④ Mossad : 이스라엘의 정보기관이다.

Answer ➟ 27.③ 28.② 29.③ 30.① 31.②

32 인수대상 기업의 이사가 임기 전에 물러나게 될 경우 일반적인 퇴직금 외에 거액의 특별 퇴직금이나 보너스, 스톡옵션 등을 주도록 하는 제도를 무엇이라 하는가?

① 황금낙하산   ② 백기사

③ 주석낙하산   ④ 테뉴어보팅

황금낙하산 … 피인수 회사와의 우호적인 합의에 의해 진행되는 우호적 인수·합병(M&A)이 아닌 적대적 M&A의 경우 기업 인수 비용을 높게 함으로써 사실상 M&A를 어렵게 만들어 경영권을 지키기 위한 수단으로 도입되었다. 그러나 부실 경영에 책임이 있는 무능한 경영진을 보호해주는 수단으로 전락할 수 있다.

33 중년층이 자신의 삶의 질을 높이기 위하여 시간과 정성을 쏟는 일을 일컫는 용어는 무엇인가?

① 걸리시소비자   ② 체리피커

③ 미스터리쇼퍼   ④ 머추리얼리즘

① 걸리시소비자 : 소녀스러움을 추구하는 여성 소비층
② 체리피커 : 카드로 물건을 사서 카드사에 수수료 수익을 가져다주는 것이 아니라 놀이공원 입장 할인, 극장 할인 등의 혜택만 누리고 있는 고객, 쇼핑몰의 경우 경품을 노리고 무더기 주문을 한 뒤 당첨되지 않은 물건은 반품하는 얌체 고객 등을 이르는 말
③ 미스터리쇼퍼 : 고객을 가장하여 매장 환경이나 서비스 등을 평가하는 사람

34 다음 중 비트코인에 대한 설명으로 옳지 않은 것은?

① 무제한적으로 발행받을 수 있다.

② 온라인 거래상에서 쓰이는 가상화폐이다.

③ 한 사람이 여러 개의 지갑을 만들 수 있다.

④ 익명성이라는 점 때문에 불법거래에 악용될 수 있는 단점이 있다.

① 비트코인의 발행량은 엄격하게 통제되어 있다.

35 은행 간에 하고 있는 대차를 무엇이라 하는가?

① 브리지론   ② 콜론

③ 당좌예금   ④ 오버론

 ① 브리지론 : 충분한 자금을 모을 때까지 기일이 걸릴 경우 단기차입 등에 의해 필요자금을 일시적으로 조달하는 것을 '브리징'이라 하고 이 때 도입되는 자금을 '브리지 론'이라 한다.
③ 당좌예금 : 요구불예금의 하나로 수표 또는 어음을 발행하여 수표 소지인이 언제든지 찾을 수 있는 예금이다.
④ 오버론 : 예금에 비해 대출량이 과다한 것을 가리키는 용어이다.

36 다음 중 존재량이 무한하고 희소성이 거의 없어 개인이 소비 시에 대가를 지불하지 않고 사용하는 재화는 무엇인가?

① 대체재   ② 보완재

③ 경쟁재   ④ 자유재

① ③ 동종의 효용을 얻을 수 있는 두 재화
② 효용을 증대시키기 위해 함께 사용해야 하는 두 재화

37 다음 중 가을에 피는 꽃은 무엇인가?

① 코스모스   ② 수선화

③ 해란초   ④ 군자란

② ④ 겨울에 피는 꽃이다.
③ 여름에 피는 꽃이다.

Answer → 32.①   33.④   34.①   35.②   36.④   37.①

38 물가상승률을 계산할 때 사용되는 가장 대표적인 물가지수를 무엇이라 하는가?

① 소비자신뢰지수   ② 스타벅스지수

③ 소비자물가지수   ④ 경기종합지수

③ 소비자물가지수 : 도시가계가 소비하는 상품들의 가격변동을 측정하는 것을 목적으로 한다.
① 소비자신뢰지수 : 다국적 조사기업 닐슨컴퍼니가 6개월마다 주요 51개국의 2만 8천명을 상대로 직업전망과 재정상태, 구매성향 등을 조사·산정하여 발표하는 지수이다.
② 스타벅스지수 : 스타벅스의 주 메뉴인 카페라테의 가격을 기준으로 실제 환율과 적정 환율과의 관계를 알아보는 구매력 평가환율지수이다.
④ 경기종합지수 : 경기변동의 국면·전환점과 속도·진폭을 측정할 수 있도록 고안된 경기지표의 일종이다.

39 현재 우리나라 원자력발전소 중 실제 가동되고 있는 발전소의 개수는?

① 22기   ② 23기

③ 24기   ④ 25기

현재 우리나라에서 가동되고 있는 원자력발전소는 총 24기이며 건설 중인 발전소는 6기이다.

40 다음 중 방사선의 이용 분야로 옳지 않은 것은?

① 고고학 연구   ② 해양개발

③ 비파괴 검사   ④ 목조건물 건축

방사선의 이용분야
• 연구 : 식물생리 연구, 유해물질 분해, 고고학 연구, 동물생리 연구 등
• 농업 : 식품보존, 농작물 품종개량, 지질·지하수 조사 등
• 공업 : 공업용 측정, 비파괴 검사, 화학반응 촉진, 화학물질 검출 등
• 첨단기술개발 : 우주개발, 해양개발 등
• 의료 : 병의 진단 및 치료, 인공장기, 의료기구 멸균 등
• 조사, 분석 : 공해조사, 유해물질 분석, 범죄수사, 미술품 검사 등

41 다음 중 블리자드에 대한 설명으로 옳은 것은?

① 열대지방에서 내리는 소나기
② 해수면의 온도가 낮아지는 현상
③ 소림과 관목으로 이루어진 습윤한 열대초원
④ 낮은 온도, 강한 바람 그리고 매서운 눈보라가 특징인 겨울의 가혹한 한랭 습윤한 폭풍

 ① 스콜
② 라니냐
③ 사바나

42 다음 중 알프스 산맥의 최고봉은 무엇인가?

① 파라디소   ② 바이스호른
③ 몽블랑   ④ 슈레크호른

 알프스 산맥의 최고봉은 4,807m의 몽블랑이다.

43 다음 중 일기도에 들어가지 않은 것은?

① 바람의 방향   ② 물의 깊이
③ 저기압의 위치   ④ 바람의 속도

 일기도에는 기압이 같은 지점을 연결하는 등압선(等壓線)이 그려지고 고기압과 저기압의 위치, 바람의 방향과 속도 등이 기호로 표시되어 있다. 물의 깊이는 해도에서 가장 중요한 것이다.

44 다음 중 일교차가 가장 심한 곳은?

① 온대지방   ② 사막지방
③ 열대지방   ④ 툰드라

 일교차(日較差)는 하루 중의 최고와 최저기온의 차를 말한다. 일교차가 가장 큰 곳은 사막지방이며 해안보다는 내륙이, 흐린 날보다는 맑은 날에 일교차가 더 크다.

Answer 38.③ 39.③ 40.④ 41.④ 42.③ 43.② 44.②

45 다음 중 5대 영양소에 해당하지 않는 것은?

① 아미노산   ② 지방

③ 탄수화물   ④ 단백질

 영양소는 생명 유지, 성장, 건강을 위해 반드시 섭취해야 하는 식품성분이다. 탄수화물, 지방, 단백질, 무기질, 비타민을 5대 영양소라고 하며 열량영양소(탄수화물, 단백질, 지방), 구성영양소(단백질, 지방, 무기질, 물), 조절영양소(단백질, 무기질, 비타민, 물)로 분류한다.

46 다음 중 IOC의 승인을 받은 동계올림픽 국제 경기 연맹이 아닌 것은?

① ISU   ② FIS

③ IJF   ④ IBU

 ③ IJF : 국제유도연맹. IOC의 승인을 받은 하계올림픽 국제 경기 연맹 중 하나이다.
① ISU : 국제빙상연맹. IOC의 승인을 받은 동계올림픽 국제 경기 연맹 중 하나이다.
② FIS : 국제스키연맹. IOC의 승인을 받은 동계올림픽 국제 경기 연맹 중 하나이다.
④ IBU : 국제바이애슬론연맹. IOC의 승인을 받은 동계올림픽 국제 경기 연맹 중 하나이다.

47 다음 중 일본 메이지유신(明治維新)에 대한 설명으로 옳지 않은 것은?

① 군사적 강화 및 자본주의의 육성에 노력하였다.

② 봉건지배계급의 몰락을 배경으로 하였다.

③ 입헌군주정치의 기초가 확립되었다.

④ 일종의 시민혁명이었다.

 메이지유신(明治維新)은 메이지 천황 때 막부체제를 무너뜨리고 왕정복고를 이룩한 변혁과정으로 국민의 실정으로 고려하지 않는 관(官) 주도의 일방적 개혁으로 자본주의 육성과 군사적 강화에 노력하였다.

48 다음 중 중국의 병서(兵書)로 옳지 않은 것은?

① 육도삼략
② 손자병법
③ 오자병법
④ 십팔사략

 ④ 십팔사략(十八史略) : 원나라 증선지가 지은 중국의 역사책이다.

49 다음 중 한자성어와 그 뜻이 바르게 연결되지 않은 것은?

① 兎死狗烹-필요할 때 요긴하게 써 먹고 쓸모가 없어지면 가차 없이 버린다는 뜻
② 錦衣還鄉-알아주는 사람이 없어 보람이 없는 일을 비유하는 말
③ 近墨者黑-사람도 주위 환경에 따라 변할 수 있다는 것을 비유하는 말
④ 金枝玉葉-세상에 둘도 없이 귀한 자손을 가리키는 말

 ② 錦衣還鄉 : 성공을 거둔 후 사람들의 환영을 받으며 고향으로 개선하는 모습을 비유하는 말

50 조선시대에 이르러 명예형으로 바뀐 형벌로 주로 양반들이 받은 이 형벌은 무엇인가?

① 태형
② 도형
③ 팽형
④ 유형

 ③ 팽형(烹刑) : 고대 형벌 중 하나로 삶아 죽이는 일종의 사형이었다. 주로 끓는 물에 처박거나 불타는 기름 가마에 던져 죽였는데 조선시대에는 일종의 명예형으로 바뀌어 단순히 올려만 놓은 가마솥에 해당 죄인이 들어갔다 나오는 것이 되었다. 팽형을 받은 사람은 주로 양반이었으며 받고 나서 주변 사람들은 그가 없는 듯이 행동하는, 사회적 사형이었다.

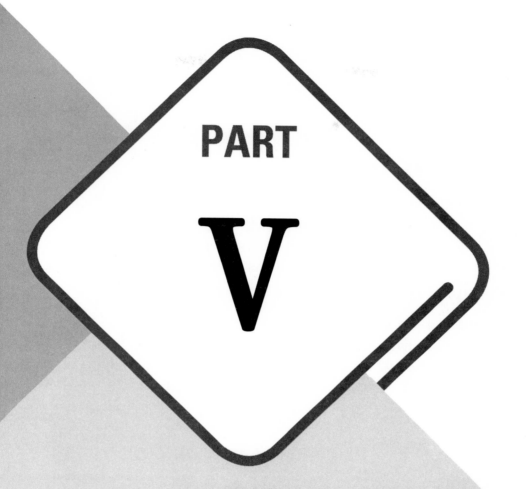

PART

V

면접

01 면접의 기본

1 면접의 기본

(1) 면접의 기본 원칙

① **면접의 의미** … 면접이란 다양한 면접기법을 활용하여 지원한 직무에 필요한 능력을 지원자가 보유하고 있는지를 확인하는 절차라고 할 수 있다. 즉, 지원자의 입장에서는 채용 직무 수행에 필요한 요건들과 관련하여 자신의 환경, 경험, 관심사, 성취 등에 대해 기업에 직접 어필할 수 있는 기회를 제공받는 것이며, 기업의 입장에서는 서류전형만으로 알 수 없는 지원자에 대한 정보를 직접적으로 수집하고 평가하는 것이다.

② **면접의 특징** … 면접은 기업의 입장에서 서류전형이나 필기전형에서 드러나지 않는 지원자의 능력이나 성향을 볼 수 있는 기회로, 면대면으로 이루어지며 즉흥적인 질문들이 포함될 수 있기 때문에 지원자가 완벽하게 준비하기 어려운 부분이 있다. 하지만 지원자 입장에서도 서류전형이나 필기전형에서 모두 보여주지 못한 자신의 능력 등을 기업의 인사담당자에게 어필할 수 있는 추가적인 기회가 될 수도 있다.

[서류 · 필기전형과 차별화되는 면접의 특징]

- 직무수행과 관련된 다양한 지원자 행동에 대한 관찰이 가능하다.
- 면접관이 알고자 하는 정보를 심층적으로 파악할 수 있다.
- 서류상의 미비한 사항과 의심스러운 부분을 확인할 수 있다.
- 커뮤니케이션 능력, 대인관계 능력 등 행동 · 언어적 정보도 얻을 수 있다.

③ **면접의 유형**

    ⊙ **구조화 면접** : 구조화 면접은 사전에 계획을 세워 질문의 내용과 방법, 지원자의 답변 유형에 따른 추가 질문과 그에 대한 평가 역량이 정해져 있는 면접 방식으로 표준화 면접이라고도 한다.

- 표준화된 질문이나 평가요소가 면접 전 확정되며, 지원자는 편성된 조나 면접관에 영향을 받지 않고 동일한 질문과 시간을 부여받을 수 있다.
- 조직 또는 직무별로 주요하게 도출된 역량을 기반으로 평가요소가 구성되어, 조직 또는 직무에서 필요한 역량을 가진 지원자를 선발할 수 있다.
- 표준화된 형식을 사용하는 특성 때문에 비구조화 면접에 비해 신뢰성과 타당성, 객관성이 높다.

ⓒ 비구조화 면접 : 비구조화 면접은 면접 계획을 세울 때 면접 목적만을 명시하고 내용이나 방법은 면접관에게 전적으로 일임하는 방식으로 비표준화 면접이라고도 한다.
- 표준화된 질문이나 평가요소 없이 면접이 진행되며, 편성된 조나 면접관에 따라 지원자에게 주어지는 질문이나 시간이 다르다.
- 면접관의 주관적인 판단에 따라 평가가 이루어져 평가 오류가 빈번히 일어난다.
- 상황 대처나 언변이 뛰어난 지원자에게 유리한 면접이 될 수 있다.

④ 경쟁력 있는 면접 요령

㉠ 면접 전에 준비하고 유념할 사항
- 예상 질문과 답변을 미리 작성한다.
- 작성한 내용을 문장으로 외우지 않고 키워드로 기억한다.
- 지원한 회사의 최근 기사를 검색하여 기억한다.
- 지원한 회사가 속한 산업군의 최근 기사를 검색하여 기억한다.
- 면접 전 1주일간 이슈가 되는 뉴스를 기억하고 자신의 생각을 반영하여 정리한다.
- 찬반토론에 대비한 주제를 목록으로 정리하여 자신의 논리를 내세운 예상답변을 작성한다.

㉡ 면접장에서 유념할 사항
- 질문의 의도 파악 : 답변을 할 때에는 질문 의도를 파악하고 그에 충실한 답변이 될 수 있도록 질문사항을 유념해야 한다. 많은 지원자가 하는 실수 중 하나로 답변을 하는 도중 자기 말에 심취되어 질문의 의도와 다른 답변을 하거나 자신이 알고 있는 지식만을 나열하는 경우가 있는데, 이럴 경우 의사소통능력이 부족한 사람으로 인식될 수 있으므로 주의하도록 한다.
- 답변은 두괄식 : 답변을 할 때에는 두괄식으로 결론을 먼저 말하고 그 이유를 설명하는 것이 좋다. 미괄식으로 답변을 할 경우 용두사미의 답변이 될 가능성이 높으며, 결론을 이끌어 내는 과정에서 논리성이 결여될 우려가 있다. 또한 면접관이 결론을 듣기 전에 말을 끊고 다른 질문을 추가하는 예상치 못한 상황이 발생될 수 있으므로 답변은 자신이 전달하고자 하는 바를 먼저 밝히고 그에 대한 설명을 하는 것이 좋다.

- 지원한 회사의 기업정신과 인재상을 기억 : 답변을 할 때에는 회사가 원하는 인재라는 인상을 심어주기 위해 지원한 회사의 기업정신과 인재상 등을 염두에 두고 답변을 하는 것이 좋다. 모든 회사에 해당되는 두루뭉술한 답변보다는 지원한 회사에 맞는 맞춤형 답변을 하는 것이 좋다.
- 나보다는 회사와 사회적 관점에서 답변 : 답변을 할 때에는 자기중심적인 관점을 피하고 좀 더 넓은 시각으로 회사와 국가, 사회적 입장까지 고려하는 인재임을 어필하는 것이 좋다. 자기중심적 시각을 바탕으로 자신의 출세만을 위해 회사에 입사하려는 인상을 심어줄 경우 면접에서 불이익을 받을 가능성이 높다.
- 난처한 질문은 정직한 답변 : 난처한 질문에 답변을 해야 할 때에는 피하기보다는 정면 돌파로 정직하고 솔직하게 답변하는 것이 좋다. 난처한 부분을 감추고 드러내지 않으려 회피하려는 지원자의 모습은 인사담당자에게 입사 후에도 비슷한 상황에 처했을 때 회피할 수도 있다는 우려를 심어줄 수 있다. 따라서 직장생활에 있어 중요한 덕목 중 하나인 정직을 바탕으로 솔직하게 답변을 하도록 한다.

(2) 면접의 종류 및 준비 전략

① 인성면접
　㉠ 면접 방식 및 판단기준
- 면접 방식 : 인성면접은 면접관이 가지고 있는 개인적 면접 노하우나 관심사에 의해 질문을 실시한다. 주로 입사지원서나 자기소개서의 내용을 토대로 지원동기, 과거의 경험, 미래 포부 등을 이야기하도록 하는 방식이다.
- 판단기준 : 면접관의 개인적 가치관과 경험, 해당 역량의 수준, 경험의 구체성·진실성 등
　㉡ 특징 : 인성면접은 그 방식으로 인해 역량과 무관한 질문들이 많고 지원자에게 주어지는 면접질문, 시간 등이 다를 수 있다. 또한 입사지원서나 자기소개서의 내용을 토대로 하기 때문에 지원자별 질문이 달라질 수 있다.

ⓒ 예시 문항 및 준비전략

• 예시 문항

> • 3분 동안 자기소개를 해 보십시오.
> • 자신의 장점과 단점을 말해 보십시오.
> • 학점이 좋지 않은데 그 이유가 무엇입니까?
> • 최근에 인상 깊게 읽은 책은 무엇입니까?
> • 회사를 선택할 때 중요시하는 것은 무엇입니까?
> • 일과 개인생활 중 어느 쪽을 중시합니까?
> • 10년 후 자신은 어떤 모습일 것이라고 생각합니까?
> • 휴학 기간 동안에는 무엇을 했습니까?

• 준비전략 : 인성면접은 입사지원서나 자기소개서의 내용을 바탕으로 하는 경우가 많으므로 자신이 작성한 입사지원서와 자기소개서의 내용을 충분히 숙지하도록 한다. 또한 최근 사회적으로 이슈가 되고 있는 뉴스에 대한 견해를 묻거나 시사상식 등에 대한 질문을 받을 수 있으므로 이에 대한 대비도 필요하다. 자칫 부담스러워 보이지 않는 질문으로 가볍게 대답하지 않도록 주의하고 모든 질문에 입사 의지를 담아 성실하게 답변하는 것이 중요하다.

② 발표면접

ⓐ 면접 방식 및 판단기준

• 면접 방식 : 지원자가 특정 주제와 관련된 자료를 검토하고 그에 대한 자신의 생각을 면접관 앞에서 주어진 시간 동안 발표하고 추가 질의를 받는 방식으로 진행된다.

• 판단기준 : 지원자의 사고력, 논리력, 문제해결력 등

ⓑ 특징 : 발표면접은 지원자에게 과제를 부여한 후, 과제를 수행하는 과정과 결과를 관찰·평가한다. 따라서 과제수행 결과뿐 아니라 수행과정에서의 행동을 모두 평가할 수 있다.

ⓒ 예시 문항 및 준비전략

• 예시 문항

[신입사원 조기 이직 문제]

※ 지원자는 아래에 제시된 자료를 검토한 뒤, 신입사원 조기 이직의 원인을 크게 3가지로 정리하고 이에 대한 구체적인 개선안을 도출하여 발표해 주시기 바랍니다.

※ 본 과제에 정해진 정답은 없으나 논리적 근거를 들어 개선안을 작성해 주십시오.

• A기업은 동종업계 유사기업들과 비교해 볼 때, 비교적 높은 재무안정성을 유지하고 있으며 업무강도가 그리 높지 않은 것으로 외부에 알려져 있음.

• 최근 조사결과, 동종업계 유사기업들과 연봉을 비교해 보았을 때 연봉 수준도 그리 나쁘지 않은 편이라는 것이 확인되었음.

• 그러나 지난 3년간 1~2년차 직원들의 이직률이 계속해서 증가하고 있는 추세이며, 경영진 회의에서 최우선 해결과제 중 하나로 거론되었음.

• 이에 따라 인사팀에서 현재 1~2년차 사원들을 대상으로 개선되어야 하는 A기업의 조직문화에 대한 설문조사를 실시한 결과, '상명하복식의 의사소통'이 36.7%로 1위를 차지했음.

• 이러한 설문조사와 함께, 신입사원 조기 이직에 대한 원인을 분석한 결과 파랑새 증후군, 셀프홀릭 증후군, 피터팬 증후군 등 3가지로 분류할 수 있었음.

〈동종업계 유사기업들과의 연봉 비교〉   〈우리 회사 조직문화 중 개선되었으면 하는 것〉

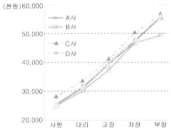

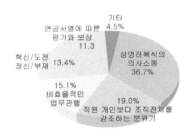

〈신입사원 조기 이직의 원인〉

• 파랑새 증후군
- 현재의 직장보다 더 좋은 직장이 있을 것이라는 막연한 기대감으로 끊임없이 새로운 직장을 탐색함.
- 학력 수준과 맞지 않는 '하향지원', 전공과 적성을 고려하지 않고 일단 취업하고 보자는 '묻지마 지원'이 파랑새 증후군을 초래함.

• 셀프홀릭 증후군
- 본인의 역량에 비해 가치가 낮은 일을 주로 하면서 갈등을 느낌.

• 피터팬 증후군
- 기성세대의 문화를 무조건 수용하기보다는 자유로움과 변화를 추구함.
- 상명하복, 엄격한 규율 등 기성세대가 당연시하는 관행에 거부감을 가지며 직장에 답답함을 느낌.

- 준비전략 : 발표면접의 시작은 과제 안내문과 과제 상황, 과제 자료 등을 정확하게 이해하는 것에서 출발한다. 과제 안내문을 침착하게 읽고 제시된 주제 및 문제와 관련된 상황의 맥락을 파악한 후 과제를 검토한다. 제시된 기사나 그래프 등을 충분히 활용하여 주어진 문제를 해결할 수 있는 해결책이나 대안을 제시하며, 발표를 할 때에는 명확하고 자신 있는 태도로 전달할 수 있도록 한다.

③ 토론면접

　㉠ 면접 방식 및 판단기준
- 면접 방식 : 상호갈등적 요소를 가진 과제 또는 공통의 과제를 해결하는 내용의 토론 과제를 제시하고, 그 과정에서 개인 간의 상호작용 행동을 관찰하는 방식으로 면접이 진행된다.
- 판단기준 : 팀워크, 적극성, 갈등 조정, 의사소통능력, 문제해결능력 등

　㉡ 특징 : 토론을 통해 도출해 낸 최종안의 타당성도 중요하지만, 결론을 도출해 내는 과정에서의 의사소통능력이나 갈등상황에서 의견을 조정하는 능력 등이 중요하게 평가되는 특징이 있다.

　㉢ 예시 문항 및 준비전략
- 예시 문항

> - 군 가산점제 부활에 대한 찬반토론
> - 담뱃값 인상에 대한 찬반토론
> - 비정규직 철폐에 대한 찬반토론
> - 대학의 영어 강의 확대 찬반토론
> - 워크숍 장소 선정을 위한 토론

- 준비전략 : 토론면접은 무엇보다 팀워크와 적극성이 강조된다. 따라서 토론과정에 적극적으로 참여하며 자신의 의사를 분명하게 전달하며, 갈등상황에서 자신의 의견만 내세울 것이 아니라 다른 지원자의 의견을 경청하고 배려하는 모습도 중요하다. 갈등상황을 일목요연하게 정리하여 조정하는 등의 의사소통능력을 발휘하는 것도 좋은 전략이 될 수 있다.

④ 상황면접

　㉠ 면접 방식 및 판단기준
- 면접 방식 : 상황면접은 직무 수행 시 접할 수 있는 상황들을 제시하고, 그러한 상황에서 어떻게 행동할 것인지를 이야기하는 방식으로 진행된다.
- 판단기준 : 해당 상황에 적절한 역량의 구현과 구체적 행동지표

ⓛ 특징 : 실제 직무 수행 시 접할 수 있는 상황들을 제시하므로 입사 이후 지원자의 업무 수행능력을 평가하는 데 적절한 면접 방식이다. 또한 지원자의 가치관, 태도, 사고방식 등의 요소를 통합적으로 평가하는 데 용이하다.

ⓒ 예시 문항 및 준비전략

　• 예시 문항

> 당신은 생산관리팀의 팀원으로, 생산팀이 기한에 맞춰 효율적으로 제품을 생산할 수 있도 록 관리하는 역할을 맡고 있습니다. 3개월 뒤에 제품A를 정상적으로 출시하기 위해 생산 팀의 생산 계획을 수립한 상황입니다. 그러나 원가가 곧 실적으로 이어지는 구매팀에서는 최대한 원가를 줄여 전반적 단가를 낮추려고 원가절감을 위한 제안을 하였으나, 연구개발 팀에서는 구매팀이 제안한 방식으로 제품을 생산할 경우 대부분이 구매팀의 실적으로 산정 될 것이므로 제대로 확인도 해보지 않은 채 적합하지 않은 방식이라고 판단하고 있습니다. 당신은 어떻게 하겠습니까?

　• 준비전략 : 상황면접은 먼저 주어진 상황에서 핵심이 되는 문제가 무엇인지를 파악하는 것 에서 시작한다. 주질문과 세부질문을 통하여 질문의 의도를 파악하였다면, 그에 대한 구체 적인 행동이나 생각 등에 대해 응답할수록 높은 점수를 얻을 수 있다.

⑤ **역할면접**

ㄱ 면접 방식 및 판단기준

　• 면접 방식 : 역할면접 또는 역할연기 면접은 기업 내 발생 가능한 상황에서 부딪히게 되는 문제와 역할을 가상적으로 설정하여 특정 역할을 맡은 사람과 상호작용하고 문제를 해결 해 나가도록 하는 방식으로 진행된다. 역할연기 면접에서는 면접관이 직접 역할연기를 하 면서 지원자를 관찰하기도 하지만, 역할연기 수행만 전문적으로 하는 사람을 투입할 수도 있다.

　• 판단기준 : 대처능력, 대인관계능력, 의사소통능력 등

ⓛ 특징 : 역할면접은 실제 상황과 유사한 가상 상황에서의 행동을 관찰함으로서 지원자의 성격이나 대처 행동 등을 관찰할 수 있다.

ⓒ 예시 문항 및 준비전략

　• 예시 문항

> [금융권 역할면접의 예]
> 당신은 ○○은행의 신입 텔러이다. 사람이 많은 월말 오전 한 할아버지(면접관 또는 역할담 당자)께서 ○○은행을 사칭한 보이스피싱으로 500만 원을 피해 보았다며 소란을 일으키고 있다. 실제 업무상황이라고 생각하고 상황에 대처해 보시오.

- 준비전략 : 역할연기 면접에서 측정하는 역량은 주로 갈등의 원인이 되는 문제를 해결 하고 제시된 해결방안을 상대방에게 설득하는 것이다. 따라서 갈등해결, 문제해결, 조정·통합, 설득력과 같은 역량이 중요시된다. 또한 갈등을 해결하기 위해서 상대방에 대한 이해도 필수적인 요소이므로 고객 지향을 염두에 두고 상황에 맞게 대처해야 한다.

역할면접에서는 변별력을 높이기 위해 면접관이 압박적인 분위기를 조성하는 경우가 많기 때문에 스트레스 상황에서 불안해하지 않고 유연하게 대처할 수 있도록 시간과 노력을 들여 충분히 연습하는 것이 좋다.

2 면접 이미지 메이킹

(1) 성공적인 이미지 메이킹 포인트

① 복장 및 스타일

㉠ 남성

- 양복 : 양복은 단색으로 하며 넥타이나 셔츠로 포인트를 주는 것이 효과적이다. 짙은 회색이나 감청색이 가장 단정하고 품위 있는 인상을 준다.
- 셔츠 : 흰색이 가장 선호되나 자신의 피부색에 맞추는 것이 좋다. 푸른색이나 베이지색은 산뜻한 느낌을 줄 수 있다. 양복과의 배색도 고려하도록 한다.
- 넥타이 : 의상에 포인트를 줄 수 있는 아이템이지만 너무 화려한 것은 피한다. 지원자의 피부색은 물론, 정장과 셔츠의 색을 고려하며, 체격에 따라 넥타이 폭을 조절하는 것이 좋다.
- 구두 & 양말 : 구두는 검정색이나 짙은 갈색이 어느 양복에나 무난하게 어울리며 깔끔하게 닦아 준비한다. 양말은 정장과 동일한 색상이나 검정색을 착용한다.
- 헤어스타일 : 머리스타일은 단정한 느낌을 주는 짧은 헤어스타일이 좋으며 앞머리가 있다면 이마나 눈썹을 가리지 않는 선에서 정리하는 것이 좋다.

ⓛ 여성

- 의상 : 단정한 스커트 투피스 정장이나 슬랙스 슈트가 무난하다. 블랙이나 그레이, 네이비, 브라운 등 차분해 보이는 색상을 선택하는 것이 좋다.
- 소품 : 구두, 핸드백 등은 같은 계열로 코디하는 것이 좋으며 구두는 너무 화려한 디자인이나 굽이 높은 것을 피한다. 스타킹은 의상과 구두에 맞춰 단정한 것으로 선택한다.
- 액세서리 : 액세서리는 너무 크거나 화려한 것은 좋지 않으며 과하게 많이 하는 것도 좋은 인상을 주지 못한다. 착용하지 않거나 작고 깔끔한 디자인으로 포인트를 주는 정도가 적당하다.
- 메이크업 : 화장은 자연스럽고 밝은 이미지를 표현하는 것이 좋으며 진한 색조는 인상이 강해 보일 수 있으므로 피한다.
- 헤어스타일 : 커트나 단발처럼 짧은 머리는 활동적이면서도 단정한 이미지를 줄 수 있도록 정리한다. 긴 머리의 경우 하나로 묶거나 단정한 머리망으로 정리하는 것이 좋으며, 짙은 염색이나 화려한 웨이브는 피한다.

② 인사

ⓐ 인사의 의미 : 인사는 예의범절의 기본이며 상대방의 마음을 여는 기본적인 행동이라고 할 수 있다. 인사는 처음 만나는 면접관에게 호감을 살 수 있는 가장 쉬운 방법이 될 수 있기도 하지만 제대로 예의를 지키지 않으면 지원자의 인성 전반에 대한 평가로 이어질 수 있으므로 각별히 주의해야 한다.

ⓑ 인사의 핵심 포인트

- 인사말 : 인사말을 할 때에는 밝고 친근감 있는 목소리로 하며, 자신의 이름과 수험번호 등을 간략하게 소개한다.
- 시선 : 인사는 상대방의 눈을 보며 하는 것이 중요하며 너무 빤히 쳐다본다는 느낌이 들지 않도록 주의한다.
- 표정 : 인사는 마음에서 우러나오는 존경이나 반가움을 표현하고 예의를 차리는 것이므로 살짝 미소를 지으며 하는 것이 좋다.
- 자세 : 인사를 할 때에는 가볍게 목만 숙인다거나 흐트러진 상태에서 인사를 하지 않도록 주의하며 절도 있고 확실하게 하는 것이 좋다.

③ 시선처리와 표정, 목소리

　㉠ **시선처리와 표정** : 표정은 면접에서 지원자의 첫인상을 결정하는 중요한 요소이다. 얼굴 표정은 사람의 감정을 가장 잘 표현할 수 있는 의사소통 도구로 표정 하나로 상대방에게 호감을 주거나, 비호감을 사기도 한다. 호감이 가는 인상의 특징은 부드러운 눈썹, 자연스러운 미간, 적당히 볼록한 광대, 올라간 입 꼬리 등으로 가볍게 미소를 지을 때의 표정과 일치한다. 따라서 면접 중에는 밝은 표정으로 미소를 지어 호감을 형성할 수 있도록 한다. 시선은 면접관과 고르게 맞추되 생기 있는 눈빛을 띄도록 하며, 너무 빤히 쳐다본다는 인상을 주지 않도록 한다.

　㉡ **목소리** : 면접은 주로 면접관과 지원자의 대화로 이루어지므로 목소리가 미치는 영향이 상당하다. 답변을 할 때에는 부드러우면서도 활기차고 생동감 있는 목소리로 하는 것이 면접관에게 호감을 줄 수 있으며 적당한 제스처가 더해진다면 상승효과를 얻을 수 있다. 그러나 적절한 답변을 하였음에도 불구하고 콧소리나 날카로운 목소리, 자신감 없는 작은 목소리는 답변의 신뢰성을 떨어뜨릴 수 있으므로 주의하도록 한다.

④ 자세

　㉠ **걷는 자세**
- 면접장에 입실할 때에는 상체를 곧게 유지하고 발끝은 평행이 되게 하며 무릎을 스치듯 11자로 걷는다.
- 시선은 정면을 향하고 턱은 가볍게 당기며 어깨나 엉덩이가 흔들리지 않도록 주의한다.
- 발바닥 전체가 닿는 느낌으로 안정감 있게 걸으며 발소리가 나지 않도록 주의한다.
- 보폭은 어깨넓이만큼이 적당하지만, 스커트를 착용했을 경우 보폭을 줄인다.
- 걸을 때도 미소를 유지한다.

　㉡ **서있는 자세**
- 몸 전체를 곧게 펴고 가슴을 자연스럽게 내민 후 등과 어깨에 힘을 주지 않는다.
- 정면을 바라본 상태에서 턱을 약간 당기고 아랫배에 힘을 주어 당기며 바르게 선다.
- 양 무릎과 발뒤꿈치는 붙이고 발끝은 11자 또는 V형을 취한다.
- 남성의 경우 팔을 자연스럽게 내리고 양손을 가볍게 쥐어 바지 옆선에 붙이고, 여성의 경우 공수자세를 유지한다.

ⓒ 앉은 자세

- 남성

> - 의자 깊숙이 앉고 등받이와 등 사이에 주먹 1개 정도의 간격을 두며 기대듯 앉지 않도록 주의한다. (남녀 공통 사항)
> - 무릎 사이에 주먹 2개 정도의 간격을 유지하고 발끝은 11자를 취한다.
> - 시선은 정면을 바라보며 턱은 가볍게 당기고 미소를 짓는다. (남녀 공통 사항)
> - 양손은 가볍게 주먹을 쥐고 무릎 위에 올려놓는다.
> - 앉고 일어날 때에는 자세가 흐트러지지 않도록 주의한다. (남녀 공통 사항)

- 여성

> - 스커트를 입었을 경우 왼손으로 뒤쪽 스커트 자락을 누르고 오른손으로 앞쪽 자락을 누르며 의자에 앉는다.
> - 무릎은 붙이고 발끝을 가지런히 하며, 다리를 왼쪽으로 비스듬히 기울이면 여성스러워 보이는 효과가 있다.
> - 양손을 모아 무릎 위에 모아 놓으며 스커트를 입었을 경우 스커트 위를 가볍게 누르듯이 올려놓는다.

(2) 면접 예절

① 행동 관련 예절

ㄱ 지각은 절대금물 : 시간을 지키는 것은 예절의 기본이다. 지각을 할 경우 면접에 응시할 수 없거나, 면접 기회가 주어지더라도 불이익을 받을 가능성이 높아진다. 따라서 면접 장소가 결정되면 교통편과 소요시간을 확인하고 가능하다면 사전에 미리 방문해 보는 것도 좋다. 면접 당일에는 서둘러 출발하여 면접 시간 20~30분 전에 도착하여 회사를 둘러보고 환경에 익숙해지는 것도 성공적인 면접을 위한 요령이 될 수 있다.

ㄴ 면접 대기 시간 : 지원자들은 대부분 면접장에서의 행동과 답변 등으로만 평가를 받는다고 생각하지만 그렇지 않다. 면접관이 아닌 면접진행자 역시 대부분 인사실무자이며 면접관이 면접 후 지원자에 대한 평가에 있어 확신을 위해 면접진행자의 의견을 구한다면 면접진행자의 의견이 당락에 영향을 줄 수 있다. 따라서 면접 대기 시간에도 행동과 말을 조심해야 하며, 면접을 마치고 돌아가는 순간까지도 긴장을 늦춰서는 안 된다. 면접 중 압박적인 질문에 답변을 잘 했지만, 면접장을 나와 흐트러진 모습을 보이거나 욕설을 한다면 면접 탈락의 요인이 될 수 있으므로 주의해야 한다.

ⓒ **입실 후 태도**: 본인의 차례가 되어 호명되면 또렷하게 대답하고 들어간다. 만약 면접장 문이 닫혀 있다면 상대에게 소리가 들릴 수 있을 정도로 노크를 두세 번 한 후 대답을 듣고 나서 들어가야 한다. 문을 여닫을 때에는 소리가 나지 않게 조용히 하며 공손한 자세로 인사한 후 성명과 수험번호를 말하고 면접관의 지시에 따라 자리에 앉는다. 이 경우 착석하라는 말이 없는데 먼저 의자에 앉으면 무례한 사람으로 보일 수 있으므로 주의한다. 의자에 앉을 때에는 끝에 앉지 말고 무릎 위에 양손을 가지런히 얹는 것이 예절이라고 할 수 있다.

ⓔ **옷매무새를 자주 고치지 마라.**: 일부 지원자의 경우 옷매무새 또는 헤어스타일을 자주 고치거나 확인하기도 하는데 이러한 모습은 과도하게 긴장한 것 같아 보이거나 면접에 집중하지 못하는 것으로 보일 수 있다. 남성 지원자의 경우 넥타이를 자꾸 고쳐 맨다거나 정장 상의 끝을 너무 자주 만지작거리지 않는다. 여성 지원자는 머리를 계속 쓸어 올리지 않고, 특히 짧은 치마를 입고서 신경이 쓰여 치마를 끌어 내리는 행동은 좋지 않다.

ⓜ **다리를 떨거나 산만한 시선은 면접 탈락의 지름길**: 자신도 모르게 다리를 떨거나 손가락을 만지는 등의 행동을 하는 지원자가 있는데, 이는 면접관의 주의를 끌 뿐만 아니라 불안하고 산만한 사람이라는 느낌을 주게 된다. 따라서 가능한 한 바른 자세로 앉아 있는 것이 좋다. 또한 면접관과 시선을 맞추지 못하고 여기저기 둘러보는 듯한 산만한 시선은 지원자가 거짓말을 하고 있다고 여겨지거나 신뢰할 수 없는 사람이라고 생각될 수 있다.

② **답변 관련 예절**

ⓐ **면접관이나 다른 지원자와 가치 논쟁을 하지 않는다.**: 질문을 받고 답변하는 과정에서 면접관 또는 다른 지원자의 의견과 다른 의견이 있을 수 있다. 특히 평소 지원자가 관심이 많은 문제이거나 잘 알고 있는 문제인 경우 자신과 다른 의견에 대해 이의가 있을 수 있다. 하지만 주의할 것은 면접에서 면접관이나 다른 지원자와 가치 논쟁을 할 필요는 없다는 것이며 오히려 불이익을 당할 수도 있다. 정답이 정해져 있지 않은 경우에는 가치관이나 성장배경에 따라 문제를 받아들이는 태도에서 답변까지 충분히 차이가 있을 수 있으므로 굳이 면접관이나 다른 지원자의 가치관을 지적하고 고치려 드는 것은 좋지 않다.

ⓛ **답변은 항상 정직해야 한다. :** 면접이라는 것이 아무리 지원자의 장점을 부각시키고 단점을 축소시키는 것이라고 해도 절대로 거짓말을 해서는 안 된다. 거짓말을 하게 되면 지원자는 불안하거나 꺼림칙한 마음이 들게 되어 면접에 집중을 하지 못하게 되고 수많은 지원자를 상대하는 면접관은 그것을 놓치지 않는다. 거짓말은 그 지원자에 대한 신뢰성을 떨어뜨리며 이로 인해 다른 스펙이 아무리 훌륭하다고 해도 채용에서 탈락하게 될 수 있음을 명심하도록 한다.

ⓒ **경력직을 경우 전 직장에 대해 험담하지 않는다. :** 지원자가 전 직장에서 무슨 업무를 담당했고 어떤 성과를 올렸는지는 면접관이 관심을 둘 사항일 수 있지만, 이전 직장의 기업문화나 상사들이 어땠는지는 그다지 궁금해 하는 사항이 아니다. 전 직장에 대해 험담을 늘어놓는다든가, 동료와 상사에 대한 악담을 하게 된다면 오히려 지원자에 대한 부정적인 이미지만 심어줄 수 있다. 만약 전 직장에 대한 말을 해야 할 경우가 생긴다면 가능한 한 객관적으로 이야기하는 것이 좋다.

ⓔ **자기 자신이나 배경에 대해 자랑하지 않는다. :** 자신의 성취나 부모 형제 등 집안사람들이 사회·경제적으로 어떠한 위치에 있는지에 대한 자랑은 면접관으로 하여금 지원자에 대해 오만한 사람이거나 배경에 의존하려는 나약한 사람이라는 이미지를 갖게 할 수 있다. 따라서 자기 자신이나 배경에 대해 자랑하지 않도록 하고, 자신이 한 일에 대해서 너무 자세하게 얘기하지 않도록 주의해야 한다.

3 면접 질문 및 답변 포인트

(1) 가족 및 대인관계에 관한 질문

① 당신의 가정은 어떤 가정입니까?

면접관들은 지원자의 가정환경과 성장과정을 통해 지원자의 성향을 알고 싶어 이와 같은 질문을 한다. 비록 가정 일과 사회의 일이 완전히 일치하는 것은 아니지만 '가화만사성'이라는 말이 있듯이 가정이 화목해야 사회에서도 화목하게 지낼 수 있기 때문이다. 그러므로 답변 시에는 가족사항을 정확하게 설명하고 집안의 분위기와 특징에 대해 이야기하는 것이 좋다.

② 아버지의 직업은 무엇입니까?

아주 기본적인 질문이지만 지원자는 아버지의 직업과 내가 무슨 관련성이 있을까 생각하기 쉬워 포괄적인 답변을 하는 경우가 많다. 그러나 이는 바람직하지 않은 것으로 단답형으로 답변하면 세부적인 직종 및 근무연한 등을 물을 수 있으므로 모든 걸 한 번에 대답하는 것이 좋다.

③ 친구 관계에 대해 말해 보십시오.

지원자의 인간성을 판단하는 질문으로 교우관계를 통해 답변자의 성격과 대인관계능력을 파악할 수 있다. 새로운 환경에 적응을 잘하여 새로운 친구들이 많은 것도 좋지만, 깊고 오래 지속되어온 인간관계를 말하는 것이 더욱 바람직하다.

(2) 성격 및 가치관에 관한 질문

① 당신의 PR포인트를 말해 주십시오.

PR포인트를 말할 때에는 지나치게 겸손한 태도는 좋지 않으며 적극적으로 자기를 주장하는 것이 좋다. 앞으로 입사 후 하게 될 업무와 관련된 자기의 특성을 구체적인 일화를 더하여 이야기하도록 한다.

② 당신의 장·단점을 말해 보십시오.

지원자의 구체적인 장·단점을 알고자 하기 보다는 지원자가 자기 자신에 대해 얼마나 알고 있으며 어느 정도의 객관적인 분석을 하고 있나, 그리고 개선의 노력 등을 시도하는지를 파악하고자 하는 것이다. 따라서 장점을 말할 때는 업무와 관련된 장점을 뒷받침할 수 있는 근거와 함께 제시하며, 단점을 이야기할 때에는 극복을 위한 노력을 반드시 포함해야 한다.

③ 가장 존경하는 사람은 누구입니까?

존경하는 사람을 말하기 위해서는 우선 그 인물에 대해 알아야 한다. 잘 모르는 인물에 대해 존경한다고 말하는 것은 면접관에게 바로 지적당할 수 있으므로, 추상적이라도 좋으니 평소에 존경스럽다고 생각했던 사람에 대해 그 사람의 어떤 점이 좋고 존경스러운지 대답하도록 한다. 또한 자신에게 어떤 영향을 미쳤는지도 언급하면 좋다.

(3) 학교생활에 관한 질문

① 지금까지의 학교생활 중 가장 기억에 남는 일은 무엇입니까?

가급적 직장생활에 도움이 되는 경험을 이야기하는 것이 좋다. 또한 경험만을 간단하게 말하지 말고 그 경험을 통해서 얻을 수 있었던 교훈 등을 예시와 함께 이야기하는 것이 좋으나 너무 상투적인 답변이 되지 않도록 주의해야 한다.

② 성적은 좋은 편이었습니까?

면접관은 이미 서류심사를 통해 지원자의 성적을 알고 있다. 그럼에도 불구하고 이 질문을 하는 것은 지원자가 성적에 대해서 어떻게 인식하느냐를 알고자 하는 것이다. 성적이 나빴던 이유에 대해서 변명하려 하지 말고 담백하게 받아드리고 그것에 대한 개선노력을 했음을 밝히는 것이 적절하다.

③ 학창시절에 시위나 집회 등에 참여한 경험이 있습니까?

기업에서는 노사분규를 기업의 사활이 걸린 중대한 문제로 인식하고 거시적인 차원에서 접근한다. 이러한 기업문화를 제대로 인식하지 못하여 학창시절의 시위나 집회 참여 경험을 자랑스럽게 답변할 경우 감점요인이 되거나 심지어는 탈락할 수 있다는 사실에 주의한다. 시위나 집회에 참가한 경험을 말할 때에는 타당성과 정도에 유의하여 답변해야 한다.

(4) 지원동기 및 직업의식에 관한 질문

① 왜 우리 회사를 지원했습니까?

이 질문은 어느 회사나 가장 먼저 물어보고 싶은 것으로 지원자들은 기업의 이념, 대표의 경영능력, 재무구조, 복리후생 등 외적인 부분을 설명하는 경우가 많다. 이러한 답변도 적절하지만 지원 회사의 주력 상품에 관한 소비자의 인지도, 경쟁사 제품과의 시장점유율을 비교하면서 입사동기를 설명한다면 상당히 주목 받을 수 있을 것이다.

② 만약 이번 채용에 불합격하면 어떻게 하겠습니까?

불합격할 것을 가정하고 회사에 응시하는 지원자는 거의 없을 것이다. 이는 지원자를 궁지로 몰아넣고 어떻게 대응하는지를 살펴보며 입사 의지를 알아보려고 하는 것이다. 이 질문은 너무 깊이 들어가지 말고 침착하게 답변하는 것이 좋다.

③ 당신이 생각하는 바람직한 사원상은 무엇입니까?

직장인으로서 또는 조직의 일원으로서의 자세를 묻는 질문으로 지원하는 회사에서 어떤 인재상을 요구하는 가를 알아두는 것이 좋으며, 평소에 자신의 생각을 미리 정리해 두어 당황하지 않도록 한다.

④ 직무상의 적성과 보수의 많음 중 어느 것을 택하겠습니까?

이런 질문에서 회사 측에서 원하는 답변은 당연히 직무상의 적성에 비중을 둔다는 것이다. 그러나 적성만을 너무 강조하다 보면 오히려 솔직하지 못하다는 인상을 줄 수 있으므로 어느 한 쪽을 너무 강조하거나 경시하는 태도는 바람직하지 못하다.

⑤ 상사와 의견이 다를 때 어떻게 하겠습니까?

과거와 다르게 최근에는 상사의 명령에 무조건 따르겠다는 수동적인 자세는 바람직하지 않다. 회사에서는 때에 따라 자신이 판단하고 행동할 수 있는 직원을 원하기 때문이다. 그러나 지나치게 자신의 의견만을 고집한다면 이는 팀원 간의 불화를 야기할 수 있으며 팀 체제에 악영향을 미칠 수 있으므로 선호하지 않는다는 것에 유념하여 답해야 한다.

⑥ 근무지가 지방인데 근무가 가능합니까?

근무지가 지방 중에서도 특정 지역은 되고 다른 지역은 안 된다는 답변은 바람직하지 않다. 직장에서는 순환 근무라는 것이 있으므로 처음에 지방에서 근무를 시작했다고 해서 계속 지방에만 있는 것은 아님을 유의하고 답변하도록 한다.

(5) 여가 활용에 관한 질문

① 취미가 무엇입니까?

기초적인 질문이지만 특별한 취미가 없는 지원자의 경우 대답이 애매할 수밖에 없다. 그래서 가장 많이 대답하게 되는 것이 독서, 영화감상, 혹은 음악감상 등과 같은 흔한 취미를 말하게 되는데 이런 취미는 면접관의 주의를 끌기 어려우며 설사 정말 위와 같은 취미를 가지고 있다하더라도 제대로 답변하기는 힘든 것이 사실이다. 가능하면 독특한 취미를 말하는 것이 좋으며 이제 막 시작한 것이라도 열의를 가지고 있음을 설명할 수 있으면 그것을 취미로 답변하는 것도 좋다.

② 술자리를 좋아합니까?

이 질문은 정말로 술자리를 좋아하는 정도를 묻는 것이 아니다. 우리나라에서는 대부분 술자리가 친교의 자리로 인식되기 때문에 그것에 얼마나 적극적으로 참여할 수 있는 가를 우회적으로 묻는 것이다. 술자리를 싫어한다고 대답하게 되면 원만한 대인관계에 문제가 있을 수 있다고 평가될 수 있으므로 술을 잘 마시지 못하더라도 술자리의 분위기는 즐긴다고 답변하는 것이 좋으며 주량에 대해서는 정확하게 말하는 것이 좋다.

(6) 여성 지원자들을 겨냥한 질문

① 결혼은 언제 할 생각입니까?

지원자가 결혼예정자일 경우 기업은 채용을 꺼리게 되는 경향이 있다. 업무를 어느 정도 인식하고 수행할 정도가 되면 퇴사하는 일이 흔하기 때문이다. 가능하면 향후 몇 년간은 결혼 계획이 없다고 답변하는 것이 현실적인 대처 요령이며, 덧붙여 결혼 후에도 일하고자 하는 의지를 강하게 내보인다면 더욱 도움이 된다.

② 만약 결혼 후 남편이나 시댁에서 직장생활을 그만두라고 강요한다면 어떻게 하겠습니까?

결혼적령기의 여성 지원자들에게 빈번하게 묻는 질문으로 의견 대립이 생겼을 때 상대방을 설득하고 타협하는 능력을 알아보고자 하는 것이다. 따라서 남편이나 시댁과 충분한 대화를 통해 설득하고 계속 근무하겠다는 의지를 밝히는 것이 좋다.

③ 여성의 취업을 어떻게 생각합니까?

여성 지원자들의 일에 대한 열의와 포부를 알고자 하는 질문이다. 많은 기업들이 여성들의 섬세하고 꼼꼼한 업무능력과 감각을 높이 평가하고 있으며, 사회 전반적인 분위기 역시 맞벌이를 이해하고 있으므로 자신의 의지를 당당하고 자신감 있게 밝히는 것이 좋다.

④ 커피나 복사 같은 잔심부름이 주어진다면 어떻게 하겠습니까?

여성 지원자들에게 가장 난감하고 자존심상하는 질문일 수 있다. 이 질문은 여성 지원자에게 잔심부름을 시키겠다는 요구가 아니라 직장생활 중에서의 협동심이나 봉사정신, 직업관을 알아보고자 하는 것이다. 또한 이 과정에서 압박기법을 사용해 비꼬는 투로 말하는 수 있는데 이는 자존심이 상하거나 불쾌해질 때의 행동을 알아보려는 것이다. 이럴 경우 흥분하여 과격하게 답변하면 탈락하게 되며, 무조건 열심히 하겠다는 대답도 신뢰성이 없는 답변이다. 직장생활을 위해 필요한 일이면 할 수 있다는 정도의 긍정적인 답변을 하되, 한 사람의 사원으로서 당당함을 유지하는 것이 좋다.

(7) 지원자를 당황하게 하는 질문

① 성적이 좋지 않은데 이 정도의 성적으로 우리 회사에 입사할 수 있다고 생각합니까?

비록 자신의 성적이 좋지 않더라도 이미 서류심사에 통과하여 면접에 참여하였다면 기업에서는 지원자의 성적보다 성적 이외의 요소, 즉 성격·열정 등을 높이 평가했다는 것이라고 할 수 있다. 그러나 이런 질문을 받게 되면 지원자는 당황할 수 있으나 주눅 들지 말고 침착하게 대처하는 면모를 보인다면 더 좋은 인상을 남길 수 있다.

② 우리 회사 회장님 함자를 알고 있습니까?

회장이나 사장의 이름을 조사하는 것은 면접일을 통고받았을 때 이미 사전 조사되었어야 하는 사항이다. 단답형으로 이름만 말하기보다는 그 기업에 입사를 희망하는 지원자의 입장에서 답변하는 것이 좋다.

③ 당신은 이 회사에 적합하지 않은 것 같군요.

이 질문은 지원자의 입장에서 상당히 곤혹스러울 수밖에 없다. 질문을 듣는 순간 그렇다면 면접은 왜 참가시킨 것인가 하는 생각이 들 수도 있다. 하지만 당황하거나 흥분하지 말고 침착하게 자신의 어떤 면이 회사에 적당하지 않는지 겸손하게 물어보고 지적당한 부분에 대해서 고치겠다는 의지를 보인다면 오히려 자신의 능력을 어필할 수 있는 기회로 사용할 수도 있다.

④ 다시 공부할 계획이 있습니까?

이 질문은 지원자가 합격하여 직장을 다니다가 공부를 더 하기 위해 회사를 그만 두거나 학습에 더 관심을 두어 일에 대한 능률이 저하될 것을 우려하여 묻는 것이다. 이때에는 당연히 학습보다는 일을 강조해야 하며, 업무 수행에 필요한 학습이라면 업무에 지장이 없는 범위에서 야간학교를 다니거나 회사에서 제공하는 연수 프로그램 등을 활용하겠다고 답변하는 것이 적당하다.

⑤ 지원한 분야가 전공한 분야와 다른데 여기 일을 할 수 있겠습니까?

수험생의 입장에서 본다면 지원한 분야와 전공이 다르지만 서류전형과 필기전형에 합격하여 면접을 보게 된 경우라고 할 수 있다. 이는 결국 해당 회사의 채용 방침상 전공에 크게 영향을 받지 않는다는 것이므로 무엇보다 자신이 전공하지는 않았지만 어떤 업무도 적극적으로 임할 수 있다는 자신감과 능동적인 자세를 보여주도록 노력하는 것이 좋다.

02 면접기출

1 현대오일뱅크 면접기출

1. 자신이 정말 잘할 수 있는 특기가 있는가?

2. 원칙을 어기면서까지 했던 행동이 있다면 말해보시오.

3. ○○기업에서 인턴을 한 기록이 있는데 ○○기업의 조직문화의 장·단점을 말해 보시오.

4. 자기소개에서 자신이 호감형이라고 작성하였는데 지금 면접관들이 당신에게 호감을 느끼고 있다고 생각하는가? 그렇다면 왜 그렇다고 생각하는지 말해보시오.

5. 인생에 있어서 가장 힘들었던 일을 말해말해보시오. 답변은 영어로 하시오.

6. 주량이 어느 정도 되고, 술자리에서 제일 꼴불견이라 생각하는 사람의 유형에 대해 말해보시오.

7. 자신만의 특별한 취미가 있는가? 그것을 업무에서 활용할 수 있다고 생각하는가?

8. 자신이 상사라면 어떤 성향의 후배 직원이 있었으면 좋겠는가?

9. 여성의 군복무의무제 법안통과 추진에 대해 어떻게 생각하는가?

10. 면접을 보러 가는 길인데 신호등이 빨간불이다. 시간이 매우 촉박한 상황인데, 무단횡단을 할 것인가?

11. 자신이 대인관계에서 가장 중요하게 여기는 것은 무엇인가?

12. (옆 사람의 자기소개가 끝난 후)자기 옆에 앉아있는 지원자의 특징에 대해서 말해보고 장점에 대해 칭찬해보시오.

13. 자신의 목숨보다 더 소중한 것이 있는가? 있다면 그것은 무엇이고 그 이유를 말해보시오.

14. 건강한 신체와 적극적인 마인드를 유지하기 위해 본인은 어떠한 노력을 하고 있는가?

15. 최근 오디션 프로그램의 범람 현상에 대해 어떻게 생각하는가?

16. 자신의 가치를 돈으로 환산한다면? 그리고 그 근거는 무엇인가?

17. 팀 프로젝트 등 단체 활동 시 성격이 맞지 않는 사람과 일해 본 경험이 있는가?

18. 살면서 창피하거나 모욕적이었던 일은?

19. 관료제의 맹점이 무엇이라고 생각하는가?

20. 수학과를 졸업하였는데 지원업무가 수학이 연관이 있다고 생각하는가?

21. 경제토론 동아리 활동을 하였는데 가장 최근에 토론한 내용은 무엇인가?

22. 오늘 국제유가가 얼마인지 알고 있는가?

23. 국내 정유업의 전망은 어떠한 것 같은가?

24. 현대오일뱅크가 자신에게 어떤 의미인지? 왜 더 큰 회사들이 많은데 꼭 오일뱅크인지 말해보시오.

25. 차기 미국 대선 후보 중 지지하는 후보가 누구인지 말해보시오.

26. 자신에게 올 피해에 대해 생각하지 않고 남을 도왔던 경험을 말해보시오.

27. 정치·종교적 신념에 대해서 고의적으로 공격을 하거나 조롱을 일삼는 직장상사가 있다면 어떻게 행동할 것인가?

28. 출산휴가를 남성 직원에게도 여성 직원과 동일하게 주는 것에 대해서 어떻게 생각하는가?

29. 최근 가장 이슈가 되고 있는 신기술 중에 현대오일뱅크가 진행하고 있는 사업에 도움을 주고 있는 것은 무엇이라 생각하는가?

30. 업무를 하다보면 제2 혹은 제3 외국어까지 유창해야 하는데 바쁜 업무를 소화하면서 새로운 언어를 습득할 수 있는 자신만의 노하우가 있는가?

31. 신입사원으로서 해당 지원 분야에 가장 중요한 역량은 무엇이라고 생각하는가?

32. 현대오일뱅크가 TV광고를 제작한다면 적합한 모델이 누구라고 생각하는가. 이유는?

33. 당신이 운영하는 주유소가 경영이 어려워 망하기 직전이라면 어떻게 하겠는가?

34. 유가 하락의 요인은 무엇이라고 생각하고, 지금 우리 회사의 상황은 어떠한가?

35. 야구에서 커브의 원리를 베르누이 방정식으로 설명해 보시오.

2 현대중공업 면접기출

1. (공통질문) 지원 분야의 동기와 그 분야가 어떤 일하는지 아는 것에 대해서 말하시오.

2. 조교 경험이 있다고 했는데 인력 관리면에서 훈련소와 현장과 어떻게 다를까?

3. (울산대학교 출신지원자에게) 현대중공업이 울산대학교에 장학금을 지원하는데 이것에 대해 알고 있는가? 지원자는 혜택을 받았는가? 못 받았으면 왜 노력하지 않았나?

4. 성장과 분배에 대해 어떻게 생각하나?

5. 생산관리를 지원했는데 설계부서로 발령받게 된다면 어떻게 할 것인가?

6. 지원자 중 혼자 여자인데 체력적으로 일이 많이 힘들 텐데 할 수 있겠는가?

7. 같은 조의 A군과 학교 동기로 알고 있는데 서로의 장점 3가지를 말해보시오.

8. 최근 읽었던 책 중 어떤 책을 감명 깊게 읽었으며 무엇을 배우고 느꼈는가?

9. 노동조합의 파업에 대한 본인의 생각을 말해보시오.

10. 같은 조로 들어온 5명 중 딱 1명만 뽑아야 한다면 누구를 뽑아야하고 그 이유는?

11. 마지막으로 하고 싶은 말이 있으면 손들어서 말하시오.

12. 학력 인플레로 인한 실업자 증가에 대한 대책

13. 제주 해군기지에 대한 자신의 생각을 말하시오.

14. 궁극적인 행복이란 무엇이라고 생각하는가?

15. 자소서에 대한 개인 신상에 대한 질문 2가지(인턴경험, 아르바이트 경험)

16. 한중 FTA의 장·단점에 대해서 말해보시오.

17. 근무지에 연고가 없어도 장기간 근무가 가능하다고 생각하는가?

18. 만일 5인 이하 소규모 사업체를 운영한다면 풀타임 정규직을 채용할 것인가, 아니면 파트타임(비정규직)을 채용할 것인가? 그리고 그 이유는 무엇인가?

19. 상사가 불합리한 지시를 한다면 어떻게 할 것인가? 상사의 지시를 따를지, 아니면 다른 상사의 의견을 반대하겠는가?

20. 같은 부서의 직속 선배가 본인보다 5살 어릴 경우에 어떤 느낌이 들 것 같은가?

21. 전교조 명단공개에 대해 어떻게 생각하는가?

22. 술을 전혀 못하는데 회식이 일주일에 3번 이상이라면 어떻게 할 것인가?

23. 자신에 대해서 자랑할 수 있는 것 다섯 가지를 말하시오.

24. 자신의 단점에 대해서 포장하지 말고 솔직하고, 객관적으로 말해보시오.

25. 본인이 가진 장점 중 현대중공업에서 일하기에 가장 적합한 특성은 무엇인가?

26. 스마트폰과 현대중공업을 연관시켜 새로운 사업을 구상해보시오.

27. 기업의 사회공헌에 대한 자신의 생각은?

28. 책임감을 가지고 임했던 일 중에서 성취, 또는 실패했던 경험에 대해 말해보시오.

29. 생산직 현장관리 업무에 잘 적응할 자신이 있는가?

30. 현대중공업 기업이미지 제고 방안과 효과에 대해 설명하시오.

1. 다른 회사 어디에 지원했고, 어떻게 진행 중인지 말해보시오. (합격, 불합격 여부)

2. 상사로부터 받은 지시가 내 개인적인 신념과는 다를 경우 어떻게 할 것인가?

3. 자신이 면접관이라면 지금 여기 있는 지원자 중 누구를 뽑을 것인가?

4. 전기/전자에 관련된 법칙을 하나 설명하시오. (관련 전공자 대상 질문)

5. 광케이블에 대해서 설명하시오. (관련 전공자 대상 질문)

6. 역률, 유효전력, 무효전력에 대해 설명하시오. (관련 전공자 대상 질문)

7. 자기소개서에 쓴 지원동기에 대해서 최대한 한 글자도 다르지 않게 말해보시오.

8. 자기소개를 제한시간 1분 내에 마치시오.

9. 신문을 읽는지, 처음부터 끝까지 정독을 하는지, 일부만 읽는지. 최근에 가장 인상 깊게 본 시사 뉴스에 대해서 말해보시오.

10. 현대삼호중공업에서 일하고 싶다 하였는데 타 기업보다 삼호중공업이 좋은 이유는?

11. 기업의 존재 이유는 무엇이라고 생각합니까?

12. 마지막으로 하고 싶은 이야기가 있다면 30초 내로 짧게 해보시오.

13. 타 기업 공채에 지원 해본 경험이 있는가?

14. 중소기업을 살려야하는 이유는?

15. (전공 관련 자격증 소지자에게) 지원자 자신은 얼마나 준비했고 보통 얼마 만에 합격하는지, 시험을 주관하는 기관은 어디인지 말해보시오.

16. 내일 주가가 폭락한다는 사실을 미리 접했다면 어떻게 하겠는가?

17. 10년 후 현대삼호중공업에서 본인의 모습을 그려보시오.

18. 현대삼호중공업의 핵심 가치에 대해서 설명해보시오.

19. 지방인재 우대채용에 대해서 어떻게 생각하는가?

20. 업무와 관련이 없는 증권관련 자격증은 왜 취득하였는가?

21. (경영 전공자) APT, 기업가치, 지분법, 파산비용에 대해 설명하시오.

22. 사시를 준비했는데 중도에 왜 포기했는가?

23. 별명이 부정적인 이미지인데 정말 그 별명으로 불리는 것에 대해 불만은 없는가?

24. 간단하게 일본어, 중국어, 불어로 말해보시오. (관련학과 지원자들)

25. (휴학경험이 있는 지원자를 거수 시킨 뒤) 그동안 취업을 위해 무엇을 준비했는지 말해보시오.

26. 자격증을 한번에 몰아서 취득했는데 힘들지 않았는가?

27. 외국인 노동자와 비정규직에 대한 자신의 의견을 말해보시오.

28. 장래에 자녀를 낳는다면 주말 계획은 자녀와 자신 중 어느 쪽에 맞춰서 할 것인가?

29. 토끼와 거북이 캐릭터 중 어느 쪽이 더 자신과 비슷하다고 생각하는가?

30. 업무 효율과 야근의 상관관계에 대해서 자신의 의견을 말해보시오.

MEMO

MEMO

여러분을 응원합니다

수험서 전문출판사 서원각

목표를 위해 나아가는 수험생 여러분을 성심껏 돕기 위해서 서원각에서는 최고의 수험서 개발에 심혈을 기울이고 있습 니다. 희망찬 미래를 위해서 노력하는 모든 수험생 여러분을 응원합니다.

공무원 대비서

취업 대비서

군 관련 시리즈

자격증 시리즈

동영상 강의

서원각 동영상강의와
도전하라!

자 격 증	군 관 련 (부사관/장교)	공 무 원
건강운동관리사	육군부사관	소방공무원 소방학개론
사회복지사 1급	공군장교	소방공무원 생활영어
사회조사분석사 2급	공군 한국사	9급 기출해설(국어/영어/한국사)
임상심리사 2급	육군·해군 근현대사	9급 파워특강(행정학개론/교육학개론)
관광통역안내사		기술직 공무원(물리·화학·생물)
청소년상담사 3급		

BIG EVENT

시험 보느라 고생한 수험생 여러분들께 서원각이 쏜다! 쏜다!
네이버 카페 기업과 공사공단에 시험 후기를 남겨주신 모든 분들께 비타 500 기프티콘을 드립니다!

선물 받는 방법

① 네이버 카페 검색창에서 [기업과 공사공단]을 검색해주세요.
② 기업과 공사공단 필기시험 후기 게시판에 들어가 주세요.
③ 기업체 또는 공사·공단 필기시험에 대한 후기 글을 적어주세요.

자격증 BEST SELLER

매경TEST 출제예상문제

TESAT 종합본

청소년상담사 3급

임상심리사 2급 필기

유통관리사 2급 단기완성

직업상담사 1급 필기·실기

사회조사분석사 사회통계 2급

초보자 30일 완성 기업회계 3급

관광통역안내사 실전모의고사

국내여행안내사 기출문제

손해사정사 1차 시험

건축기사 기출문제 정복하기

건강운동관리사

2급 스포츠지도사

택시운전 자격시험 실전문제

농산물품질관리사